사무엘 루터포드
Samuel Rutherford

Samuel Rutherford

A NEW BIOGRAPHY OF THE MAN & HIS MINISTRY

— BY —

KINGSLEY G · RENDELL

© Christian Focus Publications 2003
ISBN 1 85792 262 X
Published in 2003 by
Christian Focus Publication, Geanies House, Fear,
Ross-shire, IV20 1TW, Scotland
www.christianfocus.com

이 책의 한국어판 저작권은 저작권자와의 독점계약으로 지평서원에 있습니다. 저작권법에 의해 한국 내에서 보호를 받는 저작물이므로 무단전재와 복제를 금합니다.

사무엘 루터포드

"시민의 모든 권리는 하나님께로부터 나온다."
"은혜는 겨울에 가장 많이 자란다."
"하나님의 목적이 깃들지 않은 고난은 없다."
〈사무엘 루터포드의 명언〉

차 례

추천의 글_ 박순용 목사 7
이 책에 대한 조명 10
　　　　　윌리엄 바커(William S. Barker)
　　　　　마이클 맥멀른(Dr. Michael McMullen)
　　　　　데이비드 라이트(David Wright)
　　　　　데이비드 맥케이(David Mckay)
루터포드의 연표 13

제1장 학생이자 교수였던 루터포드 17
/ 개혁의 태동/ 종교 개혁에 대한 앤드류 멜빌의 공헌
/ 가정 환경과 교육/ 인문학 교수/ 신학생

제2장 목사로서의 루터포드 43
/ 교회와 목사관/ 앤워스에서의 사역의 신앙적 배경/
명설교자로 명성을 떨치고/ 목회 활동/ 앤워스에서 보낸 개인적 삶과 공적 삶/ 거세어지는 반대와 추방

제3장 죄수가 된 루터포드 79
/ 절망과 두려움/ 논쟁과 거세어지는 위협/ 석방/ 에딘버러에서의 활약과 염원

제4장 **개혁자로서의 루터포드** *99*
　/ 앤워스로의 짧은 귀환/ 세인트 앤드루스/ 감독 제도
　/ 웨스트민스터

제5장 **변증자로서의 루터포드** *135*
　/ 신학자/ 장로교 지도자/ 정치 철학자/ 서신가

제6장 **저항자로서의 루터포드** *185*
　/ 장로교 내분의 뿌리/ 저항자들과 결의 지지자들 사이의 갈등/ 루터포드의 말년

제7장 **극단의 사람** *223*
　/ 루터포드는 신비주의자였는가?/ 전제 군주주의자인가, 민주주의자인가?

부록 1 **루터포드의 주요 저작** *245*
　　 2 **참고 문헌** *257*
　　 3 **인명 색인** *262*

추천의 글

종교 개혁의 완성을 위해
전 생애를 던졌던
루터포드의 최신 전기의 국내 초역

박순용 목사

교회 역사 속의 인물들 중에 세월이 지나도 여전히 신앙의 위인으로 기억되고 거론되는 사람들이 많이 있습니다. 그중에서 우리는 사무엘 루터포드(Samuel Rutherford, 1600-1661)를 빼놓을 수 없습니다. 그는 17세기 스코틀랜드에서 존 녹스 이후 완성되지 못한 종교개혁을 완성하기 위해 그의 전 삶을 불태웠습니다. 그 과정 속에서 그는 탁월한 역량을 발휘하며 다양한 면모를 드러냈습니다.

한 종교개혁가의 가장 객관적이라고 평가받는 전기

최근에 그에 관한 새로운 전기를 쓴 킹슬리 렌델(Kinsley G. Rendell)은 연대기적으로 부각되는 그의 다양한 모습 즉 목회자, 감옥에 갇힌 죄수, 개혁자, 변증자, 저항자 등의 모습을 요약적으로 잘 정리하여 내놓았습니다.

그동안 여러 권의 전기들이 쓰여졌지만(국내에는 한 권도 소개된 적이 없음), 렌델의 이 새로운 전기는 그동안의 모든 자료를 종합해서 상당히 객관적으로 쓰여졌습니다.

일반적으로 사람들에게 알려진 루터포드에 대한 지식과 인식은 주로 앤드류 보나르(Andrew Bonar)에 의해 편집 출판된 『편지』(Letters)에 많이 의존하고 있습니다.

그 편지들의 내용은 루터포드가 얼마나 주님을 사랑하고 그와 친밀한 교제 속에서 살았는지, 얼마나 분투적인 믿음의 삶을 살았는지, 자신이 목양했던 교회 성도들을 얼마나 사랑했는지, 그야말로 경건한 신자요 충성스럽고 마음이 따뜻한 목회자였는지를 잘 보여줍니다.

역사가 불러 세웠던 한 극단의 투사

그러나 그것만으로 루터포드를 알기에는 너무나 부족합니다. 필자는 교회사의 위인인 루터포드를 이 전기를 통해 먼저 읽고 그 배경지식 속에서 그의 『편지』를 읽기를 권하고 싶습니다. 왜냐하면 그리하였을 때에 그 모든 편지들이 어떤 역사적, 상황적 배경 속에서 나왔는지를 알게 되고 그로 인해서 루터포드를 더 깊이 이해하고 더 큰 감동을 받을 것이기 때문입니다.

그는 인네스(Taylor A. Innes)의 말대로 '명확한 지성, 따뜻함, 뜨겁고 진지한 사랑, 고매함, 헌신적인 영성' 을 가진 사람이었습니다. 동시에 그는 웨스트민스터 회의에서 보여진 바대로 학식이 깊은 '신학자' 요, 개혁을 위해 대학에서 격렬한 논쟁을 한 '논쟁자' 이며 목회지에서 영혼들을 사랑하며 헌신하는 신실한 '목회자' 였습니다.

필자는 이런 다양한 모습으로 한 시대를 풍미하며 삶을 산 루터포드, 또한 그리스도의 영광을 가장 중요한 것으로 여기며 살다 간 믿음의 위인 루터포드를 조국교회의 많은 성도들이 이 책을 통해 맛보기를 바랍니다. 또한 이미 번역 출간된 그의 『편지』도 이후에 함께 읽기를 권하고 싶습니다.

박순용(朴淳用) 목사는 총신대 신학과를 거쳐 동대학 신학대학원을 졸업한 후, 영국 Free Church College of Edinburgh와 The Evangelical Theological College of Wales에서 영국의 18세기 부흥과 청교도를 연구했습니다. 그 후 호주 퍼스(Perth) 한인 장로교회에서 담임목회를 하다가 귀국하여 현재 서울 강동구 암사동 소재 하늘영광교회를 담임하고 있습니다.

이 책에 대한 조명

이 시대에 반드시 되짚어 보아야 할 한 영적 거인

윌리엄 바커
(William S. Barker)

사무엘 루터포드는 오늘날에도 마땅히 많은 사람의 관심과 주목을 받기에 충분한 사람입니다. 그의 저서 『법과 국왕』(Lex Rex)은 당시에도 정부가 공식적으로 불에 태울 정도로 많은 논쟁을 불러일으켰습니다. 웨스트민스터 회의 350주년 기념식은 많은 지도층 인사에게 장로교 정책을 지지했던 루터포드를 떠올리게 했습니다.

그러나 사실 루터포드는 복잡한 인물입니다. 그의 목회자적 조언과 상담을 담은 『편지』(Letters)의 연애풍의 이미지는 『법과 국왕』의 학자풍의 문체와 극명한 대조를 이룹니다. 그는 스스로를 극단적인 인물이라고 묘사했습니다.

킹슬리 렌델(Kingsley Rendell)의 책을 통해 우리는 이 중요하고도 흥미로운 인물을 당시의 시대적 상황 속에서, 그리고 그가 연관을 맺고 있던 교회의 논쟁과 갈등이라는 맥락 속에서 살펴보게 될 것입니다.

필라델피아, 펜실베이니아
웨스트민스터 신학교(Westminster Theological Seminary)

교파의 벽을 넘어 새로운 도전감을 주는 책

마이클 맥멀른
(Michael McMullen)

이 책은 매우 시기 적절한 책입니다. 교회가 또 다른 루터포드를 필요로 하는 상황, 혹은 적어도 그가 대표했던 것을 기억해야 할 상황에 놓여질 수 있다면, 지금이 바로 그때라고 할 수 있기 때문입니다. 그리스도가 중심이 되는 설교를 하기 위해 자신이 얼마나 많은 대가를 지불해야 하는지를 루터포드가 느꼈던 것처럼 알고 있다면 오늘날 과연 얼마나 많은 사람이 기꺼이, 그리고 감히 설교하려고 할까요?

루터포드가 수수께끼 같은 인물로 남아 있으려 한다는, 지은이 렌델의 말은 옳을지도 모릅니다. 그러나 그가 성취한 일들을 보면 목사, 죄수, 개혁자, 변증자, 저항자라는 이 놀라운, 성직자를 구성하고 있는 여러 가지 모습이 생생히 살아납니다.

이 책은 깊이 있는 연구를 매우 흥미롭게 기록하고 있습니다. 그러나 이 책은 스코틀랜드 교회의 진정한 보석같은 한 인물의 삶과 사역에 대해 단순히 정보를 제공해 주는 것에 그치지 않습니다. 우리는 사무엘 루터포드의 주된 특징인 헌신과 자기 부인을 통해 도전감을 얻습니다. 그리고 그 도전감은 언제나 교파의 벽을 초월하여 깊은 감동과 깨달음을 줄 것입니다.

캔자스시티, 미주리
미드웨스턴 침례 신학교(Midwestern Baptist Seminary)

굴절 없는 시각으로 본 최신 전기

데이비드 라이트
(David Wright)

    정치적이고 복잡한 배경 속에서 펼쳐진 사무엘 루터포드의 인생 과정을 속속들이 알 수 없는 독자들은 킹슬리 렌델이 인도하는 길이 가장 신뢰할 만하다는 것을 느끼게 될 것입니다. 이 책은 주인공을 미화한 전기문이 결코 아닙니다. 이 책의 주인공도 자신을 '극단적인 면으로 이루어진 사람'이라고 묘사하고 있습니다. 신랄한 논쟁가이자 성경적 비유를 사용하는 완벽한 문장가를 만나보지 못한 사람들은 이 책에서 그와의 첫 만남을 시작하게 될 것입니다.

에딘버러 대학교 교회사 학부

본받아야 할 루터포드의 열정

〈편집자〉 **데이비드 맥케이**
(David Mckay)

    하나님의 섭리로, 킹슬리 렌델은 사무엘 루터포드에 대한 이 전기가 출간되는 것을 보지 못했습니다. 편집자인 제가 해야 할 일은 저자가 기대했던 것만큼 독자들에게 친숙하지 않은 이름이나 사건에 대해 더 온건하고 충분한 설명을 각주로 제공하는 일이었습니다.
    이 책이 새로운 세대에 예수 그리스도의 한 신실한 사역자를 알리고 사무엘 루터포드의 하나님을 그가 보여준 열정으로 따르도록 도전하는 데 기여하기를 기도합니다.   개혁 신학대학(Reformed Theological). 벨파스트

루터포드의 연표

1600　루터포드가 태어난 해로 추정함.

1617　에딘버러 대학에 입학함.

1621　문학 석사 학위를 받음.

1623　에딘버러 대학에서 인문학 학감으로 임명됨.

1626　유판 해밀턴(Euphan Hamilton)과의 추문으로 교수직을 사임함. 후에 유판 해밀턴과 결혼함.

1627　신학을 공부한 후 갤러웨이(Galloway)에 있는 앤워스(Anwoth)에서 목사가 됨.

1630　아내 유판이 세상을 떠남.

1636　『하나님의 은혜에 대한 변호』(*Exercitationes Apologeticae pro Divina Gratia*)를 출간함. 이 책으로 인해 7월에 에딘버러 고등 판무관실에 소환당함. 사역이 금지되고 아버딘으로 추방당함.

1637　7월 23일, '라우드의 기도서'(Laud's Liturgy)를 처음으로 사용한 것이 에딘버러의 세인트 자일즈 대성당 폭동을 촉발함.

1638　2월, 앤워스로 귀환함. 2월 23일, 에딘버러의 그레이프라이어스(Greyfriars) 교회 마당에서 국가적 언약이 체결됨. 11월, 글래스고에서 열린 총회에서 대표가 됨.

1639 세인트 앤드루스(St. Andrews) 대학에서 신학과 교수로 임명됨.

1640 진 맥매스(Jean McMath)와 재혼함.

1642 『스코틀랜드에서 바울의 장로교를 위한 평화롭고 온건한 탄원』(*A Peaceable and Temperate Plea for Paul's Presyterie in Scotland*)을 출간함.

1643 9월에 맺은 '엄숙 동맹'(The Solemn League and Covenant, 1643년 잉글랜드, 스코틀랜드 양국 의회 사이에 맺어진 협약. 스코틀랜드, 아일랜드, 잉글랜드에서 장로교회주의의 존속을 약정했음)의 결과로 웨스트민스터 회의에 스코틀랜드 교회 위원 가운데 한 사람으로 임명됨.

1644 『법과 국왕』(*Lex Rex*), 『장로회의 정당한 권한』(*The Due Right of Presbyteries*)을 출간함.

1645 『믿음의 시련과 승리』(*The Trial and Triumph of Faith*)를 출간함.

1646 『하나님이 부여하신 교회 운영 체제의 권한』(*The Divine Right of Church Government*)을 출간함.

1647 『죽음 속에서 죄인들을 이끄시는 그리스도』(*Christ Dying and Drawing Sinners to Himself*)를 출간함. 11월에 웨스트민스터 회의를 마치고 스코틀랜드로 돌아감. 세인트 앤드루스의 세인트 메리 칼리지(St. Mary's College)의 학장이 됨. 계약 반대파에 동참함.

1648 『영적 적그리스도에 대한 고찰』(*A Survey of the Spiritual Antichrist*)을 출간함. 8월 17일, 계약파가 프레스턴에서 크롬웰에게 패함.

1648 1월 30일, 찰스 1세가 처형당함.
   『위선적인 양심의 자유에 대한 자유로운 논박』(*A Free Disputation*

	against Pretended Liberty of Conscience)을 출간함.
1650	9월 3일, 스코틀랜드인들이 던바에서 크롬웰에게 패함.
1651	1월 1일, 스코틀랜드인들이 스콘에서 찰스 2세를 왕위에 오르게 함. 루터포드가 세인트 앤드루스 대학의 교목이 됨. 『하나님의 섭리에 대한 신학 논쟁』(*Disputatio Scholastica de Divina Providentia*)을 출간함. 6월에 열린 총회에서 장로교 옹호자 가운데 1650년 결의를 지지하는 자들을 반대하는 저항파에 가담함.
1653	7월 20일, 에딘버러에서 결의 지지자와 반대파가 모인 집회를 크롬웰의 군대가 해산시킴.
1655	『열린 생명의 언약』(*The Covenant of Life Opened*)을 출간함.
1658	『교회 훈육에 대한 고찰』(*A Survey of the Survey of that Summe of Church Discipline*)을 출간함.
1659	『은혜로운 삶의 영향력』(*Influences of the Life of Grace*)을 출간함.
1660	5월, 찰스 2세의 복위. 10월, 『법과 국왕』을 공식적으로 불태움. 루터포드가 목사직을 포함해 모든 직위를 박탈당함. 국가반역죄로 기소되어 계급 위원단에 소환당함.
1661	3월 29일, 세상을 떠남. 세인트 앤드루스에 묻힘.
1664	최초의 루터포드 편지 모음집인 『다시 살아난 여호수아』(*Joshua Redivivus*)를 출간함.
1668	유트레히트에서 『아르미니우스설에 대한 비평적 연구』(*Examen Arminianismi*)를 출간함.

제1장

학생이자 교수였던 루터포드
Student And Professor

사무엘 루터포드의 생애가 스코틀랜드 역사에 나오는 언약(Covenant)[1]의 시기와 정확하게 일치하는 것은 아니지만, '루터포드'라는 이름은 언제나 이 언약과 연결되어 사람들의 기억 속에 남아 있습니다. 아마도 카메론(Cameron), 카길(Cargill), 렌윅(Renwick), 그리고 그 후 세대 언약도의 명성만큼 그의 이름이 스코틀랜드 교회사에 영원히 기억되고 기록될 정도의 이름은 아닐 것입니다.

그럼에도 불구하고 루터포드는 특별히 연구할 만한 가치가 있습니다. 그의 삶과 사역은 앤드류 멜빌(Andrew Melville)과 언약도 사이에 반드시 필

---

1. 역자주- 제임스 6세의 아들 찰스 1세가 "One king, One church"를 외치며 감독 교회를 세우려고 성 자일스 교회에서 국교회식 예배를 집전하였습니다(1637.6.23). 이에 지주들, 귀족들과 목사들이 그레이프라이아(Greyfriar) 교회에서 '국가 언약(The National Covenant)'을 맺어 시민 불복종 사상을 선언한 사건을 말합니다(1638. 2.28).

요한 연결 고리를 제공해 줍니다. 그의 삶은 16세기 말과 17세기 중반을 이어주는 다리 역할을 합니다. 루터포드와 그의 동역자들이 그 시대에 불씨를 당기지 않았다면 언약도가 쳐들었던 횃불은 존재하지 않았을 것입니다. 아마도 로버트 길모어(Robert Gilmour)가 묘사한 다음의 표현이 가장 합당할 것입니다. "루터포드는 기독교계의 복음주의를 계승하는 연결 고리이다."[2]

† 개혁의 태동

루터포드는 스코틀랜드의 종교 개혁이 혼란에 빠져 있던 시기에 태어났습니다. 종교 개혁을 1560년 교회 조직의 위기를 가져온 주된 원인으로 여기는 것은 이해할 만합니다. 세인트 존스 퍼스 (St. John's Perth) 교회에서 선포한 존 녹스(John Knox)의 설교, 그 뒤를 이은 폭동, 그리고 스스로를 '스코틀랜드에 있는 예수 그리스도의 신실한 회중' 이라고 부르는 사람들의 등장과 같은, 그해에 일어난 극적인 사건들은 로마 교황청과의 갑작스런 단절을 가져왔습니다. 로마 교황청과의 단절은 예상했던 것이었지만 그것의 대부분은 부정적인 행동으로 간주했습니다. 그러나 분열 관계를 유지하고 국가적인 개혁 교회를 세우기 위해서는 적극적인 조치가 필요했습니다.

스코틀랜드 교회는 오늘날 우리가 알고 있듯이 녹스의 두뇌에서 잉태된 산물이 아니었습니다. 그것은 1560년에서 1689년 사이에 일어난 성장의 결과였습니다. 벌리(Burleigh) 교수는 다음과 같이 말합니다. "스코틀랜드의 개혁 교회가 어떤 형태를 띠느냐의 문제는 풀어야 할 문제로 남아 있었다.

---

2. Gilmour, R., *Samuel Rutherford*, Oliphant, Anderson and Ferrier, Edinburgh, 1904, p.11(hereafter refered to as Gilmour).

그것은 길고 고통스런 투쟁을 낳았다. 1689년이 되어서야 비로소 그 문제가 해결되었다."3 다음은 스마우트(T.C. Smout)의 말입니다. "스코틀랜드 개혁 교회는 목사, 장로, 집사, 그리고 당회(堂會), 노회(老會), 그리고 대회(大會)와 총회(總會)의 구조를 지닌 18세기와 19세기의 전통적인 장로 교회의 모습으로 나타났다."4

스코틀랜드에서 종교 개혁 시기의 처음 십년 동안 가장 절박했던 문제는 바로 스코틀랜드 사람들에 대한 영적 보살핌이었습니다. 교회가 '수천의 영혼을 돌보는 부유한 사람들로 이루어져 있으며 소년들과 심지어는 어린아이들에 의해, 그리고 육체적으로 기형적이고 정신적으로 우둔하며, 무지함으로 굳어 있고 죄와 사악함 속에서 늙어 버린 사람들에 의해 유지되고 있다'5는 조셉 로버트슨(Joseph Robertson)의 주장은 다소 과장된 면이 있지만 안타깝게도 그의 말에는 진실도 들어있습니다.

일반적으로 스코틀랜드 종교 개혁의 아버지로 알려진 녹스는 사실, 교회 조직 이론에는 관심이 없었습니다. 그는 개혁 신앙을 세우려는 교구적인 관심과 스코틀랜드 안에 하나님의 양들을 양육하려는 마음을 품고 있었습니다. 그의 관심은 사도 시대의 계승보다는 사도 시대의 성공에 있었습니다.

---

3. Burleigh, J.H.S., A *Church History of Scotland*, O.U.P, London, 1960, p.153 (hereafter, Burleigh).

4. Smout, T.C., A *History of Scottland*, O.U.P, London, 1960, p.153(hereafter, Burleigh).

역자주- 여기서 당회(Session)와 노회(Presbytery), 그리고 대회(Synod)와 총회(General Assembly)의 번역은 현재 우리나라의 장로교를 중심으로 한 일부 개신교회의 조직상의 명칭을 사용했습니다. 이 중 대회는 장로교의 일부 교단에서 한때 시행하려 했으나 현재까지 잠정·유보하고 있는 바 노회와 총회의 중간급 회의로 지역 회의의 성격을 띠고 있습니다.

5. *Statuta Ecclesiae*, Edinburgh University Press, (for the Scottish History Society), Introduction by D. Patric, 1907, Preface.

그의 뒤를 계승한 많은 사람들과는 달리 녹스는 칼빈을 따랐습니다. 그는 감독 제도(監督制度)를 반대하지는 않았습니다. 헨더슨(G.D. Henderson)은 다음과 같이 지적했습니다. "장로 체제의 문제는 개혁자들의 관심을 끄는 체제가 아니었다. 종교 개혁에 대한 어떤 헌법적 문서에도 그것에 대한 언급은 없었다."[6] 반면 스마우트는 다음과 같이 언급했습니다. "교회의 조직에 있어서 어떤 것도 장로 교회라고 묘사할 수 있는 것이 없다."[7]

녹스는 국가와 교회 조직이 효용성이 있다는 것을 인정했습니다. 그러나 그는 교회의 본질은 지역 회중 교회에서 찾아야 한다고 주장했습니다. 그곳에 진정한 하나님의 말씀의 선포와 그리스도 예수의 성찬식이 있기 때문입니다. 그리고 교회의 훈육을 하나님의 말씀을 통해 올바르게 시행할 수 있기 때문입니다.[8]

스코틀랜드의 종교 개혁자들은 고위 성직자 제도와 감독 제도[9]를 조심스럽게 구별했습니다. 1560년에는 한 세기 후처럼 감독 제도를 거부할 이유가 별로 없었습니다. 그 제도를 혐오스럽게 만든 것은 바로 제임스 6세(James VI)와 찰스 1세(Charles I)의 후원이었습니다. 스튜어트(Stuarts) 왕조의 감독 제도에 대한 강요는 주로 자신의 편의를 위한 것으로 스코틀랜드 사람들의 대부분이 받아들이기 어려운 것이었습니다.

제임스 모팟(James Moffatt)은 감독 제도가 안정적이고 지속적이어야 한

---

6. Henderson, G.D., *The Claims of the Church of Scotland*, Hodder and Stoughton, London, 1951, p.81.
7. Smout, p.59.
8. Burleigh, p.156.
9. '감독 제도'는 '감독'이라고 불리는 교회 직분자들의 운영 조직으로 체계에 따라 다양한 권한을 갖습니다. '고위 성직자 제도'는 정부의 지원을 받는 잉글랜드 교회의 감독 체제의 특징입니다.

다고 주장했습니다. 감독 제도에 대한 불만을 더 가중시킨 것은 제임스와 그의 아들의 전제 군주주의였습니다.[10] 녹스가 1560년 신앙 고백에서 그의 적들에게는 단지 명목상의 감독에 불과했던 감독관의 임명을 허락한 여섯 명의 장로교주의자 가운데 한 사람이었다는 것을 기억할 때,[11] 스코틀랜드 초기 개혁 교회를 '감독 제도를 포용한 독립'이라는 도널드슨(Donalason)의 묘사는 옳은 면이 있습니다.

로스(Ross)는 『스코틀랜드 회중 교회 독립사』(History of Congregational Independency in Scotland)에서 1561년에 나온 『스코틀랜드인들의 신앙 고백』(the Scots Confession)과 『제1 훈육서』(the First Book of Discipline)에서 (두 권 모두 주로 녹스가 작성한 것이다) 스코틀랜드 개혁 교회들의 정책이 분명하게 독립적이고 회중 중심적이기 때문에 교회 질서가 독립 교회파들이 한결같이 주장해 온 원칙[12]에 많은 영향을 받고 있다고 주장했습니다.

감독 제도도 검토해 볼 수 있습니다. 장로교 체제가 설립된 후 전국적으로 신교도이자 평신도가 감독과 대수도원 원장, 소수도원 원장의 자리를 많이 차지했습니다. 1567년 12월 25일의 집회에서 녹스 자신도 스털링(Stirling)에서 버윅(Berwick)으로 방문하는 길에 로디안(Lothian)의 감독직에 임명받았습니다. 그 후에 그는 카일(Kyle)과 캐릭(Carrick), 그리고 커닝엄(Cunningham)을 방문했습니다.[13]

---

10. Moffatt, J., *The Presbyterian Churches*, Methuen, London, 1928, p.48.
11. Donaldson, G., *Church and Nation through Sixteen Centuries*, S.C.M., London, 1960, p.63.
12. Ross, J., *A History of Congregational Independency in Scotland*, MacLehose, Glasgow, 1900, p.3.

1578년, 대감독 및 감독의 명칭과 직위를 스코틀랜드 교회와 총회에 종속되어 감독자로 일하는 사람들을 위해 계속 유지해야 한다는 것에 정부와 교회가 합의했습니다.

이에 대해 녹스는 전혀 이의를 제기하지 않았습니다. 그가 분노한 것은 교회의 수입이 후원자와 평신도들의 수중으로 흘러 들어간다는 점이었습니다. 그것은 거의 4세기 동안이나 스코틀랜드 교회를 괴롭혔습니다.

녹스는 교회 수입을 적절한 사역과 효율적인 교육 체계, 구제 사역에 사용하기를 원했습니다. 사용 가능한 총 수입에서 결과적으로 9분의 1만이 국가 교회의 지원으로 사용되었습니다. 반면, 옛 통치기의 성직자들은 수입의 3분의 2를 받았습니다. 종교적 목적으로 사용되는 일반 가옥의 토지가 불법적인 수단으로 귀족의 소유가 되었습니다. 많은 토지가 왕에게 귀속되었고 나중에는 주석가들이나 평신도 수혜자들, 혹은 왕실의 총애를 받는 자들에게 후하게 분배되었습니다. 그러나 많은 토지를 장기 임대와 영대 조차지(永貸租借地 · 고정된 소작료를 내는 영구 임대 방식의 땅)의 형태로 완전히 상실하였고 일부 땅은 강제로 빼앗기기도 했습니다.

말콤 테일러(Malcolm Taylor) 박사는 거의 1세기 전에 다음과 같은 정확한 판단을 내렸습니다. "종교 개혁자들이 가져온 변화가 아무리 진보적인 것이었어도 과거에서 이어온 실제적인 조직과 믿음은 완전히 새로운 원칙과 방식으로 변화된 것이라기보다는 그 시대의 개념과 달라진 조건에 맞추어 수정된 것이었다."[14]

---

13. *Dictionary of National Biography*, ed. S. Lee, Smith Elder, London, 1897, vol.xxi, p.324.
14. Taylor, M.C., *Historical Account of the Union between Church and State; England and*

사실 교회와 정부의 관계에 대한 정확한 명시가 필요했습니다. 섭정자 모턴(Morton)은 기존에 영국에 있던 것과 비슷한 해결책을 선호했습니다. 즉, 교회가 왕실의 절대 권력의 통제를 받는 것이었습니다. 그는 강력하게 감독 제도를 지지했습니다. 그러나 감독들이 총회의 뜻에 순복해야 한다는 주장을 기꺼이 받아들였습니다.

리스(Leith)에서 가진 1572년 총회에서 로마 교황과 국왕은 정교(政敎) 협약을 맺었습니다. 그것은 상당 부분 모턴의 작품이었습니다. 그것은 대감독직과 감독직이 군주가 주도권을 확보할 때까지 현재와 같은 형태로 존재해야 한다는 법령을 공포한 것이었습니다. 그 내용은 다음과 같습니다.

"참사회(參事會 · Chapters)는 폐지하지 않는다. 그러나 그 구성원이 사망함으로 인해 수가 줄지 않도록 고위 성직자들로 그 직분을 대체해야 한다. 감독을 공석인 감독직에 임명한다. 그들은 국왕에게 충성을 맹세해야 한다. 그들은 감독자 이상의 권한을 가지나 총회에 순복해야 한다."

이것은 이전 질서와 보수적으로 타협한 것이었습니다. 모턴에게는 충분히 기뻐할 이유가 있었습니다. 그리고 세인트 앤드루스(St. Andrews) 교회의 대감독으로 더글러스(Douglas)의 선출을 확보함으로써 리스에서의 자신의 성공을 더욱 공고히 했습니다.

녹스는 감독 제도를 반대하지는 않았습니다. 사실 그는 리스에서 맺은 협정에 따라 공석으로 있는 감독직을 채울 것을 조언했습니다. 그러나 그는 모턴의 정책을 우려하고 있었습니다. 그는 세인트 앤드루스 교회의 감독직에 더글러스가 임명된 것에 대하여 특유의 우레와 같은 어조로 목소리를 높였

Scotland, (St. Giles Lectures), Lecture 1 in *Church and People*, McNiven and Wallace, Edinburgh, 1886.

습니다.

노년의 녹스는 몇 년 안에 모턴이 모든 공석이 자신이 추천한 사람들로 가득 차게 될 것을 예견하지 못했습니다. 모턴이 추천한 사람들은 '툴칸 감독들(Tulchan Bishops)'이라고 불렸습니다. 또한 녹스는 모턴이 세인트 앤드루스의 노쇠한 대감독와 재정에 대한 협정을 할 것이라는 것도 예견하지 못했습니다.

리스 회의 후, 왕실의 권위가 교회를 제압하는 길과 교회의 세속화의 길이 열리는 것처럼 보였습니다. 그러나 모턴은 지나치게 극단적으로 나갔습니다. '교황 절대주의(popery · 천주교에 대한 경멸적 표현)'에 대한 두려움이 일어났고 어떤 해명도 그 두려움을 제거하지 못했습니다. 마치 모턴이 법정 반대자와 개혁 신앙의 투사 역을 맡고 있는 듯 보였습니다.

†종교 개혁에 대한 앤드류 멜빌의 공헌

1574년 봄, 스코틀랜드에 교육의 기준을 세워 달라는 조카의 부탁을 받은 스코틀랜드 망명자 앤드류 멜빌은 조국 땅을 향해 제네바를 출발했습니다. 그러나 그를 기다리고 있는 운명은 스코틀랜드 교육의 중요한 공헌자가 아닌 교회 정치에서 중요한 역할을 감당하는 것이었습니다.

스코틀랜드에 도착하자마자 그는 모턴의 집에서 한 직분을 제안받았습니다. 그러나 그는 그 제안을 거절했습니다. 동생과 석 달을 머문 후 그해 11월에 그는 글래스고(Glasgow)에 정착했습니다.

멜빌이 스코틀랜드에 도착한 것은 로마 교황청으로 회기하려는 흐름을 염려한 자들에게는 더할 나위 없이 시기적절한 일이었습니다. 제네바에 머물렀던 6년 동안 그는 베자(Beza)의 철저한 장로교 사상에 깊은 영향을 받았습니다. 멜빌은 1574년의 교회 상황을 무심하게 바라볼 수 있는 사람이 아니었습니다. 그는 감독 제도를 강력히 반대했기에 스코틀랜드 교회의 3월 총회에 참석해야겠다고 느꼈습니다.

에딘버러(Edinburgh) 사제인 존 두리(John Durie)는 멜빌의 생각을 언급하며 다음의 질문을 했습니다. "감독들이 지금의 스코틀랜드에서처럼 하나님의 말씀에 대한 자신의 역할을 잘 감당하고 있다고 생각합니까? 그리고 총회가 그들을 임명한다면 개혁된 스코틀랜드 장로 교회에서 그것을 받아들여야 합니까?"15

존 크레이그(John Craige)와 제임스 로슨(James Lawsone), 조지 헤이(George Hay), 존 로우(John Row), 데이비드 린지(David Lindsay), 그리고 멜빌이 위원회에 임명되었습니다. 그들의 약식 보고는 문제를 논의하고 총회에 다시 보고하는 것이었습니다. 그들은 감독들의 질문에 답변하는 것이 적절하지 않다고 보고 다만 다음과 같이 선포했습니다. "감독이 될 어떤 자를 선택하든 총회는 하나님의 말씀이 요구하는 대로 합당한 자질을 갖고 있는 자인지를 반드시 검증해야 한다."16

총회는 멜빌의 주도 아래 일을 진행시켜 나갔습니다. 다음은 1578년에 기록된 내용입니다. "감독과 관련해 심한 부패가 있었다. 스코틀랜드 교회는 다음 총회 전까지 일절 감독을 선출하지 않기로 결정했다. 모든 목회자와 총회는 영구적으로 그 직분을 폐지하는 것을 감수하더라도 다음 총회 전까지 감독을 선출하는 방법을 진행시키지 않기로 했다."17 다음 총회에서 이것은

---

15. *The Booke of the Universall Kirk of Scotland*, ed. A. Peterkin, (for Wodrow Soc), Edinburgh Printing and Publishing Co., Edinburgh, 1839, p.151 (hereafter *B.U.K.S.*).
16. *ibid.* p.152.
17. *ibid.* p.175.

'앞으로 계속'이라는 용어로 더 확장되었습니다. 그리고 이미 선출된 감독들에게는 총회에 참석할 것을 요구했습니다.[18]

정부가 승인한 것은 아니었지만 1581년 총회가 승인한 『제2 훈육서』(the Second Book of Melville)가 입증하듯이 멜빌의 압박은 성과를 거두었습니다. 감독직의 감독적인 성격을 비성경적이라고 비난하며 그것을 만들어 낸 총회와 함께 멜빌과 그의 동료들은 감독을 성직자와 항존직 장로로 구성된 교회 치리회가 직접 행해야 한다고 선언했습니다. 또한 교회 법정은 당회와 노회, 그리고 총회로 이루어집니다. 그것은 최대 3개 지역이 모여야 하며 교회 법정을 대표하는 목회자와 장로들로만 구성됩니다.

교회 운영 체제의 문제는 교회와 정부의 관계 문제로 이어질 수밖에 없었습니다. 멜빌은 그 둘 사이에 분명하고도 명확한 선을 그었습니다. 힐더브랜드(Hildebrand)의 가르침을 따라 그는 교회가 정부보다 우위에 있어야 한다고 주장하며 다음과 같이 선포했습니다. "스코틀랜드에는 두 명의 왕과 두 개의 왕국이 있다. 만왕의 왕이신 예수 그리스도가 계시며 그분의 나라는 스코틀랜드 장로 교회이다. 제임스 6세는 그분의 신하다. 따라서 그리스도의 나라에서 그는 군주도, 영주도, 수장도 아닌 성도일 뿐이다."[19]

총회는 '교회의 권력과 정책은 행정의 권력과 정책과는 본질적으로 다르다'[20]라고 선포했습니다. 당시 기록 자료를 보면 그리스도만이 '유일한 영적 왕이다'[21]라는 표현이 자주 나옵니다. '평민 호민관'의 역할을 자칭하며 민

---

18. ibid. p.178.
19. Melville, J., *Autobiography and Diary*, 1556-1610, ed. R. Pitcairn, Wodrow Soc., Edinburgh, 1842, p.370.
20. B.U.K.S., p.530.
21. ibid.

주주의를 꿈꾸는 '불같은 사역자들'[22]에 대해 왕이 불만을 토로한 것도 당연합니다. 또한 제임스 6세가 점점 더 총회의 권력과 결정에 도전을 하게 된 것도 어쩌면 당연한 일입니다. 그의 사역자 가운데 한 사람인 존 던캔손(John Duncansone)이 읽은 1579년 39회 총회에 보낸 편지에서 그는 의회로 상정해야 할 몇 가지 문제가 있다고 지적했습니다.[23] 당시 권력은 멜빌의 수중에 있었습니다. 스마우트가 말했듯이 그의 교리가 '교구 차원의 몇몇 문제에 대해 실제적인 해결책을 제공했기'[24] 때문이었습니다.

제임스 6세는 자신의 왕국에서 최고 주권자가 되기로 마음먹었습니다. 그에게 교회는 국가 안에 있는 또 하나의 국가였습니다. 그는 교회에 왕실의 권위를 행사할 것과 감독들이 교회 문제에서 왕실의 시녀 역할을 하게 하는 감독직의 적법성을 요구했습니다.

1584년 무렵, 제임스는 비굴한 의회에서 악법을 통과시킴으로써 자신의 목적을 성취할 정도로 강력해졌습니다. 그 법은 영적인 문제와 세속적인 문제 모두에서 왕실의 권위를 확고히 하고 감독들에게 완전한 감독의 권한을 부여하는 법이었습니다. 제임스는 영국 국교회나 로마 가톨릭 교회의 양식을 따르지 않고, 대신 성직자의 위엄을 고양시키는 것이 자신의 뜻이라고 주장했습니다. 제임스는 멜빌이 성직자들을 하나님의 예언자로 만들려 한다고 주장했습니다.

그리고 크로프트 딕킨슨(Croft Dickinson)은 "목회자들이 스스로를 하나

---

22. James, I., *Basilikon Doron, from A Source Book of Scottish History*, ed. C. Dickinson, Nelson and Sons, London, 1954, vol.3, pp.50ff.
23. *B.U.K.S.*, p.444.
24. Smout, p.60.

님의 대언자라고 주장한다면 왕의 조언이 왜 필요하겠는가?"[25]라고 말했습니다. 지역 교회와 총회 사이에 깊은 단절과 차이를 둔 멜빌의 교회 운영 체제 이론과 정부와 교회 사이에 분명하고 뚜렷한 구별을 한 멜빌의 이론은 모두 하나님이 부여하신 장로회의 권한에 대한 루터포드의 이론에 길을 닦아 주었습니다.

제임스 6세와 멜빌파의 대립은 피할 길이 없어 보였습니다. 그리고 제임스가 타협을 준비하지 않았다면 그 둘 사이의 충돌은 실제로 일어났을 것입니다. 1586년에 감독을 장로회의 총회 의장으로 삼는 결정이 내려졌습니다. 그리고 '1592년 조항' 은 장로교를 확정했습니다.

제임스 6세가 스코틀랜드 교회를 '세계에서 가장 진정한 교회' 라고 추켜세우고 '영국의 사악하고 무질서한 집단' 이라는 표현으로 영국 국교회를 모욕한 일은 그의 아군과 적군 모두에게 충격을 안겨 주었습니다. 제임스가 로마 가톨릭에 대해 관대한 태도를 취한 것을 멜빌파가 그렇게 강력하게 반대하지만 않았다면, 그리고 '왕은 하나님의 어리석은 신하' 라고 멜빌이 그렇게 신랄하게 언급하지만 않았다면 아마 승리를 거두었을 것입니다.

제임스 6세는 멜빌을 무너뜨리고 자신의 목적을 달성할 기회를 잡았습니다. 그는 자신의 목적을 이루기 위해 총회 일시와 회합 장소를 택하려고 용의주도하게 '1592년 조항' 을 이용했습니다. 그가 총회를 마음대로 조종했고 결국 1597년, 모든 교회 문제를 국왕과 논의하기 위해 던디(Dundee)에서 14명으로 구성된 위원단이 임명되었습니다. 1년이 채 못 되어 이 위원단은 압력을 행사해 의회에서 스코틀랜드 교회를 대표하는 단체가 되었습니다.

---

25. Dickinson, C., *Scotland from the Earliest Times to 1603*, Nelson, Edinburgh, 1961, p.354.

그 결과 1598년 3월, 국왕이 감독으로 임명한 사람들이 의회에서 스코틀랜드 교회의 자리를 대신한다는 결정이 내려졌습니다. 그 결정은 1600년에 실행되었고 그때 국왕이 임명한 조지 글레드스테인스(George Gledstanes), 데이비드 린지, 피터 마샬(Peter Marshall)이 세인트 앤드루스, 로스 캐이트니스의 감독으로 각각 임명되었습니다.

1603년에 잉글랜드의 왕위에 오른 제임스 6세는 자신의 입지를 더욱 확고히 했습니다. 영국 국교회의 세력을 등에 업고 그는 어려움 없이 총회의 권한을 약화시킬 수 있었습니다. 1604년의 총회를 일 년 동안 연기한 그는 1605년에 또다시 총회를 연기했습니다.

그는 급하고도 열정적으로, 공석으로 있는 감독직을 자신이 추천한 사람들로 채웠습니다. 그리고 1606년에는 멜빌과 그의 추종자들을 런던으로 소환해 자신의 성공을 더 공고히 하려고 했습니다. 그러나 그들에게 감독 제도를 받아들이게 하려는 노력은 수포로 돌아갔습니다. 왕실 예배당의 예배 형식에 대해 비난한 멜빌은 결국 추방당했습니다. 그러나 그는 세단(Sedan)의 위그노(Huguenot) 신학원에서 쓸 만한 예배 공간을 발견했습니다.

제임스의 감독 가운데 세 명이 감독 서품식을 위해 잉글랜드로 보내졌습니다. 그러나 그것은 스코틀랜드의 성직 임명의 정당성에 의문을 던지는 행위였습니다.

의회는 1587년에 합병 조례를 선포함으로써 제임스에 대한 예속을 보여주었습니다. 그것은 곧 감독직의 정치적 권력을 회복시키는 결정이었습니다. 그 결과 1610년 무렵 교회 운영 체제에 있어서 감독 체제가 스코틀랜드에서 세워졌고 의회는 그것을 승인했습니다. 장로교가 여전히 명목상으로 남아 있었지만 권력은 감독들에게 넘어갔습니다.

감독 제도와 함께 1618년의 퍼스 조약에서 발표된 성찬식을 위해 무릎을 굶고, 병든 자들에게 개별적으로 찾아가 사역하며 집에서 세례를 베풀고 성일(聖日)을 정하여 준수하는 등의 관습이 생겨났습니다. 회의는 강압적으로 그 모든 것을 받아들여야 했습니다. 몇몇 목회자가 그 결정을 따르지 않는다는 이유로 고등 판무관 법정에 소환을 당하기도 했습니다. 루터포드가 복음의 사역자로 발을 내디딘 때가 바로 이런 상황이었습니다. 그에게 이런 종교적, 정치적 상황은 거부할 수 없는 도전이었습니다. 멜빌이 검과 펜을 내려놓은 곳에서 루터포드가 다시 그것을 집어 들었습니다.

† 가정 환경과 교육

루터포드가 세상의 빛을 본 해는 17세기가 시작하는 첫해였습니다. 그는 록스버러셔(Roxburghshire)에 있는 제드버러(Jedburgh) 시내에서 멀지 않은 니스벳(Nisbet) 교구에서 태어났습니다. 오늘날에는 몇 곳의 농장과 몇 채의 농가가 전부이지만 당시에는 번성하는 교구였습니다.

1862년, 루터포드의 『편지』(Letters)를 편집한 앤드류 보나르(Andrew Bonar)는 '교구에는 그가 태어난 집을 기억하는 몇몇 노인이 살고 있었다'[26] 라고 썼습니다. 보나르는 또한 1830년대 후반에는 니스벳에 집 한 채가 서 있었다고 적고 있습니다. 마을의 한 노인은 그 집을 루터포드가 태어난 곳이라고 했습니다.[27] 루터포드는 그의 마음속에 자신이 태어나고 어린 시절을 보낸 장소에 대해 따뜻한 기억을 갖고 있었습니다. 세상을 떠나기 직전 니스

---

26. *Letters of Samuel Rutherford*, ed. A.A. Bonar(1863 edition), vol.1, p.2(hereafter, Letters).
27. *ibid.* vol.1, p.390, footnote.

벳의 목사인 존 스콧(John Scott)에게 보낸 편지에서 그는 자신이 '첫 숨을 내쉬었던' 장소가 '장미처럼 활짝 피어나기를'[28] 바라는 마음의 소망을 전했습니다.

'올드 스코샤(auld Scotia)'에서 가장 좋은 경작지 출신인 루터포드가 농장 집안의 혈통을 타고 태어난 것은 놀라운 일이 아닙니다. 그의 부모에 대해서는 두 가지 엇갈리는 이야기가 있습니다. 워드로(Wodrow)는 루터포드가 '테비옷데일(Teviotdale)에 사는 평범하지만 정직한 부모'[29] 밑에서 태어났다고 적었습니다. 그러나 1664년에 나온 루터포드의 『편지』 초판의 편집자인 엠워드(M' Ward)는 루터포드가 루터포드 가문의 문장을 사용한 '혈통적으로 좋은 가문'[30] 출신이라고 말하고 있습니다.

그의 집안은 1140년 데이비드 1세가 승인한 헌장에서 가문의 혈통을 찾을 수 있습니다.[31] 그리고 17세기의 첫 10년 동안 그의 집안은 록스버러셔에서 상당한 영향력을 행사했습니다. 1617년도에 우리는 루터포드 출신의 한 사람을 발견할 수 있습니다. 그는 리틀해프(Littlehaugh) 출신의 리차드 루터포드(Richard Rutherford)라는 사람으로 헌트힐(Hunthill)의 존 루터포드

---

28. *ibid.* vol.2, p.390. 1655년 6월 15일, 세인트 앤드루스에서 보낸 편지. 이 시기에는 니스벳이 크레이글링(Craigling)에 합병된 것으로 보입니다. 이 편지의 수신자인 존 스콧은 보나르가 '옥삼(Oxam)의 목사'라고 불렀습니다. 옥삼은 니스벳에서 2마일 정도의 거리에 있습니다.

29. *Murray, T., Life of Rutherford*, W. Oliphant, Edinburgh, 1827, p.2(hereafter, Murray).

30. *Records of General Assembly Commission*, (Scot. Hist. Soc.), Edinburgh, vol.58, p.17.

31. '루터포드'라는 이름은 흥미로운 사실을 알려 줍니다. 루터포드의 집안을 살펴보면 수 세기에 걸쳐 철자의 다양한 변화를 보여 줍니다. 데이비드 1세가 승인한 헌장에는 'Rodyforde'라고 철자가 되어 있습니다. 그리고 1215년에 'i'가 'y'로 바뀌었습니다. 에드워드 1세 통치기에는 'Rothiforde'라고 되어 있습니다. 15세기에는 'Ruthifurde'처럼 두 개의 'o'가 모두 'u'로 바뀌었습니다. 17세기에는 최종적으로 'e'가 빠졌습니다.

(John Rutherford)의 셋째 아들이었습니다. 그는 그 주의 행정관으로 활약했습니다.32

루터포드와 동시대 인물인 엠워드의 말은 상당히 신뢰할 만합니다. 『다시 살아난 여호수아』(*Joshua Redivivus*)33의 서문을 계획하면서 그는 귀족과 지주들이 '언약'의 혜택을 받았으며 루터포드를 그 언약자 가운데 한 사람으로 평가하는 것이 마땅함을 일깨워 주려고 했습니다.

한편 언제나 가난한 사람들을 옹호했던 워드로는 루터포드를 그들을 위한 투사로 생각하였습니다. 루터포드 가문의 사람들은 '오래된 가문으로 한때는 강력한 세력을 떨쳤던 변방의 가문'으로 묘사되었습니다. 그들은 록스버러셔의 맥스턴(Maxton) 교구에 있는 루터포드의 영지에 기반을 두고 있었습니다.34

아마도 루터포드가 귀족 가문 차남의 아들이라는 주장이 신빙성이 있습니다. 그의 아버지는 네덜란드 군대에서 장교로 복무한 후 가문의 영지 일부를 유산으로 물려받아 니스벳에서 농부로 정착했습니다.(그의 토지는 사무엘의 형제들 가운데 한 사람이 물려받았습니다.) 사무엘의 형제 가운데 한 명이 커크커드브라이트(Kirkcudbright)에서 교장이 되었다는 사실은 사무엘의 부모가 부유하지는 않았지만 가난하지도 않았다는 주장에 무게를 더해 줍니다. 루터포드의 아버지를 가리켜 '존경받는 중산층 농부'35라고 말한 톰슨

---

32. Rutherford, Sir John, *Rutherford of the Ilk*, Scott and Ferguson, Edinburgh, 1884, p.xiii.
33. *vide* Bibliography, Writings of Rutherford.
34. Black, G., *Surnames of Scotland*, New York Public Library, New York, 1965, p.704.
35. Thomson, A., *Samuel Rutherford*, (4th Edition), Hodder and Stoughton, London, 1889, p.11(Hereafter Thomson).

(Thomson)의 묘사가 제일 가까운 표현일 것입니다.

분명히 니스벳 공동 묘지의 묘비에 새겨진 글귀로 판단해 볼 때, 루터포드 가문은 어느 정도 경제력을 지닌 농부 집안이었습니다. 루터포드는 자주 핍박에 대해 호소했지만 가난함에 대해서는 불평의 말을 한 적이 없었습니다. 앤워스(Anwoth)의 목사직은 충분한 경제력을 공급해 주는 일은 아니었습니다.

그가 아버딘(Aberdeen)으로 망명하고 웨스트민스터 회의에 참석하는 동안 런던에 거주한 것은 재정적으로 그에게 상당한 부담을 주었을 것입니다. 그러나 그는 두 명의 의사가 병든 아내를 돌보게 할 만큼 경제력이 있었습니다. 따라서 루터포드는 부유하지는 않았지만 재산가였으며, 상당한 사회적 지위를 누렸던 가문 출신임을 알 수 있습니다.

워드로는 루터포드의 어린 시절에 대한 한 가지 이야기를 전해 줍니다. 그것은 전설 같은 이야기로 네 살짜리 루터포드가 깊은 우물에 빠진 사건을 다루고 있습니다. 그의 부모가 그를 구하려고 달려왔을 때 아이는 이미 우물 밖에서 아무 일도 없었다는 듯이 안전하게 앉아 있었습니다.

그러면서 아이는 '사랑스러운 한 남자'가 손을 내밀어 자신을 구해 주었다고 말했습니다. 보나르는 루터포드가 우물에 빠졌을 때 그 자리에 함께 있던 사람을 재미있게 웃기려고 한 농담이라고 주장합니다.[36] 반면 로버트 길모어는 함께 놀던 사람이 그의 누이였다고 주장했습니다.[37] 길모어의 주장을 받아들인다면 루터포드에게는 분명 자신보다 조금 더 나이가 많은 누이가 있었습니다.

---

36. *Letters*, vol.1, p.2.
37. Gilmour, pp.24,25.

어린 루터포드는 제드버러(Jedburgh)에서 교육을 받았습니다. 그가 매일 학교까지 먼 거리를 다녔는지, 아니면 시내에서 하숙을 했는지는 알 수 없습니다. 교원 사택은 '라티머(Latimer)의 오솔길'이라고 알려진 제드버러의 오래된 사원의 일부였습니다.

녹스의 꿈은 재정 부족으로 충분히 실현되지는 못했지만, 종교 개혁자 존 녹스가 제시한 국립 교육 계획안 때문에 많은 스코틀랜드 아이들이 좋은 교육을 받을 수 있었습니다. 어린 루터포드는 충분한 교육을 받았습니다. 그리고 1617년에 에든버러 대학이 된 에든버러의 '타운 칼리지(Town College)'에 입학할 정도로 충분한 재능을 나타냈습니다. 이곳에서 루터포드는 문학 석사 학위를 받았습니다.[38]

타운 칼리지는 자금 부족으로 효과적인 교육을 제공할 수는 없었지만 견실한 일반 교양 교육은 제공할 수 있었습니다. 이 학교는 중세 양식을 따라 학생들의 교육을 담당하는 교장과 연결된 네 명의 철학 학생감이 있었습니다. 특별히 학생들이 대학 시절 내내 개별 감독을 받는 것을 선호했기 때문에 학생감은 교사와 학생 사이에 친밀한 관계를 유지할 수 있는 개별 지도 교과를 실시했습니다.

학기는 오늘날보다 길었습니다. 10월에 시작해 다음 해 8월까지 계속되었습니다. 하루에 여덟 시간에서 열 시간이 학업 시간이었습니다. 4년 동안 교

---

38. 루터포드 당시에 있었던 대학으로 1582년에 세워졌습니다. 초대 총장은 유명한 신학자인 로버트 롤락(Robert Rollock)이었습니다. 그는 1599년까지 그 자리에 있었습니다. 루터포드가 입학했을 때 총장은 보이드(Boyd)였습니다. 그는 충실한 장로교인이었는데 그 때문에 제임스 6세가 그를 해고했습니다. 그는 루터포드에게 크게 영향을 미친 사람이었습니다. 루터포드는 그에게서 장로교 체제뿐만 아니라 타죄 이전설을 고수하는 면을 많이 영향 받았습니다. 보이드는 프랑스에서 가르치며 15년을 보냈는데 그때 철저하게 위그노교 신학에 정통하게 되었습니다.

과 과정은 고전학, 철학, 물리학을 포함한 포괄적인 과정이었습니다.

17세기 에딘버러의 교육 방식은 놀라울 정도로 현대적인 면을 갖고 있었습니다. 학생들은 강의를 축어적으로 기록하는, 수고스러우며 의미 없는 일을 하지 않았습니다. 시험은 자주 있었지만 많은 시간을 학생들과 교수들이 서로 토론을 하며 보냈습니다. 이런 방식은 분명 루터포드의 토론 능력을 향상시키는 데 크게 도움이 되었을 것입니다. 그것은 후에 특별히 웨스트민스터 성직자 회의에서 그를 두드러지게 만든 빼놓을 수 없는 중요한 면이 되었습니다.

루터포드는 4년 과정을 마치고 전통적인 방식으로 졸업을 했습니다. 졸업 전야제에서 학생들은 교장 앞에서 의무적으로 신앙 고백을 해야 했습니다. 그리고 다음 날에 열리는 공공 토론의 주제가 발표되었습니다. 마지막 날 거의 하루 종일은 고등 법원 법관들과 다른 저명한 인사들이 참석한 가운데 토론하며 보냈습니다. 저녁에는 교장이 학사 졸업장을 수여했습니다.

† 인문학 교수

대학을 졸업하고 2년 동안 루터포드가 어떤 활동을 했는지는 전혀 알 길이 없습니다. 그러나 그가 계속해서, 그리고 더 깊게 학문 연구에 몰두했다는 것만은 확실합니다. 1623년에 그는 인문학 교수로 임명받았기 때문입니다. 그 임명은 윌리엄 호그(William Hog), 데이비드 윌(David Will), 조지 헤네이(George Hannay) 등 3년 연장자들과의 치열한 경쟁을 통해서 이루어졌습니다.

루터포드가 맡은 직책은 1597년에 비로소 라틴어 개인 교수직이 된 자리였습니다. 그러나 그 자리가 교수직이 되었을 때도 그 직책은 여전히 다른 교수직처럼 높이 평가를 받지 못했습니다. 인문학 교수는 다른 학생감들처럼 개별 교수 집단에 속하지도 못했습니다. 그러나 대학에서는 라틴어가 의사 소통의 주요 수단이었기 때문에 그의 직책은 점차 더 중요해졌습니다. 그래서 루터포드가 그 직책에 임명될 무렵에는 핵심 직책으로 간주되고 있었습니다.

루터포드가 치른 시험은 호레이스(Horace)의 서정시에 대해 질문하는 형식을 띠었습니다. 그 질문은 약 45분 동안 지속되었습니다. 심의관들이 '약간의 망설임 끝에 루터포드를 택했다'라고 기록되어 있습니다. 그의 탁월한 지적 능력과 덕망이 그가 뽑힌 이유였습니다.[39] 그리하여 루터포드는 유명한 존 애덤슨(John Adamson)이 칼리지의 교장이 된 해에 제6대 인문학 교수로 선출되었습니다.

루터포드는 2년 동안 인문학 교수 실장직을 맡았습니다. 그가 결혼한 때도 바로 이 시기였습니다. 그가 그 직책을 사임한 것은 부분적으로 그의 결혼과 연관이 있습니다. 루터포드의 결혼은 그의 경건한 면을 그리려는 전기 작가들을 매우 당황스럽게 합니다. 톰슨은 단순히 그의 사임이 '결혼과 관계된 경솔하고 예외적인 행동의 결과'[40]였다고 언급했습니다. 길모어도 '그의 결혼과 관련된 신중하지 못한 행동'[41]이라는 표현을 사용해 신중하면서도 관대하게 그 문제를 다루고 있습니다.

그러나 보나르는 '불법적인 행위로 그가 기소를 당했다는 추문'[42]이 그의

---

39. Dalzel, A., *History of Edinburgh University*, Edmaston and Douglas, Edinburgh, 1862, vol.2, p.79(hereafter Dalzel).
40. Thomson, p.13.
41. Gilmour, p.39.
42. *Letters*, pp.3,4.

사임을 초래했다고 단호하게 주장합니다. 분명한 것은 전기 작가들이 루터포드가 사임을 한 정확한 이유를 찾으려고 하지 않았다는 것입니다. 보나르는 '당시가 관대한 시대가 결코 아니었음에도 어떤 교회 법정도 그 문제에 대해 논평을 하지 않았다'[43]고 조심스럽게 지적했습니다.

그의 불법 행위가 어떤 성격의 것이었든지 간에 그의 적들이 그 사건을 그를 인신 공격하기 위한 수단으로 사용하지 않았다는 것이 중요합니다. 그의 뒤를 이어 교수가 된 크로퍼드(Crawfurd)는 그것을 단순히 '추문' 정도로 언급하고 있습니다.

그렇다면 왜 그렇게 경솔한 결정을 내려야만 했을까요? 아마도 루터포드가 교장의 허락 없이 결혼을 했을 가능성이 높습니다. 혹은 그가 결혼한 후에 칼리지 밖에서 살았을 가능성도 있습니다. 당시는 학감이 칼리지 안에 거주하는 것이 관행인 때였습니다.

어떤 사람은 다른 좋지 않은 영향력이 루터포드에게 부정적으로 작용했을 것이라고 추측합니다. 그리고 그의 경솔함이 그가 인문학장직에서 물러날 빌미를 제공했을 것이라고 추측합니다. 여러 자료를 통해서 볼 때 이것이 사실일 가능성이 매우 높습니다.

1625년 11월 17일에 루터포드가 해고당한 것이 학감으로 랭킨(Rankin)이 임명된 것과 시기적으로 일치하는 것은 중요한 의미가 있습니다. 다음 날에는 그의 취임식이 있었습니다. 사실 대학 기록에는 시기의 일치에 대해 다음과 같은 구체적인 언급이 있습니다. "11월 말 경 새 교수인 랭킨 씨가 패얼리(Fairly) 씨의 책임을 이어받았다. 그 무렵 불법적인 결혼으로 추문을 일으킨 인문학 교수 사무엘 루터포드는 자신이 그 직책을 사임하는 것이 합당하다

---

43. *ibid*. p.11.

고 판단했다."44

루터포드는 랭킨의 친구가 아니었습니다. 그들은 서로 상반된 교회 조직에 속해 있었습니다. 랭킨은 국왕과 감독의 총애를 받는 존 헤이(John Hay) 경의 신봉자로 감독 제도의 열정적인 옹호자였습니다. 1638년 동료 학감인 존 브라운(John Brown)과 함께 그는 1581년의 '구 언약'과 종교 개혁을 옹호한 의회의 결의문으로 이루어진 '신 언약'에 맹세하는 것을 거부했습니다. 달젤(Dalzel)의 '에딘버러 대학사'는 랭킨과 브라운을 '비난을 면치 못할 두 명의 학감으로 전국적으로 거의 모든 사람이 그들에 대해 비판적인 견해를 갖고 있다'45라고 언급했습니다.

루터포드의 사임이 랭킨의 임명 시기와 일치한다는 것은 그다지 놀라운 일이 아닙니다. 놀라운 것은 바로 랭킨이 학감이 된 방식입니다. 임명 책임이 있는 심사원들은 패트릭 팬터(Patrick Panter)를 그 직책의 적임자로 추천을 했습니다. 그러나 에딘버러의 시장(데이비드 에이켄헤드 · David Aikenhead)과 읍사무소 서기인 존 헤이가 랭킨을 학감으로 임명할 것을 열렬히 주장했습니다. 그리고 그를 임명하도록 시의회에 상당한 영향력을 행사했습니다.

길드의 학장과 회계원, 시의회 의원인 베일리 가문 사람들은 에이켄헤드와 헤이의 압력에 굴복하지 않고 심사원들의 추천을 지지했습니다. 사실 '가장 존경받는 의회 의원들 가운데 많은 이가 그 결정에 상당히 불쾌해했으며 이전의 공정한 선출 방식과 대조적으로 심사원들의 의견을 따르지 않는 이

---

44. Dalzel, vol.2, p.84.
45. *ibid*. vol.2, pp.106,107. 1638년 8월 24일, 시의회 기록부. 이 기록부는 두 사람 모두 1638년 9월 5일에 의장직에서 해고당했다고 기록하고 있습니다.

유에 대해 불만스러워했습니다.' 46

그러나 루터포드를 사임하게 만든 더 깊은 요인이 있었던 것이 분명합니다. 즉 그와 왕실파의 유력한 인사였던 학장 존 애덤슨과의 관계가 바로 그 것입니다. 루터포드의 아내, 유판 해밀턴(Euphan Hamilton)은 애덤슨의 가까운 친구, 윌리엄 포비스(William Forbes)의 반대파인 존 해밀턴(John Hamilton)의 딸이었습니다.

따라서 학장이 자신의 반대파의 딸과 결혼한 사람을 해고하도록 압력을 행사했다는 것은 이해할 만합니다. 이것은 에딘버러 시의회의 기록에 강력한 표현으로 설명되어 있습니다. "칼리지의 학장이 선포한 바에 따르면 인문학 학감인 사무엘 루터포드 씨는 유판 해밀턴(Euphen[47] Hamilton)과 간음에 빠졌다. 그것은 칼리지에 엄청난 타격을 입히는 추문이 아닐 수 없다."[48]

그러나 이것은 '불법적인 결혼으로 추문을 불러일으킨 인문학 교수 사무엘 루터포드는 자신이 그 직책을 사임하는 것이 합당하다고 판단했다'[49]라는 대학 기록과 전적으로 일치하지 않는 것입니다. 앞서 말했듯이, 루터포드가 결혼에 대해 학장의 허락을 받지 않았을 가능성이 높습니다. 애덤슨이 유판의 아버지와 적대 관계에 있었다면 그가 결혼에 대해 학장의 동의를 얻었다고 볼 수 없습니다. 그리고 루터포드의 적들은 그 문제를 크게 과장했습니다. 그러므로 시의회가 루터포드의 사임을 학장의 책임으로 돌린 것은 주목해서 볼 만합니다.

---

46. *ibid*. p.84.
47. 17세기에는 이름의 철자가 정확하게 고정되지 않았습니다. 루터포드의 첫 번째 아내의 이름은 Euphan, Euphen, Euphem으로 다양하게 나타납니다.
48. Record for 3:2:1626.
49. Dalzel, vol.2, p.84.

†신학생

교수직을 사임한 후 루터포드는 신학에 몰두했습니다. 자신의 무분별한 행동으로 마음에 깊은 고뇌를 느꼈던 그는 죄를 깊이 자각하게 되었을 것입니다. 편지에서 그는 자주 영혼의 내적 갈등과 청춘의 위태로움을 언급했습니다. 애더니(Athernie)의 윌리엄 리그(William Rigg)에게 그는 다음과 같은 편지를 썼습니다. "이따금 예전의 유혹들이 되살아 나옵니다. 그러면 모든 것이 뒤죽박죽이 됩니다. 나는 마음에 동요를 느끼며 말을 더듬고 한숨만을 내쉽니다. 내가 감당하기에 너무 무거울까 봐 두렵기 때문입니다."50

베스사이다 에어드(Bethsaida Aird)51에게 아버딘으로 추방당해 생활하는 동안 그는 자신의 마음이 '유혹으로 몹시 괴롭다', '포도원에서 시들어 버린 나무처럼 자신이 버림받은 사람이 될까 봐 두렵다' 고 고백했습니다.

가장 정확한 표현은 그가 아버딘에서 소(少) 얼스턴(Earlston)에게 보낸 편지에서 찾을 수 있습니다. "당신과 천국 사이에 청춘만큼 거울같이 냉담하며 얼음같이 차갑고 미끄러운 길도 없습니다." 이 편지에서 그는 '젊은 시절 내가 지었던 죄의 오래된 재들', '청춘의 뜨겁고 활활 불타오르는 욕망과 열정'52에 대해 언급하고 있습니다. 루터포드가 자신의 쓰라린 경험을 회고하고 있었던 것일까요? 그러했을 가능성이 높습니다. 이 시기 탕자처럼 그는

---

50. *ibid.* vol.2, p.85.
51. *ibid.* vol.2, p.354. 1637년 3월 14일, 아버딘에서 보낸 편지. 이 편지의 수신자가 어떤 사람인지는 알 수가 없습니다. 보나르는 『편지』의 서문에서 그 이름이 흔히 나오는 이름이라고 지적하며 아마도 루터포드의 앤워스 교구민 가운데 한 명일 것이라고 언급했습니다.
52. *ibid.* vol.2, p.436. 1637년 6월 16일에 아버딘에서에서 보낸 편지. 소(少) 얼스턴은 시골 대지주인 윌리엄 고든이었습니다. 그는 존 하위가 '선한 재능을 지닌 신사, 신앙과 경건함이 탁월한 헌신적

회심을 경험하고 '제 모습으로 돌아왔을 것입니다.' 이전에 그가 그런 경험을 했다는 증거는 없습니다. 사실 그는 자신의 회심이 너무 오래 미뤄졌다는 것을 안타깝게 여겼습니다. 그러나 그가 그리스도께로 회심했을 때 그는 아직 이십 대의 젊은이였습니다.

루터포드는 사역자의 길을 가려는 생각으로 신학에 열중했습니다. 사역자의 길을 가려는 사람들은 신학적으로 잘 훈련받을 뿐만 아니라, 자신이 하나님의 말씀을 잘 전달할 수 있는 능력이 있는지를 보기 위해 모든 노력을 기울여야 한다고 그는 믿었습니다.

신학생들은 다른 학생들보다 더 혹독한 훈련을 받아야 했습니다. 매주 수요일 오후는 학장이 하는 신학 강의 시간이 있었습니다. 주일은 모든 신학생이 그러하듯 더욱 분주한 날이었습니다. 그들은 아침 일곱 시에 자기를 담당하고 있는 학감을 만나야 했습니다. 교회에 갔다 온 후에도 아침의 성경 본문과 설교의 주제에 대한 토론이 이어졌습니다.

인문학에 모든 노력을 기울였던 루터포드는 신학에도 동일하게 진지한 노력을 기울였습니다. 그는 물론 1627년에 신학 교육을 모두 마쳤을 때 하나님의 말씀과 성찬식을 집행할 준비를 합당하게 갖추었습니다. 많은 사람이 영국 국교회와 관습에 젖어 있던 시대에 비록 학생 신분이었지만 루터포드는 이미 재능 있는 복음 설교자이며 장로교의 충실한 지지자라는 명성을 얻었습니다.

켄머(Kenmure) 경은 존 리빙스턴(John Livingstone)을 앤워스의 목사가

인 사람'으로 묘사했습니다.(Whyte. 『사무엘 루터포드와 그의 서신자들』. 올리펀트, 앤더슨, 페리어. 에딘버러, 런던. 1894. pp.96,97), 그는 언약파에 동참하러 가던 길에 영국의 기병이 쏜 총에 맞아 보스웰 브리지에서 숨졌습니다.

되게 하려고 설득하다 실패하자 루터포드에게 그 직책을 제안했습니다. 새 목사를 위해 새 교회가 세워졌습니다. 그리고 장로교의 횃불이 스코틀랜드 남서부에서 계속해서 타오르도록 수많은 일을 한 목회자의 삶이 이제 막 첫 발을 내딛고 있었습니다.

제2장

목사로서의 루터포드
The Pastor

앤워스에 초빙을 받았을 때 루터포드는 에딘버러에서 인문학 교수를 지냈고 웨스트민스터 신학과 교수뿐만 아니라 세인트 앤드루스의 신학과 교수와 학장을 겸할 상황에 있었습니다.

그러나 후대 사람들은 그를 '앤워스의 좋은 목사'로 가장 잘 기억하고 있습니다. 남쪽 고원 지대의 기슭을 뒤로 하고 솔웨이 퍼스(Solway Firth)를 마주하고 있는 스코틀랜드에서 가장 아름다운 지역 중에 한 곳인 앤워스에서 그가 10년 남짓 사역을 한 정도이기 때문에 이것은 더욱 놀라운 일이었습니다.

길모어는 그곳을 '진정한 낭만의 정원'[1]이라고 묘사했습니다. 반면 앤드류 보나르는 그곳을 '깊은 신앙심을 소중히 가꿀 수 있는 가장 이상적인 시골

---

1. Gilmour, p.34.

교회'[2]라고 단언했습니다.

† 교회와 목사관

오늘날 폐허가 된 루터포드의 교회는 여행자들이 전혀 알아보지 못한 채 지나칠 정도로 퇴락되었습니다. 1842년에 세워진 60피트 높이의 화강암 기념비에는 다음의 글귀가 새겨져 있습니다. "그의 탁월한 재능과 폭넓은 학식, 열정적인 신앙심, 목회자적 신실함, 시민과 신앙의 자유를 위해 활약한 두드러진 활동을 기리며." 그 기념비는 앤워스의 동쪽 언덕의 좋은 위치에 서 있지만 가까이 접근하기가 쉽지 않습니다. 또한 남서부 스코틀랜드에서는 너무 흔한 풍경이 되어 버린 또 다른 장로교주의 지지를 맹세한 언약자의 기념비 정도로 오해하기가 쉽습니다.

'앤워스'라고 써 있는 한 작은 기둥 외에는 루터포드의 사역으로 우리를 안내하는 것이 전혀 없습니다. 그 기둥은 앤워스 최초의 목사가 설교했던 교회지만 지금은 폐허가 된 곳으로 향하는 오솔길을 가리키고 있습니다. 지난 세기 말에 톰슨이 묘사했듯이 오늘날 그 교회는 '담쟁이 넝쿨로 뒤덮인 폐허'[3]가 되었습니다.

그러나 토마스 찰머스(Thomas Chalmers)가 1826년에 그곳을 방문했을 때는 새 교회가 건축되는 중이기는 했지만 그 교회는 여전히 예배당으로 사용되고 있었습니다. 찰머스는 그곳을 '같은 구조를 가진 건물'이라고 묘사했습니다. 그리고 무늬를 새긴 몇 개의 좌석에 1628년과 1633년이라는 날짜가

---

2. *Letters*, vol.1, p.4.
3. Thomson, p.20.

기록되어 있었는데, 이는 루터포드가 사역을 했던 시기와 일치합니다.

찰머스는 흥분해서 다음의 글을 썼습니다. "강대상은 그때와 변함없이 그 자리에 서 있다. 그리고 바로 그곳에 내가 앉아 있다."[4] 그리고 그는 교회 종(鐘)에 대해서도 언급했습니다. 그는 그 종을 '작다'고 묘사했습니다. 그는 그 종이 원래는 켄머(Kenmure) 부인의 것으로 그녀의 집에 있던 것을 직접 설교자에게 선물로 준 것이라는 옛 이야기도 전했습니다.

톰슨은 루터포드가 머물던 목사관의 '돌 하나조차도' 남아 있지 않은 현실을 통탄했습니다. 그러나 그는 그것을 기억하는 당시 사람들이 여전히 그곳에 살고 있다는 것으로 위로를 얻었습니다. 여러 사람에게서 얻은 정보로 톰슨은 그 집을 앤워스의 상류 가문에 속해 있던 것으로 '귀족풍으로 지어졌으며 목사관으로는 다소 넓은 면적의 오래된 집'으로 그렸습니다. 그는 또한 그 시절의 앤워스 사람들이 기억하고 있는 그 집을 다음과 같이 묘사하고 있습니다. '큼직한 서양 호랑가시나무가 집 앞을 장식했고 초록 들판이 완만하게 낮은 평지로 이어져 있었다. 작은 개울이 멀리 떨어지지 않은 곳으로 흘러갔다.'[5]

찰머스는 그 집이 '오랫동안 목사관으로 사용되지 않았지만' 최근에 다시 사용되기 시작했다고 했습니다. 또한 그는 폐허가 된 그 집의 모습을 묘사했습니다. 1826년 8월 23일, 그가 방문하기 겨우 3주 전에 '잔혹한 상황'이 벌어졌습니다. 찰머스와 그 일행은 쓰레기 더미가 된 집터를 보며 탄식을 했습니다. 당시 석공 가운데 몇몇이 그 집을 부수라는 명을 받았을 때 그런 행동

---

4. Hanna, W., *Memoirs of Dr. Chalmers*, Sutherland and Knox, Edinburgh, 1851, vol.3, p.130.

5. Thomson, p.21.

은 '죄 받을 일'이라고 말하며 거절했다고 합니다. 물론 그들은 그 일로 직장에서 쫓겨나기까지 했습니다.

† 앤워스에서의 사역의 신앙적 배경

종교 개혁 시기 스코틀랜드 남서부는 새롭게 개혁된 신앙에 대한 열정이 뜨거웠습니다. 이곳에서 14세기 잉글랜드의 롤라드(Lollards · 위클리프파 교도)들은 은신처를 찾기도 했습니다. 자신들의 설교자를 간섭하려고 한 섭정 여왕을 처음으로 공공연히 저항한 자들도 바로 에어셔(Ayrshire)의 소년 무리였습니다. 또한 이곳에서 메리 여왕 통치기에 종교 개혁자들은 안전히 거할 수 있었습니다.

녹스는 1556년과 1562년에 남서부 지역에 있었습니다. 그러나 이 모든 것에도 불구하고 스코틀랜드의 다른 지역들처럼 남서부에서 영적으로 열광하고 감격한 사람은 거의 없었습니다.

귀족 계급은 종교 개혁에 기득권을 갖고 있었습니다. 그들은 교회 부지로 부(富)를 쌓았습니다. 그러나 점차 그들은 불화와 시기로 분열되었습니다. 그들의 행동은 술 취함, 탐욕, 신성 모독, 근친 상간, 간음으로 특징지을 수 있었습니다. 토지를 확보하고 새롭게 쌓아 올린 부 속에서 축배를 들며 흥청거리던 지방 대지주들은 감독 제도의 점차적 확대에 거의 관심을 기울이지 않았습니다.

또한 그들은 '사제의 비거주(司祭 非居住)'[6]라는 악습을 반대하지도 않았

---

6. '사제의 비거주'는 종교 개혁 전에는 흔했던 관습으로, 이 관습을 이용해 사제는 자신의 교구 밖에서 살며 다른 사람을 고용해 자신의 임무를 수행하게 할 수 있었습니다.

습니다. 그들은 군주의 대권으로 감독 제도를 강요하기 전까지 그 제도를 위협적인 것으로 생각하지 않았습니다. 그러나 그때에서야 그들은 자신들과 동맹할 수 있는 것은 장로교뿐임을 깨달았습니다.

루터포드가 앤워스에 정착하기 전 그 마을이 커크마브렉(Kirkmabreck)과 커크데일(Kirkdale)과 한 명의 목사로 서로 이어져 있을 때 마을 주민들은 자신들의 '영혼이 말씀의 기아 상태에 빠져 있다'고 호소했습니다. 그리고 '격주로 주일마다 오직 한 번의 설교만을 듣는, 빈곤한 도움만을 받고 있을 뿐' 7이라고 불평했습니다.

그러나 17세기 초 영적 각성의 때가 무르익었습니다. 열정적인 신앙의 물결이 밀려오기 시작한 것입니다. 사실 루터포드가 앤워스에 정착한 일은 장로교 목회자에 대한 귀족 계급의 새로운 태도를 보여 주는 증거입니다. 루터포드가 앤워스에 도착했을 때 그곳의 영적 상태가 어떠했든 그 지역의 이전 세대들은 커크커드브라이트의 목사이자 녹스의 사위인, 신앙심 깊은 존 웰쉬(John Welsh)의 영향 아래 있었습니다.

루터포드가 오기 전에 앤워스 사람들을 돌보고 있던 윌리엄 달글레이쉬(William Dalgleish)는 마을 사람들이 원하는 만큼 충분한 시간을 마을에 바치지 못했습니다. 그러나 길모어가 지적하고 있듯이 그는 '장로교 신앙에 대한 확고한 지지자' 8였습니다.

보나르도 같은 주장을 합니다. '그가 앤워스의 사역을 루터포드에게 위임했을 때 사람들을 섬긴 그의 수고는 넘치는 복을 받았다'라고 말입니다.

교구민 가운데 낮은 계층 사람들뿐만 아니라 지주들도 복음의 교리를 받

---

7. Thomson, p.22.
8. Gilmour, p.38.

아들였습니다.9 루터포드의 정착과 더불어 교구민들은 자신들만의 목사를 갖게 되었다는 감격과 함께 신앙의 열정도 갖게 되었습니다. 그가 사역하는 동안 어느 누구도 '영적인 기근'을 말하며 불평하지 않았습니다.

루터포드의 앤워스 후원자인 로킨바(Lochinvar) 가문은 종교 개혁으로 기득권을 얻게 된 가문 가운데 하나였습니다. 교회 부지 가운데 많은 부분을 갤러웨이(Galloway) 감독이 소유하고 있었고 통랜드(Tongeland) 사원은 그 소유지로 편입되었습니다.

루터포드가 앤워스에 왔을 즈음에 그 집의 주인은 켄머 자작인 존 고든(John Gordon) 경이었습니다. 그는 건강이 좋지 않았습니다. 그의 토지 관리는 아들이 맡고 있었습니다. 고든은 자신의 출세를 위해 찰스에게 충성을 바치겠다는 생각과 강력한 장로 교회를 세우겠다는 열망으로 나누어져 있었습니다. 루터포드는 자연스럽게 장로교의 명분을 위한 그의 열정적인 후원을 받을 수 있었습니다.

루터포드는 켄머 부인에게 편지를 썼습니다. "나는 부인의 남편이 시온의 평화와 번영을 사랑하기를 바랍니다. 이 땅에 강력한 교회를 세우겠다는 뜻을 위해 하나님의 평안이 그분에게 임하기를 기도합니다."10

켄머로 하여금 1626년 가을 앤워스를 별도의 교구로 세우게 한 것은 감독 제도에 대한 그의 커 가는 두려움과 장로 교회에 대한 강한 열망이었습니다.

---

9. 『편지』, vol.1, p.291. 앤워스, 커크데일, 커크마브렉의 목사인 윌리엄 달글레이쉬에게 보낸 편지 서문.
10. ibid. vol.1, p.291. 1628년 7월 27일, 앤워스에서 보낸 편지. 켄머 자작 부인은 아가일의 캠벨 가문의 제인 캠벨 부인이었습니다. 방탕한 존 고든과의 결혼으로 그녀는 행복한 결혼 생활을 보내지 못했습니다. 루터포드가 그녀에게 보낸 47통의 편지를 통해 그가 시련 안에 있는 그녀에게 커다란 힘의 원천이 되었다는 것을 짐작할 수 있습니다.

그는 철저한 장로교인이었던 존 리빙스턴(John Livingstone)의 사역을 새로운 목사의 표본으로 삼기를 바랐습니다. 이것은 그 자체로 켄머의 마음이 변화되었다는 증거입니다. 갤러웨이의 감독인 코우퍼(Cowper)가 자신의 친구들과 동맹자들을 기쁘게 하기 위해 루터포드를 비난하며 교구를 연합시켰을 때 켄머는 아무 반대도 하지 않았습니다.[11]

리빙스턴이 앤워스에서 사역을 해 달라고 하는 자신의 초대를 거절했을 때 루터포드를 새 교구 목사의 적임자로 소개한 사람은 바로 프레스턴팬즈(Prestonpans)의 목사인 존 커(John Kerr)였습니다. 루터포드는 의심할 여지없이 그 자리를 대신할 적임자였습니다. 복음주의자였고 장로교의 열렬한 옹호자였기 때문입니다.[12]

루터포드가 앤워스에 목사로 취임한 것이 언제인지는 모릅니다. 1638년 총회에 교구민들이 올린 탄원서로 판단해 볼 때, 아마도 1627년에 취임한 것으로 추측됩니다. 그 기록을 보면 루터포드가 11년 동안 앤워스의 교구 목사로 섬겼다는 기록과 함께 그가 결코 교구를 떠나서는 안 된다는 이유가 나와 있습니다.[13]

또한 루터포드가 앤워스에 취임한 방식도 알 수가 없습니다. 앤드류 램(Andrew Lamb)은 당시 갤러웨이의 감독이었습니다. 감독 제도를 대표하는 자리에 있었지만 그는 자신의 뒤를 잇는 시드세프(Sydserff)의 독단적이고 고압적인 성직자의 모습과는 사뭇 달랐습니다. 하나님의 섭리로 램은 호의

---

11. *ibid.* From Anwoth, 1633(undated), vol.1, p.107.
12. *ibid.* vol.1, p.138. 앤워스에서 보낸 편지(날짜는 기록되지 않음). 루터포드가 45통의 편지를 쓴 메리언 맥너트는 커크커드브라이트의 시장, 윌리엄 풀러턴의 아내이자 켄머 경의 조카였습니다.
13. Wodrow, R., *Analecta*, ed. J. Sashman, Edin. Univ. Printing Club, Edinburgh, 1842, vol.4, p.53(hereafter Wodrow).

적이고 친절한 켄머와 친구로 지냈습니다. 그는 루터포드가 목사로 정착하게 된 것을 전혀 반대하지 않는 듯 보였습니다.

보나르와 워드로의 주장뿐만 아니라 루터포드의 제자인 엠워드와 존 리빙스턴이 지지한 『스코틀랜드의 명사들』(Scottish Worthies)이라는 책에도 모두 루터포드의 정착이 '감독의 어떤 승인이나 고용에 관계없이'14 이루어진 것임을 확인시켜 줍니다. 이것은 루터포드가 장로교에서 목사 안수를 받도록 램 감독이 허용했다는 머레이(Murray)의 주장과 일치합니다.15

루터포드의 주장 가운데 가장 앞서는 것 중에 한 가지는 교구에 보통 선거권을 주자는 것이었습니다. 시드세프가 커크커드브라이트의 목사를 독단적으로 임명하려고 했을 때 루터포드는 시장으로 하여금 교회의 동의 없이 감독이 독단적으로 목사를 임명하는 것을 저지하게 했습니다.

그는 시장의 아내인 메리언 맥너트(Marion McNaught)에게 편지를 보냈습니다. "교회의 동의 없이 감독이 목사를 임명하는 것을 막기 위해 부인의 남편이 시장으로서 무슨 일을 할 수 있는지를 알아보기 위해 부인이 에딘버러의 몇몇 신중한 변호사에게 편지를 보내기를 바랍니다."16

루터포드는 감독이 독단적으로 임명한 목사는 '돈을 목적으로 일하는 목사'17에 불과하다고 간주했습니다. 메리언 맥너트에게 한 말을 통해 알 수 있듯이 루터포드는 법을 존중했습니다.18 그리고 의심의 여지없이 법을 철저히

---

14. Wylie, J.A., *Scottish Worthies*, Mackenzie, London(undated), p.209, also *Letters*, vol.1, p.4.
15. Murray, p.37.
16. *Letters*, From Anwoth, July 8, 1635, vol.1, p.148.
17. *ibid*. From Aberdeen to John Henderson, March 14, 1637, vol.1, p.350.
18. *ibid*. From Anwoth, July 8, 1635, vol.1, p.148.

지켰습니다. 그러나 그는 장로교에서 목사 안수를 받았습니다. 길모어가 강조했듯이 그의 후원자인 켄머 경이 '장로교 목사들을 괴롭히거나 감독의 의식으로 그들의 양심을 볼모로 잡지 않겠다고 램 감독에게 약속을 받아냈기'[19] 때문이었습니다. 장로교의 옹호자였던 루터포드가 목회자로서 첫발을 내딛는 순간조차 자신이 받아들일 수 없는 의식에 속박당하는 것을 허락했을 리가 없습니다.

† 명설교자로 명성을 떨치고

설교자로서의 루터포드를 언급하지 않고 루터포드의 앤워스 시절을 이야기한다는 것은 불가능합니다. 웨스트민스터 회의에서 교회와 국가를 대표했으며 학자로서 명예로운 자리에 올랐지만, 설교야말로 '그가 가장 귀하게 여기는 사명'이었습니다.

그는 자유롭게 설교할 시간을 가질 수 없다는 이유로 세인트 앤드루스 대학에서 신학 학과장 자리를 거절했습니다. 그의 전기 작가 가운데 한 사람은 "종달새나 나이팅게일[20]이 노래할 때 즐거워하듯이 그는 설교할 때 말할 수 없이 즐거워했다"[21]라고 말했습니다.

생전에 루터포드는 이미 설교자로 이름을 떨쳤습니다. 그것은 그가 세상을 떠난 다음 세기에 이르기까지도 그를 뒤따른 명성이 되었습니다. 지금도 남아 있는 그의 설교 사본이 그의 설교가 얼마나 많은 곳에서 영향을 미쳤는

---

19. Gilmour, p.54.
20. 지빠귀과의 작은 철새로 번식기에 수새는 밤늦게까지 아름다운 소리로 지저귑니다.
21. *op. cit*, p.24.

지를 보여 줍니다. 『죽음 속에서 죄인들을 이끄시는 그리스도』(원래는 앤워스에서 요 12:27-33을 본문으로 전하고, 런던에서 다시 전한 설교 시리즈로 1644년에 출간되었다), 『믿음의 시련과 승리』(앤워스와 세인트 앤드루스에서 전한 설교집으로 이듬해 출간되었다) 등이 그 좋은 예입니다.[22]

루터포드식 주해란 성경 본문이나 단락을 매우 상세하고 주의 깊게 분석한 것을 의미합니다. 전형적인 예가 1647년 4월 15일 오후, 앤워스에서 아가서 5장 7-10절의 말씀을 본문으로 한 설교입니다. 간략한 도입부 후에 그는 성중에서 행순(行巡)하는 자들을 통치자와 동일시하며 그들이 '치는 것'에 집중합니다. 그리고 그리스도를 찾는 일에 핍박과 어려움이 있음을 지적합니다.

성벽을 파수하는 자들도 비슷한 방식으로 통치자들과 동일시합니다. 그리고 '웃옷을 벗기는' 그들의 행위를 설명합니다. 그런 다음 예루살렘의 여자들에게 부탁한 말이 뒤따릅니다. "너희가 나의 사랑하는 자를 만나거든 내가 사랑하므로 병이 났다고 하려무나"(아 5:8). 히브리 원어로 보면 '사랑을 통해 몸이 쇠약해졌다' 라는 뜻으로 풀이할 수 있습니다. 마지막으로 "너의 사랑하는 자가 남의 사랑하는 자보다 나은 것이 무엇인가?"라는 말에서 루터포드는 그리스도의 영광으로 인해 열광합니다.[23]

설교 도중 받아 적은 것을 모아 출간한 것으로 보이는 갤러웨이 설교문들은 짧은 문장과 적절한 권면이 특징입니다. 또한 수사적 질문이 매우 자주 나옵니다. "목사들은 그리스도의 청지기가 아닙니까?", "배고픈 어린아이가

---

22. *vide* Bibliography, Sermons.
23. Bonar, A.A., *Quaint Sermons of Samuel Rutherford*, Hodder & Stoughton, London, 1885, pp.136ff. (hereafter, Q.S.).

교회에서 도움을 받지 말아야 합니까?"[24]라는 질문은 그 몇 가지 예에 불과합니다.

그의 초기 설교들은 종종 은유와 유추와 직유로 끝을 맺고 있습니다. 그는 '그리스도의 식료품 저장실'[25]에 대해 언급합니다. 회중은 '배고픈 어린아이들'[26]로 비유하고 믿음을 가리켜 '불에서 나오는 연기'[27]라고 말합니다. 루터포드는 소박한 예를 즐겨 사용했습니다. '값비싼 해외 도자기'[28], '아이가 물고 있는 텅 빈 숟가락[29]', '여인의 몸이 걸치고 있는 답답하고 작은 외투'[30] 등을 비유에 사용하곤 했습니다.

루터포드의 초기 설교는 자유롭고 비교적 형식에 덜 얽매이며 더욱 강력한 것이 특징이었습니다. 그의 후기 설교는 보다 교리적이고 논증적입니다. 소박한 예들은 여전히 찾아볼 수 있지만, 은유와 직유를 사용하지 않는 것이 현저하게 달라진 점입니다.

교수로서 강의를 전할 때는 종종 원어와 라틴어 인용문을 언급하며 신학 용어를 사용했습니다. 당시 문제들을 넌지시 언급하면서도 루터포드는 그것들을 깊이 숙고하지는 않았습니다. 그의 관심은 언제나 그리스도를 높이고 찬양하는 것이었습니다. 그는 '그리스도의 영광과 하나님의 비할 데 없는 은혜'[31]로 말할 수 없이 기뻐했습니다. 그는 외쳤습니다. "오, 그분의 뛰어난 영

---

24. ibid. p.125.
25. ibid. p.125.
26. ibid. p.125.
27. ibid. p.111.
28. ibid. p.117.
29. ibid. p.119.
30. ibid. p.122.

광 속에서 자신의 교만을 버리는 영혼은 얼마나 복된가!" 그러므로 루터포드가 쉽게 기독론적 해석을 할 수 있는 비유를 많이 담고 있는 본문을 선호했다는 것은 이해할 만합니다.

워드로는 한 영국인 상인의 말을 인용하였습니다. 그는 앤워스의 한 키 작은 남자가 그리스도의 사랑스러움을 자신에게 온전하게 보여 주었다고 말했습니다. 그것은 앞서 본 루터포드의 설교를 잘 표현한 말이라고 할 수 있습니다.

루터포드는 결코 눈치를 보며 완곡하게 말하는 설교자가 아니었습니다. 죄가 있는 곳이면 어디서나 그는 여지없이 그것을 비난했습니다. 술 취한 사람에 대해 그는 다음과 같이 말했습니다. "그는 자신의 무법적인 탐욕과 술에 대한 욕망이 얼마나 악한지를, 뜨거운 불같은 하나님의 진노가 얼마나 무서운지를, 하나님의 이름을 욕되게 하는 죄가 얼마나 극악한지를 잘 깨닫지 못하는 것 같습니다. 그는 현재의 만족과 지옥에서 영원토록 혀가 타는 듯한 고통을 당할 것을 비교하지 못합니다."[32]

그는 안타깝게 부르짖었습니다. "하나님을 비방하고 술에 취하며 주일을 지키지 않다가 천국으로 가는 길을 잃어버린 사람들이, 신성 모독과 경건치 못한 삶 속에서 살다가 간음과 매춘 속에서 죽어 가는 사람들이 세상에 얼마나 많은가!"[33]

루터포드는 언제나 교리를 분명하게 하려고 노력했습니다. 누가복음 15장 12절[34]의 말씀을 해석하면서 그는 다음과 같이 분명하게 언급했습니다. "이

---

31. *Tryal and Truimph of Faith*, London, 1645, Preface.
32. *Q.S.*, p.218.
33. *ibid.* p.279.

본문에서 얻을 수 있는 교리는 죄인들이 죄 속에 빠지도록 내버려 두는 것이 하나님의 지혜나 그리스도의 선하심에 결코 반하지 않는다는 것입니다."35 같은 설교에서 탕자의 귀환을 다루며 그는 다음과 같이 언급했습니다. "교리는 분명합니다. 그것은 다음과 같습니다……."

탕자의 비유에 대한 그의 설교는 루터포드의 접근과 해석 방식을 잘 보여줍니다. 그는 언제나 자세한 부분을 규정하는 데 신중했습니다. 특별히 이 설교에서 아버지의 집은 교회를, 아버지는 그리스도를 의미합니다. 그는 두 아들이 선택받은 사람과 그렇지 못한 사람을 대표한다고 주장했습니다.

그는 또한 비유를 통해 반대자들을 공격했습니다. 그에게 스코틀랜드 교회는 겨와 알곡이 함께 있는 하나님의 헛간이었습니다.36 그는 독립교회주의자들을 '이 지역에서 아무도 없는 텅 빈 교회를 갖게 될 자들'37이라고 비난했습니다.

루터포드는 교리를 성경 전체를 통해 보는 사람이었습니다. 탕자의 기도는 허락하시는 하나님의 의지와 하나님의 의지 안에 있는 죄의 본성을 논의할 기회를 그에게 제공해 주었습니다.

그는 종종 또 다른 질문을 던짐으로써 한 가지 질문에 답하곤 했습니다. "하나님은 왜 인간에게 죄를 지을 수 있는 능력을 허락하셨는가?"라는 질문에 그는 이렇게 답했습니다. "왜 토기장이는 깨어지기 쉬운 진흙을 사용하는가?"38

---

34. 눅 15:12. 그 둘째가 아비에게 말하되 아버지여, 재산 중에서 내게 돌아올 분깃을 내게 주소서 하는지라. 아비가 그 살림을 각각 나눠 주었더니.

35. ibid. p.225.

36. ibid. p.205.

37. ibid. p.206.

상하 양원 앞에서 전한 설교는 더 현학적(衒學的)이기도 하지만 그에 못지 않게 성경적이었고 해설적이었습니다. 또한 이 설교문에는 모든 상세한 부분의 중요성을 강조하려는 열정이 담겨 있습니다. 웨스트민스터 사원에서 1645년 6월 25일, 상원에 전한 설교39에서 그는 도입 부분을 간단히 마무리한 후 바로 '갈릴리 바다 위의 폭풍' 이라는 본론으로 들어갔습니다.

그는 하나님께서는 원수들의 죄보다 자녀들의 죄를 더 미워한다고 말했습니다. 그러하기에 원수들의 고난이 고통스럽다면 그분의 자녀의 고난은 얼마나 더 고통스럽겠습니까! 여기서의 원수들은 교황 절대주의자들이나 도덕률 폐기론자들이었습니다. 교황 절대주의자들은 '모든 확신을 앗아가는 검은 악마' 이고 도덕률 폐기론자들은 '천국의 옷을 입은 지옥의 영' 40입니다.

문법의 오류가 가끔 발견되기도 하지만 '이' 와 '저' 를 가까이 붙여 사용하는 표현법은 눈과 귀에 더 선명하게 전달됩니다. 다음의 문장이 그것의 한 예입니다. "어떻게 이 저 사람이 하나님에게서 멀어지기를 바랄 수 있단 말입니까!"41 루터포드의 설교를 읽는 사람들은 그가 '그러나' 를 즐겨 사용하기 때문에 그의 수려한 표현력이 망가진다고 느낄지도 모릅니다. 다음 문장이 그 예입니다. "그러나 그것이, 그러나 그들이 보는 첫 번째 모습입니까?" 42 또한 문장에서 고심을 한 흔적을 종종 찾아볼 수 있습니다. 다음 문장이 그 예입니다. "그들은 하나님 없이 자신의 행복을 찾을 수 있는 그 무언가를 찾으려고 합니다. 그러나 그 순간 자신이 얻으려고 한 것을 결코 찾을 수 없

---

38. *ibid.* p.277.
39. An exposition of Essay, 8.17. London, 1645.
40. *ibid.*
41. *Q.S.*, p.221.
42. *ibid.* p.218.

다는 것을 알게 됩니다."43

타죄 이전설(墮罪以前設 · supralapsarian)44은 청중들을 향한 그의 예리한 복음적 호소를 둔하게 하지도, 그의 도덕적 노력을 약화시키지도 못했습니다. 하나님의 택하심은 그에게 위로와 힘의 측량할 수 없는 원천이었습니다. 그의 설교는 신학 쪽으로 다소 치우치고 성경적 교리도 많지만 삶의 문제에 대한 적용과 풍성한 비유로 가득했습니다.

그의 설교에서 청중의 관심을 가장 사로잡는 것은 문장으로 묘사되는 그림이었습니다. 다음은 그 세 가지 예입니다. "교만, 탐욕, 나태, 방심은 변색된 물입니다", "성도들은 다리가 짧은 말입니다. 그들은 자꾸만 아래로 내려가려고 합니다."45 틀림없이 그는 마음속에 솔웨이(Solway) 만의 파도 속에서 버둥거리고 발버둥치는 갤러웨이의 늙은 말을 떠올렸을 것입니다. "하나님의 친절하심을 눈물로 살 수 있다고 생각하지 마십시오. 물이 수렁에서 빠져 나갈 때 바람이 들어오기 시작합니다."46 "물이 들어오면 금세 모든 것을 허물고 쓸어 가 버리는 곳에 모래성을 쌓는 어린아이가 되지 마십시오"라고 그는 성도들에게 경고했습니다.47

루터포드는 설교가 점점 더 가치 있는 것으로 인정받는 시대에 역사의 무대에 나타났습니다. 예언자적 사역의 진수라고 할 수 있는 설교가 종교 개혁

---

43. ibid. p.221.
44. 일부 개혁 신학자들이 주장한 관점으로 어떤 일정한 수의 죄인을 구원하기로 한 하나님의 법이 타락을 허용한 그분의 법보다 논리적으로 앞선다는 표현입니다. 상대 관점은 다른 개혁 신학자들이 주장한 것으로 이 순서를 반대로 하는 것입니다. 그것은 '타죄 이후론'이라는 용어로 불립니다.
45. ibid. p.86.
46. ibid. p.97.
47. Bonar, A.A., *Twelve Communion Sermons*, Chas. Goss and Co Glasgow, 1876, p.234.

과 함께 각광을 받게 된 것입니다. 그것은 마을과 도시 곳곳에서 급속도로 개신교도 예배의 가장 탁월한 특징이 되었습니다.

그러나 17세기까지는 그런 상황이 시골 지역에까지 미치는 일상적이고 흔한 것은 아니었습니다. 그때까지 설교로 간주되던 것은 단지 부적절한 유추, 조잡한 예와 함께 성도들의 업적을 길게 낭독하는 것에 불과했습니다. 데이비드 딕슨(David Dickson)이 설교에서 지나치게 공을 들인 정교한 표현을 반대한 것도 바로 그런 맥락에서였습니다.

루터포드 시절 장로교 설교자들을 교구에 배치하는 것을 감독들이 반대한 것은 오히려 설교에 대한 요구를 강화시켰고 리빙스턴과 조지 길레스피(George Gillespie)가 이어받은 순회 설교의 관습을 자극해 더 활기를 띠게 했습니다. 로버트 블레어(Robert Blair)는 그 때문에 평의회에 소환을 당하기도 했습니다.

루터포드가 동시대인이자 영국인인 존 던(John Donne)[48]과 비교되는 것은 피할 수 없는 일입니다. 던의 설교는 루터포드의 설교처럼 대체적으로 국교회의 양식을 따랐습니다. 세 부분으로 구성되어 논증으로 부연하다가 성경과 믿음의 선조들, 나중에는 신학자들의 예를 들면서 일반적 적용이나 구체적 적용으로 끝을 맺습니다.

루터포드가 아가서를 좋아한 반면, 던은 시편과 사도 바울의 서신서에서 방대한 설교의 원천을 끌어내는 것을 즐겼습니다. 던은 아마도 17세기 영국에서 설교를 문학적인 수준으로 가장 높이 끌어 올린 설교자일 것입니다. 그의 설교는 "영국의 신앙은 설교다"라고 말한 에블린의 말을 입증해 줍니다.

---

48. 존 던(John Donne, 1572-1631). 잉글랜드의 유명한 시인이자 설교자. 1621년부터 세상을 떠날 때까지 런던의 세인트 폴 대성당의 주임 사제를 지냈습니다.

찰스 1세는 사람들이 화평의 시기에 검이 아닌 강대상의 지배를 받는다고 인정했습니다.49

루터포드가 장로교인이었고 던이 감독제주의자였지만 두 사람 모두 가톨릭을 심각한 우려 속에서 바라보았습니다. 루터포드와 마찬가지로 던에게도 가톨릭은 사탄의 도구였습니다. 루터포드와 마찬가지로 던도 분리파주의자들을 싫어했습니다. 영국의 시인이자 설교자인 던에게 그들은 '지체가 아니라 썩은 나무 가지고 타락한 매춘부이며 자신의 사납고 혼란스러운 영혼에 의해 불어 날아가 버리고 자신의 교만의 무게로 추락하고 마는 조각난 나무 조각이었습니다.'50 던과 루터포드 모두 그 범주에 정확하게 들어간다고 말할 수는 없지만 둘 다 신비주의자의 범주로 넣을 수는 있습니다.

던이 위대한 설교자이기는 하지만 그리스도의 영광을 가장 중요한 것으로 여기고 추구하는 면에서는 루터포드와 같지 않습니다. 아버딘에 감금당해 있는 동안 루터포드는 다음과 같은 글을 썼습니다. "내게는 그리스도 내 주님 다음으로 천국에서 오는 한 가지 기쁨이 있다. 그것은 바로 그분을 설교하는 것이다."51 그리스도를 설교하는 것은 그의 표현을 빌면 '내 기쁨의 가장 소중한 것'52이었습니다.

---

49. Bush, D., *English Literature in the Earlier Seventeenth Century* (2nd Ed.) O.U.P. Oxford, 1962, p.319.
50. Donne, J., *Complete Verse and Selected Prose*, ed. J. Hayward Nonesuch Press, London, 1972, p.558.
51. 『편지』, vol.2, p.48. 1637년 6월 23일, 알렉산더 콜빌에게 보낸 편지. 파이프에 있는 블레어의 알렉산더 콜빌은 1630년 고등 판무관 법정에 섰을 때 루터포드에게 우호적인 판사 중에 한 명이었습니다. 그는 교회 장로이자 1645, 1646, 1648년 총회에서 파견단의 일원이었습니다.
52. *ibid.* From Aberdeen to partishioners, July 13, 1637, vol.2, p.87.

루터포드가 말했듯이 '모든 사람의 피에서 나는 자유롭다' 라고 말할 수 있는 설교자는 거의 없습니다. 그는 교구민들에게 다음의 편지를 썼습니다. "내가 여러분과 함께 있는 동안 때를 얻든지 못 얻든지 (내게 주신 측량할 수 없는 은혜에 따라) 여러분의 마음에 경고하고 일깨우는 일을 쉬지 않았습니다."53

워드로가 묘사했듯이 이 왜소한 남자는 웅변가의 음성을 갖고 있지도 않았습니다. 그의 연설법은 부족한 점이 많았습니다. 그의 생각은 종종 통제되지 않았습니다. 그럼에도 불구하고 그는 '당시에 혹은 아마도 모든 교회에서 감동적이고 애정 깊은 설교를 전하는 설교자 가운데 한 사람이었습니다.' 54

길모어는 그를 '강대상에 올라가자마자 하늘을 향해 들어 올린 기민하게 움직이는 두 눈을 가진' 55 사람으로 그렸습니다. 초기 전기 작가인 톰슨은 '그의 생기는 매우 자주 황홀경에 빠지곤 했다' 56라고 표현했습니다.

† 목회 활동

루터포드의 전기 작가들은 그가 앤워스에서 한 사역을 거의 기록하지 않았습니다. 물론 그도 다른 목사들처럼 '매일의 일상적인 사역' 을 담당했습니다. 병든 자들을 심방하고 사별한 사람들을 위로하며 젊은이들을 지도하고 교구민들에게 거룩한 삶을 살도록 권면했습니다.

---

53. *ibid.* From Aberdeen, Sept.23, 1637, vol.2, p.193.
54. Wodrow, vol.1, p.205.
55. Gilmour, p.41.
56. Thomson, p.23.

톰슨은 '거친 수풀과 우거진 숲을 헤치고 길을 가는' 그의 모습을 그림으로 그렸습니다. 언덕을 넘어 도요새와 물떼새의 서식지를 지나 비로 불어난 개울가와 위험한 계곡의 급류를 건너 남편을 사별하고 슬픔 속에 빠져 있는 여인들에게 하나님의 위로를, 죽음을 앞둔 사람의 허름한 오두막에는 천국의 빛을 전했습니다.[57]

톰슨은 '그가 영혼을 돌볼 책임을 맡은 그리스도의 목자 가운데 한 사람처럼 자신의 직분에 늘 열정적으로 임했다' 고 말합니다. 그는 개인적인 만남을 통해 자신의 양들의 세세한 부분까지 알려고 노력했습니다. 그들의 아픔과 슬픔, 기쁨을 함께하며 그는 고통 받는 사람과 함께 고통 받고 기뻐하는 사람과 함께 기뻐했습니다. 그는 성도들의 영적인 상태에 지혜로운 권면으로 위로하고 힘을 주는 사람이었습니다. 점차 교구민들 모두가 그를 친구로 여기게 되자 그가 그들의 마음에 다가가는 길이 훨씬 쉬워지게 되었습니다.[58]

톰슨이 신실한 목회자로 그린 루터포드 모습은 리빙스턴의 말을 통해 확인할 수 있습니다. 그는 루터포드가 앤워스에 있는 동안 "가난하고 무지한 사람들 속에서 많은 선한 일을 한 도구였다. 많은 사람에게 하나님을 알게 했고 그분의 법을 따르게 인도했다"[59]라고 썼습니다. 루터포드가 헌신적으로 섬기고 모든 지역을 자신의 사역지로, 모든 사람을 자신의 양으로 여겼다고 말한 루터포드의 제자 엠워드의 말은 루터포드가 메리언 맥너트에게 보낸 편지에서 확인할 수 있습니다.

루터포드의 『편지』를 읽은 사람이라면 자신의 양들을 향한 목사로서의 그

---

57. ibid. pp.26,27.
58. ibid. p.26.
59. Gilmour, p.39.

의 깊은 관심과 사랑을 놓칠 수 없을 것입니다. 1636년 아버딘에서 감금형을 치르기 위해 앤워스를 떠날 때 그는 다음의 글을 썼습니다. "앤워스에서 그리스도와 함께 보낸 내 아름다운 날들과 내 소중한 양들에 대한 추억은 내 달콤한 포도주에 들어 있는 식초와 같다."[60]

같은 날 또 다른 친구에게 그는 자신의 양들을 떠올리며 애달픈 편지를 썼습니다.[61] 아무리 멀리 떨어져 있어도 양들을 향한 루터포드의 사랑은 결코 식을 줄을 몰랐습니다.

앤워스에서 추방당하고 몇 개월 동안 자신의 사역지로 돌아가고 싶은, 억누를 길 없는 사랑의 마음과 채울 길 없는 그리움이 물밀듯 밀려왔습니다. 그는 유명한 법관이자 주(州) 형사 기록 재판소장인 크레이그홀(Craighall) 경에게, 세인트 앤드루스 감독에게 자신을 앤워스로 돌려보내 줄 것을 중재해 달라고 도움을 청했습니다.[62] 그는 교구에서 다시 사역을 할 수 있도록 자신의 후견인인 켄머 경에게도 '협상을 벌여 문제를 해결해 줄 것'을 부탁했습니다.[63]

---

60. ibid. vol.1, p.172. 1636년 9월 5일, 얼스턴의 알렉스 고든에게 보낸 편지. 알렉스 고든은 삼손 같은 강한 힘 때문에 '강한 샌디(알렉산더의 애칭)'라는 별명을 가진 알렉스 고든의 증손자였습니다. 갤러웨이의 장로교 지도자였던 그는 글래스고의 감독 임명을 거부했다는 이유로 고향에서 추방당했습니다. 그는 1638년에 제네바 회의의 일원이었으며 1641년에는 갤러웨이 의회 의원이었습니다. 그는 국왕이 제안한 기사 작위를 거부했습니다.
61. ibid. vol.1, p.173. 1636년 9월 5일, 녹브렉의 로버트 고든에게 보낸 편지. 로버트 고든은 녹브렉의 대지주로 루터포드의 가까운 친구였습니다. 리빙스턴은 그가 의회와 1638년 이후에 열린 공식 회의에서 많이 일했다고 기록했습니다.
62. ibid. vol.1, p.122. 1637년 1월 24일에 보낸 편지. 크레이그홀 경은 유명한 법관인 토마스 호프 경의 아들입니다. 그는 추밀 고문관이 되었으며 1645-1649년에 총회의 일원으로서의 그의 이름을 자주 볼 수 있습니다.

루터포드에게 그의 양은 '생이별한 품 안의 갓난아기'[64]와 같았습니다. 깊은 슬픔에 빠진 그의 마음은 메리언 맥너트에게 보낸 편지에서 가장 잘 드러납니다. 그 편지에서 그는 다음과 같이 탄원했습니다. "기도해 주십시오. 홀로 남겨진 내 양들을 위해 기도해 주십시오. 그리고 그들 가운데 한 사람이라도 만나거든 그에게 조언해 주십시오. 만일 내가 수고한 목장에 늑대가 들어갔다는 소식을 듣는다면 나는 큰 슬픔에 빠질 것입니다."[65]

아버딘으로 '추방' 당해 회중과 더 이상 이야기를 나눌 수 없게 되자 그는 편지로 그들을 돌보았습니다. 그가 편지와 설교로 그들에게 탄원하고 조언하며 경고했던 대로 심방할 때도 마찬가지였을 것을 쉽게 짐작할 수 있습니다. 루터포드는 젊은이들을 그리스도 앞으로 인도해 오는 일에 누구보다도 열정적인 사람이었습니다.

그는 목사관을 자주 방문했던 메리언 맥너트의 딸, 그리젤(Grizzel)의 행복에 특별한 관심을 갖고 있었습니다. 그는 '하나님에 의해 거듭난 다른 사람들처럼 그녀 안에도 하나님의 씨가 있다' 라고 단언했습니다. 그리고 '하나님의 씨가 그분이 추수할 곡식이 되게 해 달라'[66]라고 기도했습니다.

그는 카도니스(Cardoness)의 존 고든에게 열정적인 편지를 썼습니다. "나는 당신의 아이들이 주님을 찾게 되기를 간절히 바랍니다. 그리스도의 영광을 위해 그들이 나를 찾아오기를 바랍니다. 축복을 받고 행복해지며 그리스

---

63. *ibid*, 1637, vol.1, p.246.
64. *ibid*, 1637, vol.1, p.344. 1637년 3월 14일, 제임스 브루스에게 보낸 편지. 제임스 브루스는 파이프의 킹스반의 목사였습니다.
65. *ibid*. March 11, 1637, vol.1, p.309.
66. *ibid*. From Anwoth to M.M., June 6, 1627, vol.1, p.35.(Wrongly dated as 1624 in editions prior to 1863.)

도를 영접하고 그분과 함께 모든 것을 소유하기 위해 나오기를 간절히 바랍니다."67 또한 그는 카도니스 부인에게도 그녀의 아이들에 대해 조언했습니다. 그의 목적은 그들이 '주님을 어린 시절에 찾고 그분께 인생을 드리는 것' 68이었습니다.

루터포드가 교리 문답서를 만들게 된 것도 어리고 배우지 못한 자들에게 하나님의 말씀을 가르치기 위해서였습니다. 그가 에딘버러 대학 도서관에 소장되어 있는 교리 문답서 초안을 작성한 때는 그의 사역 초기 시절이었습니다. 아버딘에 수감된 지 6개월이 되었을 때 존 고든에게 보낸 편지에서 루터포드는 자신이 그에게 가르쳤던 교리 문답을 언급했습니다.69 그것은 훨씬 덜 교리적인 웨스트민스터 소교리 문답서와 흥미로운 대조를 이룹니다. 질문 자체에 교리가 포함되어 있고 답변은 진리를 확인시켜 줍니다. 틀림없이 루터포드는 이 교리 문답 양식이 시골 사람들의 필요에 보다 더 적합하다고 믿었습니다.

루터포드의 『편지』는 영혼을 향한 그의 열정을 잘 보여 줍니다. 그는 앤워스 교구민으로 보이는 어떤 부인에게 '늦기 전에 그리스도를 따르며 그분을 닮아가기를 힘쓰라' 70고 권면했습니다. 그리고 메리언 맥너트에게 천국에 많은 사람을 데리고 가도록 힘쓰라고 부탁했습니다. 루터포드는 다음의 편지

---

67. ibid. vol.1, p.35. 1637년 3월 6일, 아버딘에서 보낸 편지. 카도니스의 노(老) 존 고든은 로킨바의 고든 후손입니다. 그는 루터포드가 앤워스에서 목회를 계속 할 수 있도록 1638년 탄원서를 올린 188명의 서명자 가운데 첫 번째 사람이었습니다.
68. ibid. From Aberdeen, March 6, 1637, vol.1, p.263.
69. ibid. 1637, vol.1, p.389.
70. ibid. vol.1, p.202. 1637년, 아버딘에서 마가렛 볼랜틴에게 보낸 편지. 마가렛 볼랜틴은 교구민 가운데 한 사람이었습니다.

를 썼습니다. "부인이 더 많은 사람을 주님 앞에 인도할수록 부인은 주님에게 더 따뜻한 환대를 받게 될 것입니다."[71]

루터포드는 호소할 때는 더할 나위 없이 은혜로웠지만 경고할 때는 가차없이 엄격했습니다. 그는 러스코(Rusco)의 타락한 소(少) 존 고든(John Gordon)에게 급히 편지를 써서 지적했습니다. "나는 당신이 욕설과 비방과 거짓과 술 취함, 주일을 성수하지 않는 죄를 바로잡기를 간절히 원합니다."[72] '훈육서'에는 '아무리 신분이 높고 존경받는 사람이라도 참회를 해야 할 죄를 지었다면, 마땅히 가난한 사람들과 같은 벌을 받아야 한다'라고 되어 있었습니다. 그러나 사실 귀족들은 벌을 받지 않는 경우가 허다했습니다.[73]

루터포드는 조언을 할 때면 젊은 시절 자신이 직접 경험했던 유혹을 결코 잊지 않았습니다. 그는 젊은 시기를 인생에서 가장 위험한 시기로 여겼습니다. 그는 그 시기를 '사탄이, 방이 깨끗하게 청소된 것을 발견하고는 자기 수하들과 함께 들어와 기거하는 시기'[74]로 보았습니다. 그는 '젊은 시절의 해묵은 죄의 재'가 때로는 '새로운 슬픔의 불길'로 타오른다고 고백했습니다.

소(少) 얼스턴(Earlston)에게 보낸 편지에서 그는 열정을 '한 번도 땅에 묻힌 적이 없는 젊고 푸른 악마'[75]라고 묘사했습니다. 자신의 경험과 자애로운 목사의 관심으로 그는 젊은 존 고든에게 편지를 썼습니다. "경험이 당신에게

---

71. *ibid.* From Anwoth, 1630, vol.1, p.37.
72. *ibid.* vol.1, p.291. 1637년 3월 14일에 아버딘에서 보낸 편지. 존 고든은 앤워스에서 3마일 떨어진 러스코의 대지주였습니다.
73. 'Discipline and Walfare in the Seventeenth Century Scottish Parish', *Scottish History Society Records*, vol.XIX, p.171.
74. *Letters*, From Aberdeen, to the Elder Cardoness, 1637(undated), vol.1, p.389.
75. *ibid.* From Aberdeen, June 16, 1637, vol.1, p.433.

가르쳐 주기 전까지는 당신은 그것을 알 수 없습니다. 젊은이의 시기가 얼마나 위험한 때인지를 말입니다!"[76] 루터포드는 거룩하게 성화된 생각이 '타서 소실되지 않는 푸른 연료인' 젊은이의 욕망에 대한 유일한 해독제라고 주장했습니다.[77]

루터포드에게는 젊은이들을 상담하고, 타락한 자들에게 경계의 말을 하는 것뿐만 아니라 슬픔에 빠진 사람들을 위로하는 일에도 탁월한 능력이 있었습니다.

앤워스에서 사역을 맡은 지 얼마 되지 않아 그는 딸을 잃은 한 어머니에게 편지를 쓰게 되었습니다. 그 편지는 지혜롭고 자애로운 말로 가득합니다. "부인은 딸이 전능하신 분의 품 안에 평안히 잠자고 있는데, 그런 딸을 잃었다고 생각합니까? 그토록 좋은 친구 집에 있는 딸을 절대 잃었다고 생각하지 마십시오. 그리스도 안에 온전히 거하고 있는 것이 어떻게 잃어버리는 것입니까?"

그는 또한 다음과 같이 딸을 잃은 아픔과 그리움을 깊이 이해하고 있음을 보여 주었습니다. "물론 부인은 지금 딸과 함께 할 수 없습니다. 그래서 부인 안의 본성이 슬퍼하는 것입니다." 그는 그녀에게 딸의 일부분만이 이 땅 위에 있는 것이고 더 큰 부분은 천국의 영광 속에 있다는 것을 기뻐하라고 권면했습니다.[78] 루터포드는 잠깐의 시간은 영원한 것 앞에서 극히 작은 것에 불과하다며 딸을 잃은 켄머 부인을 위로했습니다. "영원한 축복 속에서 부인

---

76. *ibid.* From Aberdeen, 1637(undated), vol.2, p.26.
77. *ibid.* From Aberdeen, to Earlston the Younger, June 16, 1637, vol.1, p.345.
78. *ibid.* vol.1, p.37. 1628년 4월 23일, 앤워스에서 딸의 죽음으로 상심에 빠져 있는 부인에게 쓴 편지.

의 딸에게 부족한 것이 무엇이 있겠습니까?"[79]

큰 어려움에 빠져 있는 시기에도 루터포드는 다른 사람들의 시련과 고통에 무심하지 않았습니다. 아버딘으로 가는 길에 그는 어빈(Irvine)에서 양심 때문에 직위를 박탈당한 아일랜드, 홀리우드의 로버트 커닝엄에게 편지를 썼습니다. 그는 동료 목사에게 '그분의 이름을 위해 고난당하는 것이 더 영광스러운 일'[80]임을 상기시켰습니다.

† 앤워스에서 보낸 개인적 삶과 공적 삶

루터포드는 다른 사람들의 슬픔을 함께 나눠야 할 뿐만 아니라 자신의 슬픔을 또한 견뎌야 했습니다. 그는 두 아이를 잃는 아픔을 겪었습니다. 그리고 사역 초기 시절 그의 아내는 병으로 세상을 떠나고 말았습니다. 13개월 동안 그녀는 죽음으로 고통에서 벗어나기 전까지 몸과 마음 모두 극심한 고통을 겪어야 했습니다. 그는 이 슬픔을 함께했습니다.

1629년 11월 17일, 메리언 맥너트에게 편지를 쓰면서 그는 아내가 '밤낮으로 극심한 고통을 당하고 있다' 라고 썼습니다. 그리고 "나는 도무지 위로를 찾을 수 없었고 고통의 무게로 짓눌려 있었기 때문에 더 이상 그 짐을 지고

---

79. *ibid*. From Anwoth, January 15, 1629, vol.1, pp.44,45.
80. *ibid*. vol.1, p.168. 1636년 8월 4일에 보낸 편지. 로버트 커닝엄은 전에 버클루(Buccleuch) 백작의 네덜란드 통치기에 목사를 지냈습니다. 돌아오자마자 그는 1615년 11월 9일에 북 아일랜드에 있는 홀리우드의 목사가 되었습니다. 1636년 8월 12일, 다른 목사들과 함께 그는 일부 교회법에 언약하는 것을 거부했다는 이유로 기소당해 목사직을 박탈당했습니다. 그들이 거부한 교회법에는 성찬식에서 무릎 꿇는 자세를 명령하는 법도 포함되어 있었습니다. 그는 스코틀랜드로 옮겨 갔습니다. 그러나 1637년 3월 29일, 어빈에서 세상을 떠났습니다.

서 있을 수 없을 것 같았습니다. 내 삶은 내게 너무나 쓴 고통과도 같아서 주님이 마치 내 적인 것처럼 느낄 정도였습니다"[81]라고 그는 고백했습니다.

그 후 수개월 동안에 아내의 상태는 급속히 악화되었고 결국 이듬해 2월 1일, 그는 다시 그 부인에게 편지를 썼습니다. "아내의 상태가 점점 더 심해지고 있습니다. 아내는 밤낮 계속되는 극심한 고통 속에서 괴로워하고 있습니다. 그녀의 병은 지금까지 내가 본 적이 없는 극심한 고통을 주는 병입니다. 그녀의 삶은 너무 고통스럽기만 합니다. 그녀는 잠을 전혀 이루지 못하고 진통으로 괴로워하며 비명을 지릅니다."[82]

루터포드는 에딘버러의 젤리 박사와 존 해밀턴에게 아내의 진찰을 맡겨야겠다고 마음먹었습니다.[83] 그러나 회복의 희망은 거의 없어 보였습니다. 루터포드는 깊은 절망에 빠진 나머지 주님에게 '그녀의 생명을 어서 데려가 안식을 누리게 해주십사'[84]고 구할 정도였습니다. 그러했기에 6월 26일, 켄머 부인에게 아내의 죽음을 전할 때 그의 마음은 오히려 평안을 누리고 있었습니다.[85]

아내의 병과 죽음 외에 루터포드는 가족들의 삶에 대해서는 거의 기록하고 있지 않습니다. 아내가 죽은 후 한동안 그의 노모가 그를 돌봐 주었습니다. 그러나 그 노모도 6개월 뒤 세상을 떠나고 말았습니다. 그는 두 번의 결혼으로 모두 아홉 명의 아이를 두었습니다. 그러나 그들에 대해서는 전혀 알

---

81. *ibid.* From Anwoth, vol.1, p.50.
82. *ibid.* From Anwoth, vol.1, p.54.
83. 보나르는 존 해밀턴이 루터포드의 아내, 유판 해밀턴의 친척이라고 믿었습니다. 「편지」 각주. vol.1, p.54.
84. *ibid.* To M.M., from Anwoth, 1630(undated), vol.1, pp.54,55.
85. *ibid.* From Anwoth, June 26, 1630, vol.1, p.60.

수가 없습니다. 그가 아이를 잃고 상심에 빠진 켄머 부인에게 보낸 위로의 편지를 통해서 그의 아이 가운데 한 명이 죽었다는 사실을 알 수 있을 뿐입니다.[86]

아내의 병으로 인한 절망과 사랑하는 사람들과 죽음으로 이별한 슬픔은 결국 그에게 병을 안겨 주고 말았습니다. 그는 켄머 부인에게 자신이 '13주 동안 삼일 열[87]을 앓았으며 주일에 단지 한 번만, 그것도 아주 고통스럽게 설교를 전할 수 있었고 회중을 심방하는 일을 전혀 할 수 없다'[88]고 괴로운 마음을 토로했습니다.

루터포드가 아내의 내조와 격려를 받을 수 없게 되었을 때 그의 소중한 친구들인 메리언 맥너트와 그녀의 남편이 딸 그리젤을 그에게 보내 주었습니다. 톰슨이 묘사했듯이 그녀는 '밝고 경건한 신앙심으로 그의 외로운 집에 빛을 밝혀 주는 햇살과 같은 존재'[89]였습니다.

1629년 가을, 켄머 경과 부인은 잉글랜드로 이사 가기 위해 그 지역을 떠났습니다. 그들이 떠날 때 2년이 되기 전에 돌아올 것이라는 것을 알지 못했기 때문에 루터포드는 그들을 다시 보지 못하게 될까 봐 몹시 안타까워했습니다. 그는 다음의 편지를 썼습니다. "영원한 작별이 될지도 모른다는 생각에 내 마음은 너무나 슬픕니다. 다시 두 분을 만나게 될 것이라는 확신이 별로 없었기 때문입니다. 주님께서 나를 사역에 부르신 후로 나는 몇 차례의 고통스런 시련을 겪어 왔습니다. 그러나 두 분이 내 곁을 떠나시는 것이 가

---

86. *ibid.* From Anwoth, April 29, 1634, vol.1, p.114.
87. 하루걸러 한 번씩 고열이 반복되는 병을 일컫는 의학 용어.
88. *ibid.* From Anwoth, June 26, 1630, vol.1, p.60.
89. Thomson, p.41.

장 견디기 어려운 고통입니다."[90]

루터포드는 아마도 켄머의 믿음을 걱정했던 것 같습니다. 그의 날카로운 목회자적 안목과 민감성은 그의 성격에 서려 있는 문제점을 금세 알아차렸습니다. 몇 년 후 아버딘에서 편지를 쓰면서 루터포드는 자신의 후견인인 그에게 악을 물리치고 그리스도께 돌아오라고 설득하며 경책했습니다.[91]

찰스 1세가 그를 켄머 자작과 로킨바의 고든 경으로 세웠을 때 그는 자신이 가장 어려운 상황에 놓여 있다는 것을 알게 되었습니다. 장로교의 명분에 헌신적이었던 그는 국왕이 감독 제도를 더 확고히 하기로 결정한 의회에 참석하게 되었고 그동안 내내 그는 엄청난 양심의 고통을 겪어야 했습니다. 그는 아픈 몸을 이끌고 서둘러 켄머 성에 있는 자기 집으로 돌아갔습니다. 그는 마음에서 그 문제를 떨쳐 버릴 수가 없었습니다. 그리고 1년 뒤 에딘버러를 다시 방문하게 되었을 때 그의 오래된 양심의 상처는 다시 드러나게 되었습니다.

루터포드가 켄머 성으로 그를 방문했을 때 루터포드는 자신의 후견인이 양심의 가책으로 거의 죽음을 맞을 정도로 심하게 몸과 마음이 상해 있는 것을 발견했습니다. 루터포드를 통해 그는 1634년 9월 12일, 세상을 떠나기 전 평안을 되찾을 수 있었습니다.

켄머의 참회와 죽음은 루터포드에게 깊은 영향을 주었습니다. 후에 그는 『존 켄머 자작이 마지막으로 남긴 하늘의 언어와 영광스러운 죽음』(*The Last and Heavenly Speeches and Glorious Departure of John, Viscount Kenmure*)이라는 제목의 책을 출간했습니다. 교회 자유의 수호자로

---

90. *Letters*, From Anwoth, September 14, 1629, vol.1, p.48.
91. *ibid*. March 14, 1637, vol.1, p.346.

루터포드는 왕족이나 의회 의원들과 신앙적 타협을 한다는 것이 얼마나 위험한지를 귀족들에게 분명히 깨닫게 해 주었습니다.

고통스런 시련이 때로 불신으로 그를 사로잡았다는 것은 놀라운 일이 아닙니다. 슬픔과 고통의 한가운데서 그가 주님을 자신의 적으로 생각한 것은 이해할 만합니다. 그러나 믿음은 그에게 감당하도록 부름받은 십자가를 감당할 수 있게 해 주었습니다. 그는 다음의 글을 쓰며 기쁨에 넘쳐 크게 외쳤습니다. "나는 상처를 입거나 피를 흘리지 않은 채 승전가를 부르며 고향으로 돌아갈 것이라고 생각하지 않습니다. 환영합니다. 환영합니다. 그리스도의 십자가를!"[92]

루터포드가 그리스도의 승리를 알게 된 것은 바로 그의 시련과 고난을 통해서였습니다. 그가 자신의 고난의 철학을 표현한 것은 앤워스에서 추방당해 아버딘에 있을 때였습니다. 그는 다음과 같이 썼습니다. "나는 이 세상에 사는 동안 우리가 원수들 속에서 한동안 고난받는 것이 인생의 가장 큰 사명이라고 확신합니다. 그렇지 않다면 그분은 우리가 어머니 배 속에서 태어나자마자 이 웅이지고 가시 투성이인 세상에 살게 하지 않으시고 천국에 살게 하셨을 것입니다."[93]

루터포드는 앤워스에서의 사역에 자신을 헌신적으로 바쳤습니다. 그는 언제나 성도들과 함께해야 한다고 믿었습니다. 그는 켄머 부인에게 '교구를 떠나지 않을 것'[94]이라고 전했습니다. 그가 사역 초기의 몇 년을 오로지 앤워스에서만 보낸 것은 주목할 만합니다. 그는 성도들이 '불에서 끄집어내자마자

---

92. ibid. From Anwoth, to M.M., February 1, 1630, vol.1, p.55.
93. ibid. From Aberdeen, to Earlston the Younger, 1637,(undated), vol.2, p.18.
94. ibid. From Anwoth, January 4, 1632, vol.1, p.81.

식어 버리는 뜨거운 철'과 같다며 호소했습니다. 그리고 자신이 그렇게 노력했음에도 불구하고 '사역에 열매가 거의 없다'[95]며 안타까워했습니다.

루터포드는 점점 그 지역의 장로교 교인들에게 정치적인 정보를 전달하는 사람이 되었습니다. 또한 그는 자치 도시 선출 책임자가 되었습니다. 그는 메리언 맥너트에게 에딘버러가 커크커드브라이트에서 온 적합한 사람들을 택하는 문제에 있어서 그에게 조언을 구했다고 말했습니다. 그리고 그가 필요한 능력과 권위를 지니고 있지 않다고 생각한 로버트 글렌디닝(Robert Glendinning)과 존 이워트(John Ewart)를 거부하는 일에 그녀의 남편과 그녀의 도움을 청했습니다.

1632년 말이나 1633년 초, 에딘버러에 있는 루터포드는 이 문제에서 풀러턴(Fullarton) 시장을 도왔습니다. 그는 시장의 아내에게 시의회에 나갔을 때 그녀의 남편이 불신임을 거의 피할 수 없었지만 그 문제에서 베일리들(Baillies)[96]과 싸워 이겼다고 전했습니다. 몇 년 후 그는 자신의 문제를 처리하기 위해 다시 에딘버러에 가게 되었습니다.

다른 교구 사람들도 특별한 일이 있을 때마다 루터포드에게 일을 맡아 줄 것을 청했습니다. 그들은 그의 사역을 몹시 원했고 그에게 자주 와 달라고 간청했습니다. 그런 초빙은 그에게 깊은 번민을 가져다주었습니다.

1634년에 루터포드는 신실하고 신앙심 깊은 로버트 글렌디닝의 뒤를 이어 이웃 마을인 커크커드브라이트를 맡아 달라는 요청을 받았습니다. 이 부탁을 받았을 때 루터포드가 메리언 맥너트에게 보낸 편지는 하나님의 뜻에 대해 혼란에 빠진 목사의 솔직한 마음을 잘 보여 주고 있습니다. 그는 다음과

---

95. *ibid.* From Anwoth, to Lady Kenmure, January 15, 1629, vol.1, p.45.
96. *ibid.* From Anwoth 1634,(undated), vol.1, p.136.

같이 썼습니다. "내 영혼은 어디로 가야 할지에 대해 씨름하며 주님의 인도하심을 구하고 있습니다." 그는 '의심과 두려움을 품고 있다' 라고 고백했습니다. 그는 자신이 하나님이 허락하신 '유혹과 방해물'을 직면하고 있는지를 알고 싶어 했습니다.

시드세프는 글렌디닝의 뒤를 이을 사람을 찾겠다고 약속했습니다. 그리고 이것에 대해 루터포드는 다음의 말을 했습니다. "감독이 여러분에게 그런 약속을 했다는 것을 알고 하나님께 감사를 드렸습니다. 하나님은 나를 여러분에게 보내시는 것보다 정직한 한 사람을 여러분에게 보내 주시는 것을 더 기뻐하실 것입니다."[97]

크래먼드(Cramond) 사람들도 루터포드가 자신들의 목사가 되기를 간절히 바라고 있었습니다. 그러나 루터포드는 결국 장로교를 위해 설교하는 목사가 아닌 고난받는 자의 길을 걸었습니다.

† 거세어지는 반대와 추방

루터포드는 앤워스에서 사역하는 동안 교구를 떠난 적이 거의 없었습니다. 그는 시간과 노력을 설교와 심방, 교리 문답을 가르치는 일에 전적으로 바쳤습니다. 그러나 루터포드는 곧 많은 사람에게 주목받게 되었습니다. 1629년 무렵에 그는 장로교주의의 지도자로 널리 알려지게 되었습니다. 물론 그는 켄머의 정치적 권력을 등에 업고 있었습니다.

그의 편지를 주의 깊게 살펴보면 점점 더 루터포드의 관심이 앤워스 외의 지역까지 확대되고 있는 것을 알 수 있습니다. 그해 11월 17일, 그는 찰스 1세

---

97. ibid. From Anwoth, to M.M., 1634(undated), vol.1, p.132.

가 에딘버러의 목사 존 맥스웰(John Maxwell)에게 보낸 편지에 대해 언급했습니다. 그는 후에 로스의 감독이 된 사람이었습니다. 그 편지에서 국왕은 감독 제도의 확장을 촉구했습니다. 그리고 다음 크리스마스에 에딘버러에서 성찬식이 있음을 알렸습니다.[98]

루터포드는 남서부 지역의 장로교 고문이 되었습니다. 그것은 왕실의 정책에 대한 정보를 받고 그것을 장로교 지지자들에게 전달해 주는 역할이었습니다. 1631년 6월 2일에 메리언 맥너트에게 보낸 편지에서 그는 다음과 같이 썼습니다. "나는 에딘버러에서 편지를 받았습니다. 그 편지에는 잉글랜드의 예배와 오르간 연주, 제임스 왕의 찬송가를 스코틀랜드 교회에 강요하는 내용이 들어 있었습니다. 그리고 감독들이 총회를 처리하고 있다는 내용도 있었습니다."[99]

이 특별한 편지로 장로교 교인들의 의사소통망에서 루터포드가 어떤 역할을 했으며 그가 무엇을 우려하고 있었는지를 엿볼 수 있습니다. 그는 자신의 임무가 받은 정보를 전달하는 것임을 분명히 했습니다. 그러나 그는 소식을 전달받은 사람에게 함부로 그것을 전달하지 말라는 주의를 주었습니다.

그 당시 장로교 소식망이 체계적으로 정비되었고 루터포드 같은 사람들이 잉글랜드와 스코틀랜드 양쪽에서 왕실의 정책으로 크게 어려움을 겪고 있었다는 것을 알 수 있습니다. 잉글랜드에서 있었던 청교도 박해가 스코틀랜드에 찾아올 것이라는 불안한 조짐이 있었던 것입니다.

루터포드는 잉글랜드의 청교도인 버턴(Burton) 박사의 투옥에 대해 다음과 같이 언급했습니다. "주님은 나에게 아르미니우스설[100]과 그 추종자들이

---

98. *ibid.* From Anwoth to M.M., November 17, 1629, vol.1, p.50.
99. *ibid.* From Anwoth, June 2, 1631(undated), vol.1, p.69.

이스라엘의 등에 얼마나 깊은 고랑을 파 놓았는지를 분명하게 보게 하셨다."
101 이 글은 루터포드가 점점 더 비관적인 사람이 된 것을 이해하게 합니다. 메리언 맥너트에게 그는 다음의 편지를 썼습니다. "나는 극도로 침체되었습니다. 나는 이길 힘이 거의 없는 악마에 대항해 싸우고 있습니다."102

루터포드는 갤러웨이 교구 안에 있던 자신이 국가적 논쟁 속으로 더 깊이 빠져 들어가는 것을 깨달았습니다. 1632년 무렵 그는 감독 제도와 맞서 싸우는 일에 온전히 헌신하게 되었습니다. 그 일로 그는 커크커드브라이트 선임에 관여하게 되었고103 풀러턴 시장을 대신해서 에딘버러로 가게 되었습니다.104

수많은 목사가 교활한 '브레이(Bray)의 교구 목사' 105와 뜻을 같이했습니다. 그들은 어떤 대가를 치르더라도 자신들의 교구를 지키기로 결정했습니다. 관대한 램(Lamb)이 갤러웨이 감독으로 있는 동안 루터포드는 거의 고난을 받지 않았습니다. 그러나 그의 후임자인 시드세프는 앤워스의 목사에게 압력을 가하기 시작했습니다.

많은 목사가 교구를 빼앗겼고 1610년에 세워진 고등 판무관 법정에서 투옥되었습니다. 1630년 6월, 루터포드는 고난이 임박했음을 알았습니다. 그

---

100. 아르미니안이란 네덜란드의 신학자 아르미니우스(Arminius, 1560-1609)의 자유주의적 펠라기우스적 신학 견해를 따르는 사람들을 일컫는 말입니다. 아르미니우스는 존 칼빈(Calvin)의 예정론을 부인하고 인간의 자유의지를 역설한 것으로 유명합니다.
101. ibid. From Anwoth, to M.M., 1631(undated), vol.1, p.74.
102. ibid. From Anwoth, 1631(undated), vol.1, p.76.
103. ibid. From Anwoth, to M.M., May 30, 1634, vol.1, pp.116,117.
104. ibid. From Anwoth, to M.M., 1633(wrongly dated in Bonar), vol.1, p.141.
105. '브레이의 교구 목사' 는 작자 미상의 유명한 노래였습니다. 18세기에 시작되어 찰스 2세부터 국왕의 종교관에 자신의 종교를 맞추는 것을 자랑하는 기회주의적인 사제들을 풍자한 노래입니다.

는 켄머 부인에게 다음의 편지를 썼습니다. "고위 성직자들은 그들의 뜻을 따르지 않는 자들에게 투옥과 박탈만이 있을 것임을 분명히 했습니다."[106]

같은 해 루터포드는 '그의 교구의 어느 방탕한 사람'[107]에 의해 기소당해 고등 판무관 법정에 서게 되었습니다. 스포티스우드(Spottiswoode) 대감독은 항해 중 폭풍을 만나 연착을 하는 바람에 참석하지 못했습니다. 다행스럽게도 판사 가운데 한 사람인 알렉산더 콜빌(Alexander Colville)이 소송을 중단시켰고 결국 그에 대한 소송은 기각되었습니다.

그러나 루터포드에 대한 반대는 계속되었습니다. 1634년 무렵에 그는 장로회에서 자신에 대해 냉담한 태도를 보이는 것을 느꼈습니다. 그는 다음과 같이 썼습니다. "장로교 형제들이 나를 앞에서는 웃으며 반기지만 뒤에서는 나에 대해 비방과 거짓을 일삼고 있다. 그들은 세인트 앤드루스 감독에게 나를 문제가 많은 사람으로 보이게 했다."[108]

그는 이듬해 부활절 후 첫 번째 주일에 열린 성찬식을 기대하며 기쁨을 표현하면서도 그것이 앤워스에서 자신이 드리는 마지막 성찬식이 될 것을 염려했습니다.[109] 1636년, 노회에서 루터포드의 반대파들은 반역적인 교리를 가르쳤다는 죄목으로 그를 기소했습니다.

이 운명의 해가 시작될 때 루터포드는 자신이 직면하고 있는 상황을 피할 수 없는 투쟁으로 받아들였습니다. 그는 자신의 후견인의 아내에게 다음의 편지를 썼습니다. "나는 실에 매달려 있는 심정입니다." 그러나 그는 그것이

---

106. *ibid.* From Anwoth, June 26, vol.1, p.59.
107. *ibid.* From Anwoth, to Lady Kenmure, June 26, 1630, vol.1, p.59.
108. *ibid.* From Edinburgh, to M.M., December, 1634, vol.1, p.147.
109. *ibid.* From Anwoth, to M.M., 1635(undated), vol.1, p.147.

'그리스도께서 잣고 있는 실'이라는 것에 기뻐했습니다. 진리를 위해 고난 받는 것보다 더 정직하고 영광스러운 싸움도 없기 때문입니다.110

피할 길 없이 곧 다시 한 번 고등 판무관 법정에 나오라는 소환장이 왔습니다. 이번에는 위그턴(Wigton)에 있는 법정이었습니다. 루터포드는 비국교도라는 죄목으로 기소당했으며 목사직을 박탈당했습니다.

또한 그는 7월 27일에 에딘버러에 있는 고등 판무관 중앙 법정에 소환당했습니다.111 루터포드는 3일 전에 아르미니우스설에 반대하는 그의 논문 『하나님의 은혜에 대한 변호』(*Exercitationes Apologeticae Pro Divina Gratia*)112 때문에 반역죄로 기소되어 이 법정에 서게 되었다고 썼습니다. 그의 반역죄는 입증되지 않았지만 아직까지도 비국교도라는 죄목이 남아 있었습니다.

루터포드는 자신이 거친 대우를 받았으며, 대법관과 다른 법관들이 자신에게 소환한 내용과 무관한 질문을 퍼부었다고 호소했습니다. 그는 협박을 받았지만 대답을 거부했습니다. 론(Lorne) 경은 담대하게 루터포드를 옹호했고 법정은 관대한 태도를 보였습니다.

그러자 루터포드를 유죄 판결을 받게 하려고 안달이던 시드세프는 위그턴 법정 판사들이 판결을 확정하지 않는다면 그 문제를 국왕에게 상정하겠다고 엄포를 놓았습니다.113 결국 루터포드는 목사직을 박탈당했고, 8월 20일까지 아버딘으로 가라는 명령을 받았습니다.

---

110. *ibid.* From Aberdeen, to John Stuart, Provost of Ayr, 1637(undated), vol.1, p.375.
111. *ibid.* From Edinburgh, to M.M., 1637(undated), vol.1, p.375.
112. 'Apologetic Exercises in Favour of Divine Grace'.
113. *ibid.* From Edinburgh, to M.M., 1636(undated) vol.1, p.161.

제3장

죄수가 된 루터포드
The Prisoner

    루터포드는 동료들에게 다가온 고난의 때가 자신에게도 곧 찾아올 것이라고 예감했습니다. 그는 자신이 감당해야 할 십자가를 짊어질 준비를 하고 있었습니다. 그는 녹브렉(Knockbreck)의 로버트 고든(Robert Gordon)에게 편지를 썼습니다. "내 어깨에 아주 잘 맞는 거친 나무 십자가는 그리스도께서 나를 위해 마련해 놓으신 것이기 때문에 그것은 내게 아무런 해도 끼치지 않습니다."[1]

    양들을 떠난다는 생각에 가슴은 찢어질 듯이 아팠지만 루터포드는 주님을 위해 고난받을 것을 생각하며 기뻐했습니다. "나는 곧 아버딘에 있는 내 왕의 궁전으로 가게 될 것입니다. 어떤 말도, 어떤 글도, 어떤 기막힌 표정으로도 이 기쁨을 표현할 수는 없을 것입니다"[2]라고, 그는 메리언 맥너트에게 편

---

1. *Letters*, From Edinburgh, September 15, 1636, vol.1, p.173.
2. *ibid*. From Edinburgh, April 5, 1636, vol.1, p.155.

지를 썼습니다.

그가 정해진 시간만큼 그곳에 있을 것을 각오하고 아버딘으로 출발했을 때 신실한 사람들로 이루어진 파견단이 그와 동행했습니다. 그는 1636년 9월에야 그곳에 도착했습니다. 그곳에서 그는 어퍼 커크게이트(Upper Kirkgate)에 위치한 집에 거주했습니다.

그는 에어셔(Ayrshire)에 있는 어빈으로 가는 길을 여행했습니다. 그리고 그곳의 목사 데이비드 딕슨과 함께 근사한 저녁 만남을 즐겼습니다. "이 두 사람이 나누는 거룩하고 엄숙한 대화를 들을 수 있다면 얼마나 멋진 밤이 될까요!"라고 보나르는 탄성을 발했습니다.[3]

루터포드는 에딘버러에서 한동안 시간을 보냈습니다. 그의 편지를 통해 그가 그곳에서 비교적 환대를 받았음을 알 수 있습니다. 그는 친구인 로버트 고든에게 다음의 편지를 썼습니다. "내가 떠난 후로 어떤 사람도 나를 우울하게 하지 않았습니다. 하나님의 빛나는 태양과 아름다운 날씨는 아버딘에 있는 시간을 더할 수 없이 아름답게 만들어 주었습니다."[4]

반면 얼스턴의 알렉산더 고든(Alexander Gorden)에게 그는 다음과 같이 편지를 썼습니다. "모든 사람이 내 얼굴을 보았습니다. (교파와 신분, 빈부에 관계없이, 나를 아는 사람이든, 모르는 사람이든) 대부분 내게 우호적이었습니다."[5]

---

3. *ibid.* Sketch, vol.1, p.13.
4. *ibid.* From Edinburgh, September 5, 1636, vol.1, p.173.
5. *ibid.* From Edinburgh, September 5, 1636, vol.1, p.171.

† 절망과 두려움

아버딘은 루터포드의 추방지로 일부러 선택된 곳이었습니다. 그곳이 앤워스에서 멀리 떨어진 곳이었을 뿐만 아니라 아르미니우스설과 감독 제도를 옹호하는 곳이기 때문이었습니다. 그러하기에 그가 엇갈린 대우를 받았다는 것은 놀라운 일이 아닙니다. 모든 사람이 그에게 비우호적인 것은 아니었습니다.

루터포드는 '많은 낯선 사람들로 가득 찬 숙소'[6]를 발견했을 때 행복했습니다. 그리고 그는 그에게 친절한 몇몇 사람이 있다는 것에 기뻐했습니다. 그는 '많은 사람이 나에게 미소를 지어 주었다. 그러나 많은 사람이 나를 이상한 사람으로 여기며 내가 믿는 신앙을 좋지 않은 것이라고 생각한다'라는 말도 덧붙였습니다.

루터포드는 에딘버러의 설교자들의 위선을 재빨리 감지했습니다. "그들은 사랑이라는 가면을 쓰고 있었습니다." 그는 켄머 부인에게 호소했습니다.[7] 그가 북쪽 도시의 신앙적 특징을 발견하는 데는 그리 많은 시간이 걸리지 않았습니다. 그는 '극히 소수의 사람에게서만 하나님의 모습'을 찾을 수 있을 뿐이었습니다. "그것은 교황 절대주의자들이나 갈리오의 오만한 종교인들[8]의 모습이었다. 대부분은 투옥된 목사에게 호의를 보이지 않는 것을 지혜로운 것으로 여겼다"라고 그는 말했습니다.[9]

---

6. ibid. To Rob. Gordon, September 20, 1636, vol.1, p.174(vide chapter 2, reference 59).
7. ibid. To Lady Kenmure, November 22, 1636, vol.1, p.179.
8. 갈리오(Lucius Junius Gallio)는 바울이 재판을 받은 아가야의 총독이었습니다(행 18:12-17). 그는 유대인들의 종교 문제에 관여하기를 거부했습니다. 여기에서 루터포드는 아르미니우스설 신봉자들을 언급하고 있습니다.

루터포드가 에딘버러의 강대상에서 자유롭게 설교하기를 바랐다면, 분명 그는 크게 실망했을 것입니다. 고위 성직자들은 그가 아버딘에서 설교할 수 없다는 것을 분명히 했습니다. "그들은 나를 추방한 것 외에도 한 가지 잔혹함을 더했습니다. 내가 이 도시의 강대상에서 설교를 하지 못하게 한 것입니다"[10]라고 그는 켄머 부인에게 편지를 썼습니다.

설교 금지령보다 루터포드를 더 절망하게 하는 것은 없었습니다. 그의 편지에는 자주 '말 못하는 주일'에 대한 언급이 있습니다.[11] 그것은 그의 마음에 무거운 짐이었고 쓰라린 아픔을 주었습니다. 그는 그것을 '곪아서 짓무른 상처'[12], '새의 발에 묶어 놓은 돌'[13], '엄청난 무게의 괴로움'[14]이라고 묘사했

---

9. ibid. vol.1, p.197. 1637년, 보이드 부인에게 보낸 편지(날짜는 알 수 없음). 보이드 부인의 결혼 전 이름은 크리스천 해밀턴이었습니다. 그녀는 1대 해딩턴 백작의 장녀였습니다. 그녀의 첫 번째 남편은 바이어스의 9대 린지 경이었으나 1616년에 세상을 떠났습니다. 그녀의 두 번째 남편은 6대 보이드 경이었으며 그는 1628년 8월에 세상을 떠났습니다. 그녀는 열렬한 장로교 신자였고 깊은 신앙심으로 유명했습니다.

10. ibid. November 22, 1636, vol.1, pp.179,180.

11. ibid. To Alex. Colville of Blair, February 19, 1637, vol.1, p.251(vide chapter 2, reference 48).

12. ibid. vol.1, p.352. 1637년 3월 14일, 존 메인에게 보낸 편지. 에딘버러의 상인인 존 메인은 장로교 지지자였습니다. 고등 판무관 법정에서 비국교도 목사들을 지지했다는 이유로 그는 국왕의 명령으로 추밀원에 의해 위그타운으로 추방당했습니다. 그러나 그에 대한 선고는 후에 보류되었습니다. 성찬식에서 무릎 꿇는 행위를 반대한 이유로 추밀원으로 소환당했습니다. 그리고 1625년 3월 27일에 제임스 6세가 죽을 때까지 엘긴으로 추방당했습니다. 그의 첫 번째 아내는 로버트 블레어의 첫 번째 아내의 자매인 바바라 해밀턴이었습니다.

13. ibid. To William Gordon, February 20, 1637, vol.1, p.253(vide Chapter 1, reference 51).

14. ibid. vol.1, p.177. 1636년 11월 13일, 존 플레밍에게 보낸 편지. 존 플레밍에 대해서는 거의 알려진 바가 없습니다. 그는 레이스의 행정관이자 커크커드브라이트에서 교사로 있던 사람의 형으로 보입니다. 그는 1636년 11월에 고등 판무관 법정에 소환당했고 직책을 박탈당했습니다.

습니다. 그는 설교할 수 있게 되기를 간절히 원했습니다. "강대상은 내게 높은 잔칫상처럼 보였습니다"[15]라고 그는 편지에 썼습니다.

그리고 로버턴(Roberton)의 윌리엄 고든(William Gorden)에게 '주님의 전에서 그분의 이름을 선포할 수 있는 곳을 찾을 수 있게'[16] 기도해 달라고 요청했습니다. 설교 금지령의 고통은 앤워스의 행복했던 시절에 대한 추억으로 인해 더 심해졌습니다. 그에게는 '주 예수님과 함께 한 잔칫날이 이제는 침묵의 주일로 바뀌어 버린 것'[17] 같았습니다.

루터포드는 헤어진 양들이 몹시 걱정스러웠습니다. '그들을 돌보지 못함'이 그의 마음에 '큰 슬픔'[18]이었습니다. 침체의 순간들마다 그는 회중을 버려두고 온 것 때문에 주님께서 '그의 면류관을 앗아가실까 봐'[19] 두려워했습니다. 이 염려는 그들에 대한 소식을 들을 수 없었기 때문에 더욱 컸습니다. "갤러웨이가 내게 서신으로 그곳 사정을 알려 주지 않는 것이 몹시 속상합니다. 나는 16주 동안 단 두 통밖에는 편지를 받지 못했습니다." 그는 1637년 1월 3일에 메리언 맥너트에게 편지를 썼습니다.

그가 녹브렉의 로버트 고든에게 쓴 편지에서도 분명한 실망감을 엿볼 수 있습니다. "모든 갤러웨이 사람들이 나를 잊어버렸다고 해도 당신만은 나에게 한 통의 편지라도 보내 줄 것이라고 기대했습니다."[20] 그는 안타까운 마음

---

15. ibid. vol.1, p.184. 1636년 11월 22일, 휴 맥케일에게 보낸 편지. 휴 맥케일은 어빈의 목사였습니다. 루터포드는 그가 크커드브라이트에서 로버트 글렌디닝의 뒤를 이어 목사가 되기를 원했습니다. 에딘버러로 옮겨간 그는 1660년에 사망했고 그레이프라이어즈 교회 묘지에 묻혔습니다.
16. ibid. (undated), 1636, vol.1, p.188.
17. ibid. To Alex. Gordon, February 16, 1637, vol.1, p.248.
18. ibid. From Edinburgh, to Alex. Gordon, September 5, 1636, vol.1, p.172(vide as above).
19. ibid. To William Gordon, February 20, 1637, vol.1, p.253(vide chapter 1, reference 51).

을 켄머 부인에게 쏟아 놓았습니다. "나는 갤러웨이에 있는 내 친구들이 나를 잊지 않기를 바랍니다."[21] 루터포드에게는 그것이 '눈에서 멀어지면 마음에서도 멀어지는 것' 처럼 보였습니다.

그는 자신이 사랑한 사람들이 자신을 잊어간다는 것이 견딜 수 없었습니다. 그는 알렉산더 고든에게 편지를 썼습니다. "주님께서 나로 하여금 선한 일을 하도록 도구로 삼아 주셨던 곳이 나를 잊어가고 있습니다."[22]

그는 특히 시드세프가 앤워스 교구에 그가 택한 목사를 임명하려 한다는 말을 듣고 몹시 괴로워했습니다. 그러나 시드세프는 교구민들의 심한 반대에 부딪힌 나머지 결국 그 계획을 포기해야 했습니다. "내가 수고한 포도원에 늑대가 침입한다는 소식을 듣게 된다면 얼마나 슬프겠습니까!"라고 루터포드는 편지를 썼습니다.[23] 사실 그는 그 문제를 너무 심각하게 걱정해 앤워스에서 그의 선임 목사였던 윌리엄 달글레이쉬에게 '내 자리를 공석으로 두고, 내가 그리스도와 교회의 합당한 부르심을 받고 돌봤던 사람들에게 다시 갈 수 있도록 모든 방법을 사용해 달라'[24]고 간청했습니다.

목자를 잃은 성도들에게 어떤 압력이 가해질지, 감독이 그 교구에서 자신의 목적을 달성하기 위해 얼마나 교활하게 행동할지를 잘 알고 있는 루터포드가 결코 그런 행위를 용납해서는 안 된다는 편지를 쓴 것은 전혀 놀라운 일이 아닙니다. 그는 다음과 같은 편지를 썼습니다.

"나는 여러분에게 사람들이 만들어 낸 낯선 새 누룩을 경계하라고 조언합

---

20. *ibid.* February 9, 1637, vol.1, p.238.
21. *ibid.* (undated), 1637, vol.1, pp.244,245.
22. *ibid.* February 16, vol.2, p.249.
23. *ibid.* To M.M., March 11, 1637, vol.1, p.309.
24. *ibid.* (undated), 1637, vol.2, p.21.

니다. 그것은 하나님의 말씀이 아닐뿐더러 오히려 그분의 말씀을 대적하고 스코틀랜드 교회의 언약에 반하는 것입니다. 온전한 입법자이신 그리스도의 위임장이 없는 성찬식과 세례식에 참여하는 순간 여러분은 미신과 우상 숭배에 빠지는 것입니다. 그런 관행을 묵인하지 마십시오. 미사를 집전하는 사제의 복장, 바알의 제사장들의 의복을 묵인하지 마십시오. 여러분은 나무 제단에 가증스럽게 절하는 죄를 짓게 될 것입니다.

스스로를 우상들에게서 지키십시오. 어떤 경우에도 작자 미상의 기도문을 읽는 것을 듣지 마십시오. 그것은 가증스러운 이단의 교리와 가톨릭, 미신적인 오류로 가득할 뿐입니다. 그것은 설교를 뒤집어엎으려는 시도입니다. 여러분은 거짓 교회 법전에 충성을 맹세하면 안 됩니다. 그것들은 불법적이고 신성 모독적이며 미신적입니다. 적그리스도의 거짓에서 비롯된 모든 의식, 간음과 로마 교회를 모두 거부해야 합니다."[25]

강한 확신을 가진 사람들은 루터포드의 권면으로 더욱더 힘을 얻었습니다. 그러나 추방당한 목사는 연약한 사람들이 생계를 위해 타협할 것을 알고 있었습니다. 루터포드는 그들에게 감독 제도를 새로 도입하는 것에 대해 다시 경계하며 2개월 안에 교구민들에게 다시 편지를 써야겠다고 느꼈습니다. 다음 편지에서 그는 성찬식에서 '그들이 한 잔칫상에 참석한 사람들'임을 상기시켰습니다. 따라서 그들은 '함께 먹고 마시며 서로에게 나눠 주어야' [26] 하는 자들이었습니다.

세례식에서 십자가를 표시하는 행위를 그는 '불법적이고 그리스도의 명령

---

25. *ibid*. July 13, 1637, vol.2, p.89.
26. 스코틀랜드 장로교의 성찬식 관습은 교회 성도들이 식탁에 둘러 앉아 빵과 포도주를 서로에게 먹여 주는 것이었습니다.

에 반하는 것'이라고 선포했습니다. 그는 주일 외에 성일을 준수하는 것에 대해서도 경계했습니다. 그는 주일을 '그리스도의 탄생과 죽음, 부활과 승천을 기념하기 위해 거룩하게 지켜야 하고 설교와 공적 예배로 성별해야 한다'고 강조했습니다. 또한 '신성시하는 생물들 앞에서 하나님을 예배하고 빵과 포도주 앞에서 무릎을 꿇으며 그리스도를 경배하는 것'27 같은 우상 숭배의 성격을 띠는 행위는 용납하면 안 된다고 단언했습니다.

그는 앤워스에서 자신이 한 사역이 성도들에게 박해의 압력을 견딜 수 있을 만큼 충분히 견고한 기초를 놓지 못한 것을 염려하기도 했습니다. 그는 슬픔에 가득 차서 자신이 '강대상에 설 수 있었던 때에는 그것을 얼마나 소홀히 여겼는지'28를 편지로 썼습니다.

윌리엄 달글레이쉬에게 그는 다음의 편지를 썼습니다. "내 주님께서 나를 통해 세우신 모든 것이 무너져 버린다면 나는 내 성도들에게 한 모든 사역이 어떤 결과를 맞게 될 지를 감히 말할 수 없습니다. 교구의 모든 신앙 고백이 무너져 내리고 내가 그토록 분명하게 설교로 전한 그리스도를 그들이 떠난다면 내가 어떻게 그것을 견딜 수 있겠습니까!"29

† 논쟁과 거세어지는 위협

루터포드가 아버딘에서 설교를 하지 못하게 된 것은 매우 안타까운 일이었습니다. 거기다가 그는 매리스칼 칼리지(Marischal College)에서 1625년

---

27. *ibid*. To his parishioners, September 23, 1637, vol.1, p.198.
28. *ibid*. To Lady Boyd(undated), 1637, vol.1, p.198(*vide*, this chapter reference 8).
29. *ibid*. June 11, 1637, vol.1, p.450.

이후로 신학 교수를 지낸 배런(Barron) 박사와의 논쟁에 휘말리는 또 다른 슬픔을 견뎌 내야 했습니다. 그는 루터포드와 논쟁하도록 특별히 선택된 사람이었습니다. 논쟁이 자신을 얼마나 괴롭혔는지를 표현한 루터포드의 말이 있습니다. 1637년, 이듬해 커크컬디(Kirkcaldy)의 목사가 될 사람인 조지 길레스피(George Gillespie)에게 편지를 쓰면서 그는 다음과 같이 호소했습니다. "나는 이곳에서 저명한 박사들 중에서 특히 배런 박사와 논쟁을 하는 곤경에 처해 있습니다."30

그러나 공식적인 성격을 띤 논쟁은 루터포드에게 약간의 위로를 가져다주기도 했습니다. 그 토론에서 그는 에딘버러에서 설교하지 못하게 한 조치에 대해 답변할 기회를 얻을 수 있었기 때문입니다. 그는 로버트 블레어(Robert Blair)에게 자신이 '공개적으로 반대 설교를 했다'31고 알렸습니다.

몇 차례의 논쟁이 있었습니다. 루터포드는 윌리엄 달글레이쉬에게 다음의 편지를 썼습니다. "배런 박사는 나와 논쟁을 펼쳤습니다. 특별히 아르미니우스설과 그들의 의식에 대한 주제로 많은 이야기를 나누었습니다. 그와의 논쟁은 세 번이었는데, 그 후로는 나는 더 이상 그와 어려움에 빠지지 않았습니다."32

아르미니우스설에 대한 루터포드의 언급 때문에 배런이 그 신봉자라는 의견이 있었습니다. 그러나 루터포드는 그가 아르미니우스설 신봉자라고 말하지 않았습니다. 그는 자신이 배런과, 아르미니우스설과 그 의식에 '대해' 논쟁했다고 썼습니다. 배런은 확고한 감독주의자였지만 아르미니우스설을 반

---

30. *ibid.* March 13, 1637, vol.1, p.341.
31. *ibid.* February 7, 1637, vol.1, 231.
32. *ibid.* (undated), 1637, vol.1, p.375.

대한 사람으로 알려져 있습니다. 그와 아버딘에 있는 그의 동료들은 1634년 에딘버러의 감독이 된 윌리엄 포비스를 제외하고 온건한 칼빈주의자들이었습니다.

사실 배런은 칼빈주의자 중에서도 후정론자(後定論者 · infralapsarian)였습니다. 그는 하나님이 타락을 허락하셨고 선택받은 자들의 구원을 정하셨다고 주장했습니다. 예정이 타락 전에 있었다고 주장하는 타죄 이전론의 열렬한 옹호자였던 루터포드에게 이것은 아르미니우스설만큼이나 반대해야 할 이론이었습니다.

루터포드에게 에딘버러는 신학적으로 '부패한 곳'[33]이었습니다. 1637년에 루터포드가 더 북쪽 지역으로, 심지어는 영국 밖으로 추방당할 가능성이 있었다는 것은 놀라운 일이 아닙니다. "나는 캐이스니스(Caithness)와 오크니(Orkney)에서 투옥된 나를 돌봐 주는 목사들이 있다는 것을 알게 되었습니다. 이곳의 몇몇 사람이 나를 자주 찾아왔기 때문입니다"라고 그는 에이어의 시장인 존 스튜어트(John Stuart)에게 솔직하게 고백했습니다.[34]

한편 그는 알렉산더 고든에게 편지를 썼습니다. "영국 밖으로 추방당하는 것이 곧 결정될 것 같습니다. 이 나라가 나를 참아 줄 수 없다는 말을 들었습니다."[35]

---

33. *ibid.* vol.1 p.342. 1637년 3월 15일에 조지 길레스피에게 보낸 편지. 조지 길레스피는 한동안 커크컬디에서 목사로 지냈습니다. 그는 1638년 전에 설교의 허가를 받았습니다. 그해에 그는 웨미스의 목사로 안수를 받았습니다. 1642년에 그는 에딘버러 교회의 목사로 옮겨갔습니다. 그곳에서 1648년, 서른여섯 살의 이른 나이에 세상을 떠날 때까지 계속 목회를 했습니다. 그는 1643년, 웨스트민스터 회의의 위원이었습니다.

34. *ibid.* (undated), 1637, vol.1, p.375.

35. *ibid.* (undated), 1637, vol.1, p.356.

사실 1637년에 루터포드가 스코틀랜드에서 사역을 다시 할 가능성은 매우 희박해 보였습니다. 그래서 아버딘의 투옥에서 풀려난다면 그는 다른 지역에서의 사역을 생각해 볼 수밖에 없었습니다. 영국의 많은 청교도인들이 뉴잉글랜드[36]에서 은신처를 찾았습니다. 루터포드는 에이어의 시장인 존 스튜어트에게 보낸 편지에서 그것을 '적절한 퇴각'이라고 명명했습니다.[37] 그러나 친구들은 그가 유럽에서 더 효과적으로 일할 수 있을 것이라고 생각했습니다. 로버트 베일리(Robert Baillie)는 그가 유트레히트(Utrecht), 그로닝언(Groningen) 혹은 로테르담(Rotterdam)에서 목회를 하기를 간절히 원했습니다.[38]

그러나 루터포드는 가망성이 가장 희박하게 보일 때조차도 여전히 앤워스로 돌아가리라는 희망을 붙잡고 있었습니다. 켄머 부인에게 보낸 편지에서 그는 앤워스로 돌아가기를 바라는 마음을 표현했습니다. 그리고 갤러웨이의 친구들이 이 일을 위해 효과적으로 움직이기를 바랐다고 썼습니다.[39] 그는 메리언 맥너트에게 보낸 편지에서도 같은 말을 했습니다.

"나는 정직하고 합법적인 방법으로 내가 다시 앤워스로 돌아갈 수 있게 되기를 바랍니다. 이 일을 위해 탄원서와 청원서를 동원해 주시기를 바랍니다. 그리고 정당한 방법으로 내가 다시 돌아갈 수 있도록 노력해 주시기를 바랍니다. 내가 내 양들에게 돌아갈 수 없다면 자유가 주어진다고 해도 내게는

---

36. 영국계의 이주민들이 많이 살아온 현재 미국 북동부에 위치한 지역. 1620년, 메이플라워호(號)를 타고 온 102명의 청교도가 현재의 보스톤 남쪽에 상륙하여 그곳에 플리머스 식민지를 형성한 것이 뉴잉글랜드의 기원입니다.
37. ibid. To John Stuart, Provost of Ayr(undated), 1637, vol.1, p.382.
38. Baillie, R., Letters and Journals, Alex. Laurie, Edinburgh, 1841, vol.1, p.9.
39. Letters, February 13, 1637, vol.1, p.242.

별 의미가 없습니다. 내게는 설교하지 못하는 것이 가장 큰 감옥이기 때문입니다."40

1637년, 같은 사람에게 보낸 그의 편지로 판단해 볼 때 도움을 구하는 그의 탄원이 응답을 받은 것으로 보입니다. 아버딘에서도 그의 석방을 위한 탄원을 기꺼이 도우려는 사람들이 있었습니다. 그는 메리언 맥너트에게 편지를 썼습니다. "이곳의 많은 사람이 나를 집으로 돌려보내고 잘못된 문제를 해결하라는 탄원서를 시의회에 제출하려고 들떠 있습니다."41

루터포드는 풀러틴 부인에게 3, 4백명에 달하는 귀족과 지방 토호들, 그리고 시민들의 서명을 받아 줄 것을 요청했습니다. 그는 많은 사람이 탄원함으로써 항소인들에게 해를 가할 것이라는 두려움이 없이 감독을 위협할 수 있다고 생각했습니다.42

† 석방

루터포드는 급진적인 종교와 정치적 변화가 일어날 때까지 기다릴 수밖에 없었습니다. 1638년 무렵 스코틀랜드의 많은 지역이 불안으로 소용돌이치고 있었습니다. 스코틀랜드 곳곳에서 금방이라도 반역이 일어날 것 같은 분위기였습니다. 영국 국교회의 기도서와 법규집43은 잉글랜드의 청교도뿐만 아

---

40. *ibid.* (undated), 1637, vol.1, p.452.
41. *ibid.* September 7, 1637, vol.2, p.140.
42. *ibid.*
43. 찰스 1세는 영국 국교회의 기도서와 법규집을 스코틀랜드 교회에 강요했습니다. 법규집(1636년)은 교회 조직을 규정한 것입니다. 기도서(캔터베리 대감독의 이름을 따서 라우드의 기도서-Laud's Liturgy-라는 별명이 있음)를 교회에서 사용하도록 하는 예배 형식을 제시하고 있습니다.

니라 스코틀랜드의 장로교인들에게도 불쾌한 것이었습니다. 길모어가 지적했듯이 스코틀랜드인들의 분노를 불러일으킨 것은 그 내용뿐만이 아니었습니다. '국가 교회의 동의 없이' [44] 강요하는 독단적인 방식이 더욱더 문제였습니다.

제니 게디스(Jenny Geddes)가 7월 23일, 그 결정적인 주일에 세인트 자일스(ST. Giles) 교회에서 가증스런 기도서에서 뽑은 기도문을 낭독하려고 한 감독의 머리에 걸상을 내던지는 사건이 일어났습니다. 그것은 스코틀랜드 역사가들이 '제2의 종교 개혁'이라고 부른 사건을 촉발하는 계기가 되었습니다.

1638년 3월 1일, 에딘버러의 그레이프라이아즈 교회마당(Greyfriars Kirkyard)에서 언약서에 서명한 것은 스코틀랜드가 종교적인 멍에를 벗어던질 준비가 되어 있음을 분명하게 보여 주었습니다. 갇프레이 데이비스(Godfrey Davies)가 지적했듯이 '애국심과 개신교 주의가 저항 세력으로 결집했습니다.' [45] 온 나라에서 엄숙한 언약서를 낭독했으며, 이에 스코틀랜드 교회는 커다란 기쁨으로 서명했습니다.

비록 언약이 고통스런 종파 간 분쟁의 원인이 되고 찰스와 스코틀랜드 사이의 협상을 이뤄 내는 데 걸림돌이 되기는 했지만, 1638년에 그것은 스코틀랜드에서 모든 계층과 신분을 초월한 연합을 가져왔습니다. 언약에 서명한 사람들은 스튜어트 왕조의 종교적 압박을 반대했습니다.

그들은 그것이 하나님의 말씀으로 정당성을 인정받은 것도 아니며 종교 개혁과 의회의 조항에도 반하는 것이라고 주장했습니다. 그것은 오히려 교

---

44. Gilmour, p.191.
45. Davies, G., *The Early Stuarts*, U.U.P., p.85.

황 절대주의와 전제 정치로 다시 복귀하려는 움직임이라고 주장했습니다.

찰스 왕에게는 스코틀랜드인들의 감정이 얼마나 강하고 확고한 것인지를 인정할 기회가 있었습니다. 그러나 폭풍 앞에 고개를 숙이기에 그는 너무 눈이 멀고 완강했습니다. 그는 어떤 희생을 치르더라도 그들의 순종을 받아 내겠다고 마음먹었습니다.

언약도가 국왕의 주권을 지지하겠다고 약속했지만 스코틀랜드인들은 그들의 불만의 원인을 제거하기 위해 총회를 소집해야 했습니다. 총회는 이듬해 11월 의회에서 열렸습니다. 총회에서 장로교를 대표하는 평신도의 참석은 찰스에게 커다란 불쾌감과 곤혹감을 주었습니다.

총회를 해산하려는 고등 판무관의 시도에도 불구하고 총회는 결연히 교회법과 기도서를 반대하고 고등 판무관 법정을 폐지하며, 교회 운영 체제에 장로교 체제를 세웠습니다. 그리고 총회에 불참한 열네 명의 감독을 물러나게 했습니다. 세인트 앤드류스의 대감독은 고위 성직자 제도가 삼십년이 넘는 세월 동안 세운 모든 것이 하루아침에 무너졌음을 시인했습니다.

† 에딘버러에서의 활약과 염원

루터포드는 더 이상 수감되지 않아도 되었습니다. 그는 기쁜 마음으로 앤워스로 돌아왔습니다. 앤워스를 그는 '갤러웨이에 가꾼 주님의 작은 포도원'46이라고 묘사했습니다.

루터포드가 아버딘에 수감되어 있는 동안 그의 목소리는 공식적인 논쟁에 참여한 것을 제외하고 잠잠했습니다. 그러나 그의 펜만은 그 어느 때보다도

---

46. *Letters*, To M.M., June, 15, 1637, vol.1, p.418.

활발히 움직였습니다. 우리가 그의 많은 편지를 볼 수 있는 때도 바로 이 시기였습니다. 실제로 그의 편지 가운데 많은 부분(현재까지 남아 있는 365편의 편지 가운데 220편)이 이때 기록되었습니다.

펜의 사역을 통해 그는 많은 사람을 위로하고 그들에게 도전감을 주었습니다. 그 예로 그가 남편과 사별한 한 부인에게 쓴 편지가 있습니다. 그는 그 부인을 다음과 같이 권면하며 위로했습니다. "부인의 남편이 이 세상에 있는 동안 주님과 동행하는 모습을 보았고 그리스도께서 그의 죽음을 통해 영광과 높임을 받으신 것을 부인도 보았을 것입니다. 그러나 이제 부인은 묵묵하게 만족해야 할 것입니다."47

또한 그는 젊은이들을 상담하며 조언을 아끼지 않았습니다. 그는 그들에게 젊은 날의 죄에 항상 깨어 있고 젊은 시절에 그리스도께 나온 사람들의 말을 듣는 것을 기뻐하라고 권고했습니다.48 커크커드브라이트 시장이 갤러웨이 감독을 반대할 때 고위 성직자 제도의 주장을 받아들이기를 거부했다는 이유로 추방당한 루터포드보다 그를 더 잘 격려할 수 있는 사람이 어디 있겠습니까!

루터포드는 열렬하게 그가 '그리스도께, 그리스도를 위해 영광과 권위를 올려 드리기'를 갈망했습니다. 그리고 '혈과 육 때문에 낙담하여 뒤로 물러서지 않기'49를 원했습니다. '은혜가 겨울에 가장 크다'50라는 말을 누가 루

---

47. ibid. To a Gentlewoman, March 7, 1637, vol.1, p.266(identity of correspondent unknown).
48. ibid. vol.1, p.337. 1637년 3월 13일에 윌리엄 리빙스턴에게 보낸 편지. 윌리엄 리빙스턴은 루터포드의 교구민 가운데 한 사람이었던 것으로 보입니다.
49. ibid. September 21, 1636, vol.1, p.175.
50. ibid. vol.1, p.190. 1636년 12월 30일에 컬로스 부인에게 보낸 편지. 컬로스 부인은 언약자의 부

터포드보다 더 절감하며 쓸 수 있겠습니까! "오, 내 주 예수의 망치와 끌과 용광로의 시험을 얼마나 많이 받았는가!"[51]라고 외친 사람보다 누가 낙담한 자들을 더 격려할 수 있겠습니까!

그는 오킬트리(Ochiltree)의 목사인 존 퍼거쉴(John Fergushill)에게 편지를 썼습니다. "천국에 갈 때까지 당신은 악천후와 맞서 싸워야 합니다. 새 예루살렘의 상인방(上引枋) 돌과 기둥이 되려면 다른 벽에 있는 돌보다 하나님의 망치와 연장에 더 많이 맞아야 하기 때문입니다."[52] 루터포드는 아버딘에서 '그리스도를 위해 고난받는 것이야말로 그리스도의 사랑이 거하는 이유가 된다'[53]는 것을 깨달았습니다.

앤워스에서 분주한 목회 생활을 할 수 없었던 루터포드는 아버딘에서 자기 스스로를 '비판'한 것 때문에 많은 고통을 받았습니다. 그의 민감한 영혼과 부드러운 양심이 지나친 자기 반성을 가져와 고통스럽게 했기 때문입니다. 이것은 영적인 침체로 이어졌고 거의 자기 절망 상태로까지 끌고 갔습니

인인 엘리자베스 멜빌이었습니다. 알렉산더 화이트는 '컬로스 부인'이라는 이름이 스코틀랜드의 가장 탁월한 그리스도인들 속에 항상 인자하고 영예로운 이름으로 기억될 것이라고 썼습니다. 언약도의 오순절 때 하나님 아래에서 어느 누구보다도 컬로스 부인이 많은 역할을 감당했습니다. 하루에 500명의 자녀를 낳은 그녀는 얼마나 놀라운 이스라엘의 어머니입니까!

51. *ibid.* To Robert Gordon of Knockbreck, January 1, 1637, vol.1, p.195(*vide* chapter 2, reference 59).

52. *ibid.* March 7, 1637, vol.1, p.280.

53. *ibid.* vol.1, p.426. 1637년 6월 11일에 존 네비(John Nevay)에게 보낸 편지. 존 네비는 뉴 밀른스의 목사이자 로던 백작의 예배당 목사였습니다. 엄격한 장로교인인 그는 1662년에 그 지역을 떠나라는 명령을 받았습니다. 그것을 위반하면 사형을 받게 되어 있었습니다. 그는 여생을 로테르담에서 보냈습니다. 그는 시인으로서 탁월한 재능을 갖고 있었기 때문에 1647년에 회의는 라우스의 시집을 수정하도록 그를 위원으로 임명했습니다.

다. 그때마다 그는 고난을 자랑스러워해야 할 월계관으로 여기지 못했습니다. 오히려 무겁게 그의 마음을 짓누르는 슬픔으로 여겼습니다.54 그럼에도 그는 여전히 주님의 십자가가 '위로로 금박을 입히고 기름 부은 것'55이라고 주장했습니다.

  루터포드는 다른 많은 사람들처럼 투옥이라는 고통 속에서 인간의 마음이 얼마나 쉽게 변하는지를 깊이 절감했습니다. 고통 속에 빠져 있는 그에게 하나님을 부정하는 내면의 목소리가 자꾸만 소리쳤습니다. 그는 "나는 바보처럼 내 남편이신 주님을 불렀다. 그리고 그분에게 마구 비난과 원망을 토로했다"56라고 말했습니다.

  루터포드는 '불평하며 분노 속에서 날뛰는 악마가 자기 안에 있는 것' 57 같았습니다. 그것은 그의 본성 안에 있는 부패함을 밑바닥까지 파헤치고 드러냈습니다. 그는 자기 안에서 되살아난 '옛 유혹'을 한탄했습니다. 그는 자신의 거듭나지 않은 본성을 '우상 숭배적이고 음탕한 피조물', '우리 모두가 절하는 우상'58이라고 묘사했습니다. 그는 자신이 '버림받은 자, 포도원의 시든 나무'59가 될 것을 두려워했습니다.

---

54. *ibid.* vol.1, p.177. 1636년 11월 13일에 존 플레밍에게 보낸 편지. 플레밍에 대해서는 알려진 바가 없습니다. 그는 에딘버러의 상인이었을 것으로 추측합니다.
55. *ibid.*
56. *ibid.* To Lady Culross, December, 1636, vol.1, p.190(vide above reference 46).
57. *ibid.* To Lady Kenmure (undated), 1636, vol.1, p.182(vide chapter 2, reference 9).
58. *ibid.* vol.2, p.24. 1637년에 존 레녹스에게 보낸 편지(날짜는 기록되어 있지 않음). 존 레녹스는 커크커드브라이트의 스티워트리에 있는 캘리의 대지주였습니다.
59. *ibid.* vol.1, p.354. 1637년 3월 14일에 베스사이다 에어드에게 보낸 편지. 에어드라는 이름이 교회 모임에서 자주 등장하는 이름이기는 하지만 이 부인에 대해 알려진 바는 전혀 없습니다. 보나르는 그녀가 앤워스의 교구민 가운데 한 명일 것이라고 생각합니다.

그러나 감사하게도 그는 영혼의 깊은 고통 속에서 주님의 손길을 느꼈습니다. 그리고 자신이 '이해력과 믿음이 없는 두려움과 불신으로 가득한 어린아이와 같다'[60]고 고백했습니다.

그러나 아버딘에 감금되었던 것이 루터포드에게 전적으로 슬픈 일만은 아니었습니다. 그곳에서 그는 최고의 영적인 황홀경을 체험했습니다. 그는 이 시기보다 자신이 하나님께 더 가까이 있다고 느낀 적이 없었다고 고백했습니다. 이 확신은 그가 아버딘에 도착한 후인 2월과 3월에 가장 강하게 느꼈습니다.

2월 16일에 그는 그리스도께서 자신을 전에 한 번도 도달해 보지 못한 곳으로 인도하셨다는 것을 깨달았습니다. 그리고 '이전의 모든 것은 어린아이의 장난에 불과하다'[61]고 느꼈습니다. 나흘 후 그는 자신이 그러한 놀라운 체험까지 도달했다는 것을 기뻐하며 이전 일들에 대해서는 거의 생각하지 않게 되었습니다.[62] 3월 4일에 데이비드 딕슨[63]과 로버트 더글러스(Robert Douglas)[64]에게 편지를 쓰면서 그는 자신이 새로 발견한 주님과의 친밀함을

---

60. *ibid.*

61. *ibid.* To Alex, Gordon of Earlston, February 16, vol.1, p.247(*vide* chapter 2, reference 58).

62. *ibid.* vol.1, p.255. 1637년 2월 20일에 카도니스 부인에게 보낸 편지. 카도니스 부인은 존 고든의 아내였습니다.

63. *ibid.* vol.1, p.276. 1637년 3월 7일에 보낸 편지. 1583년에 태어난 데이비드 딕슨은 글래스고의 상인의 외아들이었습니다. 8년 동안 그는 글래스고 대학의 철학과 교수를 지냈습니다. 1618년, 그는 어빈의 목사가 되었습니다. 고등 판무관 법정에 소환된 뒤 목사직을 박탈당하고 애버딘셔에 있는 터리프로 보내졌습니다. 그러나 1623년에 어빈으로 돌아오는 것이 허락되었습니다. 1642년, 그는 글래스고 대학에서 신학과 교수로 임명 받았습니다. 그리고 후에 에딘버러의 같은 자리로 옮겼습니다. 결의자 대 저항자의 논쟁에서 그는 결의자의 편에 있었습니다.

나누었습니다.

루터포드에게 아버딘은 그림자이면서 동시에 눈부신 햇살이었습니다. 그는 동료 목사에게 다음의 편지를 썼습니다. "몇몇 구름이 끼었던 날을 제외하고 아버딘에서 보낸 대부분의 시간 동안 나는 왕의 삶을 살았다."[65]

---

64. ibid. vol.1, p.283. 1637년 3월 7일에 보낸 편지. 로버트 더글러스는 메리 여왕의 사생아 손자로 추정합니다. 한동안 그는 스웨덴 국왕인 구스타프 아돌프(Gustavus Adolphus) 군대의 예배당 목사를 지내며 집권 세력의 총애를 누렸습니다. 1630년에 스코틀랜드로 돌아온 그는 커크컬디의 목사와 친분을 맺었습니다. 1641년에 에딘버러로 옮겨간 그는 다시 1669년에 펜케이트랜드의 목사가 되었습니다. 그리고 그곳에서 1674년에 세상을 떠났고 에딘버러에 안치되었습니다.

65. To John Nevay, July 1, 1637, vol.2, p.50(vide this chapter reference 49).

제4장

개혁자로서의 루터포드
The Reformer

루터포드의 아버딘으로의 강제 추방은 1638년 2월[1]에 막을 내렸습니다(정확한 날짜는 알 수가 없음[2]). 그는 추밀원(樞密院)이 고등 판무관 법정에 반대하는 거절[3]을 받았다는 소식을 들었습니다. 그러나 그해 7월까지 그는 그토록 사랑했던 앤워스에 돌아갈 수 없었습니다.

6월, 해밀턴[4]이 도착한 어느 날 저녁에 그는 에딘버러의 칼리지 홀에서 귀족과 관리들, 그리고 그 지역 사람들에게 설교했습니다. 이 특별한 설교에서

---

1. 레이드(Reid), 『웨스트민스터의 유명한 회의에 모인 저명한 신학자들의 삶과 그들의 저서에 대한 기록』(*Memoirs of the Lives and Writings of the Eminent Divines who convened in the Famous Assembly at Westminster*), Stephan and Andrew Young, Paisley, 1815, p.549.
2. Hetherington, W.M. *History of the Westminster Assembly of Divines*, Gemmel, Edinburgh, 1878, p.406(hereafter, Hetherington).
3. 스코틀랜드 법에서 '거절(declinature)'은 법정의 사법권을 인정하지 않겠다는 거부입니다.

그는 예배 의식과 감독을 격렬하게 비난했습니다. 그리고 감독 제도에 대한 그의 공격에 해밀턴은 큰 불만을 나타냈습니다.

루터포드가 앤워스에 도착했을 때 몇 년 만에 다시 보는 시골 교구의 모습은 매우 정겨웠을 것입니다. 그리고 찰스 스튜어트(Charles Stuart)에게 무력 항쟁을 열광적으로 준비하는 혁명의 열기도 느꼈을 것입니다. 19세기 연대기의 작가인 제임스 레이드(James Reid)는 다음과 같은 정보를 제공해 줍니다. "하나님의 섭리로 1638년에 다시 양들에게 돌아갔을 때 그는 매우 헌신적으로 사역에 임했다. 많은 사람이 이웃 각지에서 그의 사역 아래로 모여들었다."[5]

† 앤워스로의 짧은 귀환

루터포드는 솔웨이(Solway)의 시골 평화를 오랫동안 누릴 수 없었습니다. 중대한 시기에 스코틀랜드가 그를 필요로 했기 때문입니다. 11월 21일에 얼스턴(Earlston), 녹브렉(Knockbreck), 글렌디닝(Glendinning)의 장로들과 동료 목사인 달글레이쉬, 맥러랜드(McLelland)와 함께 그는 1638년 12월 회의에 참석하게 되었습니다.[6]

이 회의는 장로 위원회의 정당성에 대해 논쟁했고 글래스고 대학의 학장

---

4. 해밀턴의 제임스 마퀴스 3세(James 3rd Marquis, 후에 해밀턴 공작 1세가 됨). 찰스 1세의 스코틀랜드 판무관이었습니다. 스코틀랜드 교회 총회는 해밀턴의 허가와 참석이 없이는 합법적으로 모일 수 없었습니다.

5. *Memoirs*, p.350.

6. Peterkin, A. (ed.), *Records of the Church of Scotland, 1638-1649*, John Sutherland, Edinburgh, 1838, p.109(hereafter, Peterkin).

인 스트랭(Strang)의 지지를 받은 해밀턴은 장로들의 투표로 임명된 대표단의 권리에 대해 의문을 제기했습니다. 회의는 그 문제에 대해 스트랭과 논쟁하도록 루터포드를 포함해 네 명으로 구성된 위원단을 임명했습니다.7

또 다른 회의의 위원단은 루터포드의 재능이 이름 없는 커크커드브라이트셔 교구에서 헛되이 낭비되고 있다고 주장했습니다. 그리고 그를 스코틀랜드에서 학문의 중심지 가운데 한 곳으로 옮긴다면 장로교 주의를 위해 더 많은 일을 할 수 있을 것이라고 주장했습니다.

에딘버러는 그에게 깊은 갈망의 눈길을 보냈습니다. 심지어 그가 추방당했던 도시인 아버딘조차도 그에게 오기를 청했습니다. 그러나 결국 세인트 앤드루스가 그를 세인트 메리 칼리지(St. Mery's College)의 신학과 학과장으로 임명하는 데 성공했습니다. 하위(Howie) 학장은 감독주의자였지만 다른 두 명의 감독주의자와 함께 계속 그 자리에 남아 있을 수 있었습니다.

1638년 회의는 루터포드를 소송에서 자유롭게 해 주었습니다. 그에게 형을 선고했던 법정을 불법적인 것으로 선언했습니다. 그리고 그를 교회의 의식을 조사하고 교회를 세우는 일을 하는 위원단에서 일하게 했습니다. 또한 그에게, 제임스 애플렉(James Affleck)에게 제기된 아르미니우스설 혐의를 조사하는 임무를 맡겼습니다.8

갤러웨이 전역의 교구민, 지방 지주, 목회자들은 이웃 장로교인들과 함께 루터포드가 앤워스를 떠나게 된 데에 대해 강력히 항의했습니다. 루터포드 자신도 교회의 안녕을 몹시 염려했지만 앤워스를 떠나라는 회의의 결정에

---

7. Baillie, R. *Letters and Journals*, Alex. Laurie, Edinburgh, 1841, vol.1, p.99(hereafter, Baillie).

8. *ibid.* vol.1, p.173.

마음이 몹시 무거웠습니다. "내가 내 양들과 헤어져야 한다는 사실은 너무나 감당하기 어려운 슬픔이었습니다. 그때처럼 죽고 싶을 만큼 괴로운 심정을 가진 적이 없었습니다"라고 그는 켄머 부인에게 고백했습니다.9

그가 추방당해 있는 동안 그의 성도들은 시드세프가 선택한 후임자를 받아들이는 것을 거부하며 그에게 신실함을 지켰습니다. 루터포드는 회중과 장로회의 반대를 수렴하지 않고 자신을 옮기는 것은 합당하지 않다며 위원회에 이의를 제기했습니다. 그러나 회의가 위원회의 결정을 지지한다는 것을 알게 되자 루터포드는 더 이상 '침묵하는 주일'만은 없게 할 것이라고 결심했습니다. 그는 그 마을의 목사인 로버트 블레어와 함께 하나님의 말씀을 전하는 사역을 할 수만 있다면 새로운 임명을 받아들일 것이라고 마음먹었습니다.

† 세인트 앤드루스

1639년 12월, 세인트 앤드루스로 간 루터포드는 분주하게 학문과 행정 업무에 매달렸습니다. 행정 업무는 결국 하위 학장의 사임을 가져오게 한 원인인 칼리지의 잘못된 운영 때문에 관여하게 된 것이었습니다. 따라서 그가 1640년에 아버딘에서 열린 회의에 거의 영향력을 행사하지 못한 것은 이해할 만합니다. 그것은 장로교의 승리를 강조하는 회의였습니다. 그러나 또한 그것은 안타깝게도 장로교 지도층의 내분을 드러낸 회의이기도 했습니다.

불화를 일으킨 문제의 발단은 '비밀 집회'를 소집한 일이었습니다. 그것은 위그노(Hyguenot)10 관습에서 유래한 것으로 아일랜드에서 들어온 것이었

---

9. *Letters*, From Kirkcudbright, October 1, 1639, vol.2, p.250.

습니다. 재커리 보이드(Zachary Boyd)[11]가 스코틀랜드에서 이 관습을 다시 시작하게 하는 주된 책임을 맡았습니다. 그는 그것을 주장했다는 이유로 법정에 소환당하기도 했습니다. 아일랜드에서 사역을 했던 블레어와 리빙스턴은 이 관습을 잘 알고 있었습니다.

한편 루터포드는 이 관습을 채택하고 격려했으며 논문에서 그 합법성을 옹호했습니다. 그러나 베일리는 그 관습을 깊은 우려의 눈으로 바라보았습니다. 그는 어떤 극단적인 형태이든 그것은 브라운주의[12]나 독립교회주의의 또 다른 면이라고 여겼습니다. 그 문제는 스털링에서 절정에 이르렀습니다. 그곳에서 레키의 대지주를 그곳 목사인 헨리 거스리(Henry Guthrie)가 크게 책망했습니다. 아버딘 회의에서 거스리는 북동 지역 사람들에게 대지주에 대한 자신의 비난을 지지해 줄 것을 호소했습니다.

루터포드를 포함한 위원단이 임명되었습니다. 그러나 위원단은 강력하게 거스리를 옹호하는 쪽으로 기울었습니다. 루터포드는 '비밀 집회'를 여는 관습을 강하게 옹호했습니다. 그러나 연합을 위해 그 관습을 금지하는 법규를 반대하지 않기로 했습니다. 그러나 그 문제는 1641년 세인트 앤드루스 회의에서 다시 제기되었습니다. 그곳에서 레키(Leckie)는 그 문제를 덮는 것에 만족하지 않고 거스리를 비난하기로 결정했습니다.

그해 열린 회의는 잉글랜드의 파견단의 참석을 고려해 그 문제를 잠잠케 하려고 노력했지만 '비밀 집회'는 1643년까지 줄곧 쟁점이 되었습니다. 거

---

10. 위그노(Huguenot). 16,17세기에 박해받던 개신교도들입니다.
11. 재커리 보이드(1589-1653). 글래스고에 있는 배로니의 목사.
12. '브라운 주의'는 독립교회파(조합 교회주의-각 교회가 자치적으로 독립되어 위로부터의 지배를 거부하는 개신교회 제도)를 종종 지칭한 명칭이었습니다. 로버트 브라운(Robert Browne, 1550-1633)은 잉글랜드에 많은 독립 회중을 세운 청교도 분리주의자였습니다.

스리는 아버딘 법규의 재부과를 고집했습니다. 헨더슨은 그 문제에 대한 결정이 회의와 노회의 몫으로 남았기 때문에 그것이 불필요하다고 주장했습니다. 문제는 아버딘 조항을 다양하게 해석할 수 있다는 점이었습니다. 결국 1647년, 후속 조항을 정하는 것이 필요하다는 데 인식을 같이 했습니다.

장로교인들을 아버딘 회의에서 분열하게 만든 다른 문제들은 강대상에서 무릎을 꿇고 '영광'을 낭송하는 관습이었습니다. 그것은 분명하게 예배 규칙서의 편집을 요구하는 문제였습니다.

불행히도 루터포드가 세인트 앤드루스에서 어떤 학문적 업적을 이룩했는지에 대해서는 거의 알려진 것이 없습니다. 현재까지 남아 있는 것은 몇몇 학생이 라틴어로 기록한 '계시'와 '성경의 법규'라는 주제에 대한 강의 노트가 전부입니다.

높은 직책에 올라 국가의 인정이라는 햇살을 누리고 있었지만, 루터포드는 잉글랜드의 알렉산더 레이턴(Alexander Leighton)과 '더블린에 있는 그리스도를 위한 죄수들'이라고 그가 직접 칭한 사람들처럼 양심의 문제로 고통받고 있는 자신의 형제들을 결코 잊지 않았습니다. 레이턴에게 그는 다음의 편지를 썼습니다. "오, 누가 그토록 귀한 주님을 위해 고난을 충분히 견딜 수 있습니까? 누가 영원한 영광이라는 값없이 주신 은혜를 얻기 위해 고통과 수치, 상실과 고문 속에 충분히 거할 수 있겠습니까?"[13]

아일랜드에서 억압받는 자들에게 그는 소망의 메시지를 전했습니다. 그는 그들을 '소망의 죄수들'이라고 불렀습니다. 그는 그들에게 창문을 열고 믿음으로 밖을 내다보라고 했습니다. 그리고 속히 임하는 하나님의 구원이라는 '천국의 편지'를 보라고 했습니다.[14]

---

13. *ibid.* From St. Andrews, November 22, 1639, vol.2, p.261.

루터포드가 세인트 앤드루스에서 가르치는 동안 영국에는 중대한 사건들이 일어나고 있었습니다. 스코틀랜드의 반역자들을 무력으로 제압하겠다는 찰스 스튜어트의 결정은 던슬로우(Dunslaw)와 뉴번(Newburn)[15]에서 스코틀랜드인들이 승리를 거두자 좌절되었습니다. 국왕은 또한 잉글랜드에서 열린 장기 의회(찰스 1세가 1640년 소집해 1660년까지 계속된 청교도 혁명 때의 의회)로 몹시 괴로운 상태였습니다.

그는 그들의 불만의 원인을 없앨 뿐만 아니라 장로교 정책을 영국 전역에 도입하기로 결정했습니다. 의회는 신앙 고백과 교리 문답을 양쪽에서 보낸 대표자에게 작성하게 하기로 결정했습니다. 오랫동안 장로교의 투사로 활약한 루터포드가 스코틀랜드 대표단의 한 사람으로 선출된 것은 당연한 일이었습니다.[16]

†감독 제도

스코틀랜드의 종교 개혁은 17세기 초부터 위기를 맞았습니다. 감독 제도

---

14. ibid. vol.2, p.265. 세인트 앤드루스에서 헨리 스튜어트에게 보낸 편지. 헨리 스튜어트는 아일랜드에 거주한 스코틀랜드인이었습니다. 그는 가족과 하인인 제임스 그레이와 함께 '검은 언약'을 하기를 거부했습니다. 그들은 경호원에 의해 더블린으로 끌려가 투옥되었습니다. 1639년 8월 10일, 그들은 성실청 법원(1641년 폐지된 형사 법원. 배심원을 두지 않고 재판을 하며 불공평하기로 유명함)에서 재판을 받았습니다. 스튜어트는 자신들이 국가에 대한 충성을 맹세하는 것을 반대하지 않았다고 항의했습니다. 그러나 그는 국왕에 대한 교회의 순종을 인정할 수 없었습니다. 웬트워스는 피고인들에게 형을 선고했고 각각에게 상당한 벌금이 부과되었습니다. 그들은 벌금을 완납할 때까지 더블린에 감금되었습니다. 그리고 1641년에 풀려났습니다(1년 3개월을 투옥당했습니다). 그러나 웬트워스가 재산을 몰수했기 때문에 가난해진 그는 1649년 9월에 스코틀랜드로 돌아왔습니다.
15. 1639년과 1640년에 있었던 소위 1차, 2차 감독 전쟁을 말합니다.
16. Hetherington, p.119.

를 강요하려는 제임스는 감독의 세속적 특권을 회복시켜 주었습니다. 1610년에 감독 제도의 명분을 강화하기 위해 두 개의 고등 판무관 법정을 세웠습니다. 또한 1618년에는 퍼스 규약이 크리스마스와 부활절을 지키는 것뿐만 아니라, 성찬식에서 무릎을 꿇는 관습과 성례전을 개별적으로 시행하는 관습을 합법화하고 널리 보편화시켰습니다.

루터포드가 1627년에 앤워스에서 사역을 시작할 무렵까지 감독제의 관습은 스코틀랜드의 많은 지역에서 거의 보편적인 것이었습니다. 찰스 1세는 스코틀랜드 교회가 감독 제도로 이루어져야 한다는 점에서 그의 아버지보다 더욱더 확고했습니다. 그는 1629년에 쓴 편지에서 감독 제도의 관습을 따를 것을 촉구하며 성찬식을 에딘버러에서 그해 크리스마스 때 거행할 것이라고 알렸습니다.

스코틀랜드의 장로교인들에게 이것은 중대한 문제가 임박했음을 알리는 끔찍한 전조와도 같았습니다. 루터포드가 자주 '퇴락해 가는 스코틀랜드 교회의 현 상황'17이라고 안타깝게 언급한 것도 놀라운 일은 아닙니다. 그는 신실한 목사들과 신앙 고백자들이 핍박당하는 상황을 개탄했습니다. 성도들의 동의 없이 목사를 임명하는 그들의 횡포를 그는 '질 나쁜 삯꾼의 행위'라고 불렀습니다.

그는 통치자들이 정책을 위해 종교적 명분을 이용하고 '수많은 사람이 권력에 의해 쉽고 편안한 종교를 받아들이려 하는 것'을 한탄했습니다. 그 상황이 너무 심각했기 때문에 장로교인들은 기도를 통해 장로교의 유산을 보존하려고 했습니다. 즉, 2월의 첫 번째와 두 번째 주일과 매 분기마다의 첫

---

17. *Letters*, To Lady Kenmure, from Anwoth, July 27, 1628, vol.1, p.42, *vide* also, from Anwoth, February 1, 1630, pp.53,54(*vide* chapter 2, reference 9).

번째 주일과 두 번째 주일 사이의 6일간은 전적으로 중보 기도를 드리기로 한 것입니다.[18]

루터포드는 잠자코 있을 수가 없었습니다. 그는 곧 전쟁의 최전선에 서게 되었습니다. 그는 메리언 맥너트에게 편지를 썼습니다. "나는 내 영혼을 위해서라도 잠자코 있지 않을 것입니다. 내 주님의 전이 불타는 것을 보며 '불이야!' 라고 외치지 않을 수 없습니다."[19]

그는 에딘버러에서 온 편지를 통해 소식을 듣고는 마음이 몹시 괴로웠습니다. 그곳에서는 감독 회의나 총회가 열리기로 되어 있었습니다. 그는 이 회의에서 감독들이 위원들을 선택할까 봐 몹시 걱정이 되었습니다. 그래서 그는 더 이상 학문에만 매달려 있을 수 없었습니다.

1629년 11월 17일의 루터포드의 편지에 영어로 된 기도서를 강요하는 것에 대한 언급이 나옵니다.[20] 그러므로 라우드(Laud)가 1633년에 켄터베리 대감독에 오르기 몇 년 전에 이미 그것이 도입되었다는 사실을 알 수 있습니다. 1631년 6월 2일의 편지에는 에딘버러에서 온 새로운 소식의 결과로 이 문제를 언급하고 있습니다. 루터포드는 '영어 예배와 오르간 연주, 제임스 왕의 찬송가'[21]가 스코틀랜드 교회에도 강요될 것이라는 점을 깊이 우려하고 있었습니다.

이 무렵 감독들은 여러 교구에 자신들이 택한 사람들을 세우는 데 성공하고 있었습니다. 광범위하게 혁신이 받아들여지고 있었습니다. 사실 루터포

---

18. *ibid.* To Lady Kenmure, January 23, 1643, vol.1, p.109.
19. *ibid.* From Anwoth, March 2, vol.1, p.110.
20. *ibid.* To M.M. from Anwoth, vol.1, p.50.
21. *ibid.* To M.M. from Anwoth, June 2, 1631, vol.1, p.69.

드는 자기 지역에서도 반대에 부딪히고 있었습니다. 그는 '장로교인들이 자신을 가장 푸대접하고 있다'[22]고 호소했습니다.

루터포드는 치열하고 고통스런 갈등을 예견했습니다. 그는 스코틀랜드 교회의 상황에 대해 자신이 느끼고 있는 '무거운 부담감과 염려'[23]에 대해 메리언 맥넛에게 편지를 썼습니다. 그리고 존 케네디(John Kennedy)와 에이어의 베일리(Baillie)에게 '질식으로 죽어 가고 있는 스코틀랜드 교회가 살아날 수 있도록 계속해서 기도하고 씨름해 주십샤'[24]고 요청했습니다. 그는 켄머 부인에게도 '교회에 오랜 불같은 시험이 오기 전'[25]에 주님께서 '이 땅을 녹이고 단련시키려 하신다'[26]고 예언했습니다.

스코틀랜드의 칼빈주의자들에게 문제의 뿌리는 아르미니우스설의 확산이었습니다.[27] 루터포드는 '하나님의 이스라엘의 등 위에 그 추종자들이 만들어 놓은 깊은 고랑'[28]을 보며 탄식했습니다.

17세기의 스코틀랜드인들에게 아르미니우스설 신봉자들은 감독주의자들

---

22. ibid.
23. ibid. From Anwoth, 1631(undated), vol.1, p.74.
24. ibid. vol.1, pp.89,90. 1632년 2월 1일에 앤워스에서 보낸 편지. 존 케네디는 에이어의 시장인 휴의 아들이었습니다. 그는 1644-1646년까지 에이어 시를 대표하는 스코틀랜드 의회 의원이었습니다. 그는 또한 1642,1643,1644,1646,1647년에 총회의 회원이었습니다.
25. ibid. From Anwoth, February 13, 1632, vol.1, p.32.
26. ibid. From Anwoth, January 14, 1632, vol.1, p.86.
27. 아르미니우스설 신봉자들은 아르미니우스 즉, 칼빈에 반대해 자유 의지의 교리를 주장한 네덜란드 신학자인 제임스 하르멘센(James Harmensen)의 가르침을 받아들인 사람들이었습니다. 그들은 잉글랜드에서 두드러진 활동을 했으며 가톨릭의 부흥에도 관심을 가졌습니다. 또한 종교 개혁 전의 교회 전통을 기꺼이 받아들이려고 했으며, 제임스 1세와 찰스 1세 통치기에 점점 영향력 있는 세력이 되었습니다.
28. Letters, To M.M. from Anwoth, (undated), 1631, vol.1, p.74.

과 손을 잡은 자들이었습니다. 그것을 바탕으로 시드세프와 아버딘의 감독인 발렌던(Ballenden)의 도움을 받아 던블레인(Dunblane)의 감독인 제임스 웨더번(James Wedderburn)과 로스의 감독인 존 맥스웰이 편집한 가증스런 기도서가 나오게 되었습니다. 그 기도서가 스코틀랜드에서 편집된 후, 다시 개정과 수정을 위해 라우드와 노위치(Norwich)의 감독인 렌(Wren)에게 보내졌습니다. 개정 과정에서 이루어진 변화들은 스코틀랜드인들에게는 가톨릭으로 변화되는 것처럼 보였습니다.

1636년 12월 20일에 추밀원은 그 기도서를 사용하도록 강요했습니다. 그리고 다음 날 에딘버러의 십자가 앞에서 그것을 공포했습니다. 그러나 그것은 1637년 말까지 출간되지 않았습니다. 루터포드는 에이어의 시장에게 보낸 편지에서 그 기도서의 강요에 대해 언급했습니다. 그는 '영국의 모든 교회에서 그 기도서를 낭독하도록 공개적으로 선포했다' [29]고 말했습니다.

기도서의 강요는 스코틀랜드 장로교인들의 분노를 불러 일으켰습니다. 그들은 그것이 종교 개혁의 정신에 위배될 뿐만 아니라 아무런 논의 없이 이루어진 것이라고 믿었습니다. 뿐만 아니라 그것이 국교회의 기도서보다 가톨릭의 미사 경본에 더 가깝다는 말도 떠돌았습니다.

'작자 미상의 새 기도서'는 루터포드에게는 매우 가증스런 것이었습니다. 우리가 보았듯이 그 일로 그는 아버딘에 투옥되어 있는 동안 앤워스의 교구민들에게 강력한 경고의 편지를 보내기도 했습니다.

기도서를 낭독하는 것은 루터포드에게는 혐오스런 일이었습니다. 그는 그 일에 대해서 다음과 같이 썼습니다. "나는 하나님의 말씀에서 그런 것에 대한 말씀과 언약이나 관습을 결코 볼 수 없었습니다. 나는 그것을 좋게 생각

---

29. *ibid*. From Aberdeen(undated), 1637, vol.1, p.373.

할 근거를 찾을 수 없었습니다. 내 연약한 판단으로는 하나님께 드리는 예배에서 비롯된 것일 때에야 비로소 선한 것이라고 생각합니다. 나는 그것을 양자의 영의 열매나 결과라고 생각할 수 없습니다."[30]

루터포드는 그것이 장로교의 관습에도 위배되기 때문에 반대했습니다. "우리 교회는 그것을 결코 용납하지 않을 것입니다. 그러나 사람들은 그것을 임의로 선택해 사용하고 있습니다"라고 그는 주장했습니다. '성도들이 그것들을 결코 사용하지 않았고 하나님이 결코 그것을 명하지 않으셨다는 것' 으로 그들에게는 충분히 반대할 이유가 되었습니다. 기도는 루터포드에게는 '하나님께 영혼을 쏟아 붓는 일' 이었습니다.

루터포드가 기도서만큼 싫어한 또 다른 관습들은 그가 교구민들에게 보낸 편지에서 보았듯이 무릎을 꿇고 중백의(中白衣)와 소백의(小白衣)[31]를 입는 것이었습니다.[32] 그의 반대는 기독교 사역에 대한 그의 개념에서 비롯되었습니다. 하나님의 종은 결코 하나님과 그분의 백성 사이의 사제나 중재자가 아니었습니다.

그는 어떤 형태의 감독적 서품식도 반대했습니다. 그것은 그의 관점에서는 사역에 사제적 개념을 가져오는 것이었습니다. 성찬식에서 무릎 꿇는 것을 반대한 것은 루터포드가 기독교 사역의 위엄과 신성함을 손상시키겠다는 의도가 있어서가 아니었습니다. 오히려 그는 자신이 성경적인 본질을 주장

---

30. ibid. To Lady Boyd, from St. Andrews(undated), 1640, vol.2, p.304(vide chapter 3, reference 7).
31. 가톨릭, 성공회, 루터교 및 일부 개신교파의 예배에서 성직자, 복사(服事), 성가대원 및 다른 참가자들이 입는 백색 제의(祭衣).
32. ibid. From Aberdeen, July 31, 137, vol.2, p.89; also from Aberdeen, September 23, 1637, vol.2, pp.193,194.

하고 있다고 믿었습니다.

그는 너무 쉽게 우상 숭배로 빠져 버리는 물질주의의 위험을 보았습니다. 바울이 그것을 "피조물을 조물주보다 더 경배하고 섬김이라"[33]라고 표현했듯이 말입니다. 그는 다음과 같이 선언했습니다. "'무릎을 꿇는 것'이 종교적 예배로 사용될 때 그것은 성찬식 떡에 대한 외적인 경배입니다. 우리가 그 앞에서 절하는 것은 마치 하나님을 상징하는 것 앞에서 절하는 것과 같습니다."[34]

루터포드는 그리스도의 전에서 신성화된 피조물 앞에서 무릎 꿇는 것은 우상 숭배의 본질이라고 믿었습니다.[35] "신성화된 피조물 앞에서 하나님께 예배드리는 것과 성찬식 떡과 포도주 앞에서 무릎 꿇음으로써 그리스도를 경배하는 것은 둘 다 앤워스의 교회 안에서 뿐만 아니라 다른 어떤 곳에서도 허용할 수 없는 것입니다"라고 그는 교구민들에게 편지를 썼습니다.[36]

예복에 대한 루터포드의 비난은 20세기의 독자에게는 다소 낯설게 보일지도 모릅니다. 잉글랜드의 청교도인들과 마찬가지로 그에게도 예복은 가톨릭의 냄새를 풍기는 물건이었습니다. 그는 퍼스(Perth) 조약을 반대했습니다. 부분적으로 국왕이 '다른 미사 예복'[37]뿐만 아니라 중백의를 착용할 것을 강요할 권력을 가졌음을 확인한 것이기 때문이었습니다.

---

33. 롬 1:25.
34. 『편지』 vol.1, p.237. 1637년에 아버딘에서 에브라임 멜빈(Ephraim Melvin)에게 보낸 편지(날짜는 기록되어 있지 않음). 에브라임 멜빈은 퀸스페리(Queensferry)의 초대 안수 목사였습니다. 그는 후에 린리스고(Linlithgow)의 목사를 지냈으며 그곳에서 세상을 떠났습니다.
35. ibid. To Lord Craighall, from Aberdeen, June 8, 1637, vol.1, p.408(vide chapter 2, reference 60).
36. ibid. From Aberdeen, September 23, 1637, vol.1, p.194.
37. ibid. To M.M. from Aberdeen, 1637(not 1633 as dated by Bonar), vol.2, p.242.

틀림없이 그는 중백의가 '미사 때 사제가 입는 예복'38이라는 생각을 하고 있었습니다. 세례식에서 성호를 긋는 행위와 종교적 축제일을 준수하는 것, 심지어는 크리스마스나 부활절을 기념하는 것까지도 루터포드에게는 혐오스러운 것이었습니다.39

루터포드는 교회 법전(法典)에 대한 반대를 비밀히 한 적이 없었습니다. 교회 법전은 시드세프와 맥스웰, 발렌던과 화이트포드(Whiteford)가 작성한 것이었습니다. 작성된 법전은 수정을 위해 라우드와 다른 두 명의 잉글랜드 고위 성직자에게 제출되었습니다. 그리고 1635년, 법규로 제정되었습니다. 그것은 왕권이 그것을 강요했다는 이유뿐만 아니라 감독들에게 무제한적인 권력을 주고 특별히 세례식, 성찬식과 관련되어 의식과 절차를 강요했다는 것 때문에 많은 반대를 불러일으켰습니다. 루터포드는 시드세프가 특별히 자기를 반대한 것이 이 법전에 대한 그의 반대 때문임을 인정했습니다.40

스코틀랜드의 장로교는 루터보다 칼빈에게 더 많은 영향을 받았습니다. 루터는 모든 개혁적 열정에도 불구하고 제네바에 있는 동료 개혁자들처럼 가톨릭과의 결단력 있는 결별을 하지 않았습니다. 루터주의는 계속해서 감독 제도를 수용했습니다.

그러했기에 스코틀랜드 교회와 루터주의자들 사이에 화해를 도모하기 위해 고위 성직자들이 모였다는 소식은 심각한 우려를 불러일으켰습니다. 둘이 화해한다는 것은 스코틀랜드에서 감독 제도의 확장을 의미했기 때문이었습니다. 그것을 (감독 제도의 본거지이자 루터포드가 추방당해 있던 도시인)

---

38. ibid. To his parishioners, from Aberdeen, July 13, 1637, vol.2, p.89.
39. ibid.
40. ibid. To John Fergushill, minister of Ochiltree, 1637(undated), vol.1, pp.463,464.

아버딘 대학의 교수들이 후원했다는 사실은 루터포드로 하여금 '교황 절대주의'와의 화합을 의도한 것이라고 의심할 수밖에 없게 만들었습니다.[41]

† 웨스트민스터

루터포드는 웨스트민스터 신학자 집회에서 스코틀랜드 교회를 대표하는 저명한 사람들 중 한 사람으로 빠질 수 없는 사람이었습니다. 그는 자신이 이 임명으로 큰 명예를 누렸다고 고백했습니다. 그러나 동시에 자신의 '믿음이 결코 앤워스에서 평범하고 거친 시골 행상인이 되는 것보다 더 교만해지지 않았다'[42]고 단언했습니다.

이 집회에 대한 루터포드의 헌신은 높은 인정을 받았습니다. 동료 위원 가운데 한 사람인 베일리는 "사무엘 목사는 하나님께서 그에게 주신 많은 것으로, 특히 현안 문제를 그가 잘 알고 있기 때문에 이곳에 반드시 있어야 합니다"[43]라고 선언했습니다. 이 선언은 회의가 끝날 무렵, 루터포드가 스코틀랜드로 돌아갈 즈음 신학자 회의에서 온 편지에서 확인되었습니다. "우리는 그의 학식과 경건함, 신실함, 근면함을 충분한 증거를 통해 인정할 수밖에 없었다"라고 서기 애도니람 바이필드(Adoniram Byfield)가 썼습니다.[44]

---

41. ibid. vol.1, p.374. 1637년에 에이어의 시장인 존 스튜어트에게 보낸 편지(날짜는 기록되어 있지 않음). 존 스튜어트는 재산가이면서 어려움에 처한 사람들을 돕는 자선가였습니다. 나중에 그는 가난한 상황에 처하게 되어 뉴잉글랜드로 이민 가려고 했으나 기상 악화로 포기하고 말았습니다.
42. Baillie, vol.2, p.481.
43. ibid. vol.2, p.159.
44. Mitchell, G.A.F. and Christie, C.(Eds), *Records of the Commissioners of the General Assemblies of the Church of Scotland 1646-1652*, Edin. Univ. Press, Edinburgh, 1907.

그동안처럼 박해에 대한 두려움은 더 이상 없었지만 웨스트민스터 회의의 임무는 결코 수월하지 않았습니다. 모임의 정관(定款) 자체가 문제가 되었습니다. 귀족과 평민 사이에 모임을 창설한 문건의 용어를 놓고 의견이 일치되지 않았습니다. 찰스 1세는 당연히 그 모임을 승인하지 않으려고 했습니다.

회의는 6년 이상을 질질 끌었습니다. 영국의 신앙 문제를 신속히 매듭짓기에는 문제가 너무 복잡했고 신학적 분위기가 지나치게 감정적인 경향으로 흘렀습니다. 회의가 장기화되었기 때문에 스코틀랜드 위원들은 장로교회 회의에 보고하기 위해 교대로 스코틀랜드로 돌아갈 수 있었습니다.

그러나 세인트 앤드루스에 도착한 지 4개월째인 1640년 4월, 루터포드는 두 번째 아내인 진 맥매스(Jean McMath)와 재혼했습니다. 그리고 새 아내와의 사이에서 두 아이를 얻은 루터포드는 일이 완전히 마무리될 때까지 그곳을 떠나지 않았습니다. 그러나 런던은 앤워스만큼이나 루터포드에게 큰 슬픔을 안겨 주었습니다. 그는 아이들을 죽음의 강 저쪽으로 떠나보낸 후, 결국 1647년에 고향으로 돌아왔습니다.

잉글랜드의 수도에서 오랫동안 거주하는 것은 스코틀랜드인으로서는 그리 유쾌한 일은 아니었습니다. "이곳에 이렇게 오래 머무르는 것이 우리는 너무 슬픕니다"라고 그는 총회에 호소했습니다. 그들은 "우리가 돌아갈 길이 하루 빨리 열리기를 진심으로 갈망합니다"45라고 편지를 썼습니다.

3년 6개월 동안의 숙고와 심의 후에도 신앙 고백과 교리 문답이 공식화되지 않자 스코틀랜드 위원들은 다음과 같은 보고를 했습니다. "우리는 이 일이 상당히 오랜 시간이 걸렸다고 생각합니다. 우리는 각자가 맡은 사역을 오

(26.11.46) vol.2, p.49 (hereafter, Records).
45. ibid. 11.11.46). vol.2, p.49.

랫동안 손 놓고 떠나 있는 것에 매우 지쳐 있습니다. 가급적 빨리 고향으로 돌아갈 수 있게 허락해 주시기를 겸손하게 탄원합니다."[46]

그들의 탄원은 단지 부분적인 성공만을 거두었습니다. 총회가 루터포드와 길레스피를 런던에 머무르게 하는 것이 합당하다고 생각했기 때문입니다. 대법관인 워리스턴 경과 로버트 베일리는 1646년 12월 25일, 런던을 떠났고 로더데일의 백작은 이듬해 1월 12일에 런던을 떠났습니다.[47]

청교도의 서민적 전통과 찰스 1세의 교회 정책에 대한 저항에도 불구하고 총회에는 주된 견해 차이가 있었습니다. 청교도는 매우 다양한 사고(思考)를 낳았습니다. 그러나 관용의 원칙은 단지 소수만이 받아들였습니다. 실제로 감독 제도 주의자들과 교황 절대주의자들까지 받아들여지지는 않았습니다. 의회가 소집한 웨스트민스터 회의는 에라스투스설[48]의 신봉자들의 모임이었습니다. 그리고 스코틀랜드인들은 자신들의 후견인을 고무시키기 위해 그 회의에 적극적으로 참여했습니다.

클라렌던(Clarendon)은 그 회원 자격에 대해 경멸적인 언급을 했습니다. 그러나 사실 그가 공직에 있는 동안 그 회원 가운데 다섯 명이 감독이 되었습니다. 캐루더스(Carruthers)는 총회를 언급하며 대표단 가운데 65명이 45세 이하이고 59명이 그 이상이며 단지 7명만이 65세 이상이라고 지적했습니다. 그래서 노쇠한 총회라는 비난은 할 수가 없다고 말했습니다.[49]

---

46. *ibid.* 15.1.47). vol.2, p.189.
47. *ibid.* 13.1.47). vol.2, p.187.
48. 에라스투스설(Erastianism). 종교는 국가에 종속하여야 한다는 설입니다.
49. Carruthers, S.W.(ed.). *Everyday Work of the Westminister Assembly*, Presbyterian, Soc. in America and Presbyterian Hist. Soc. of England, Philadelphia, 1943, p.26(hereafter, Carruthers).

또한 교육 수준이 낮지도 않았습니다. 126명이 대학 졸업자였고 34명이 신학사 출신이었습니다. 23명이 신학 박사 출신이고 52명이 대학의 특별 연구원이었습니다. 존 애로스미스(John Arrowsmith)와 존 해리스(John Harris)는 라틴어학으로 유명한 사람들이었습니다. 토마스 콜맨(Thomas Coleman)과 라이트푸트(Lightfoot)와 토마스 거테이커(Thomas Gataker)는 히브리어 학자였고 해리스는 헬라어 교수였습니다. 30명이 책을 출간했으며 존 굿윈(John Goodwin)과 마샬(Marshall), 허버트 팔머(Herbert Palmer)는 유명한 설교자였습니다. 루터포드와 윌리엄 트위스(William Twisse)는 국제적인 논쟁을 하는 신학자였고 후에 옥스퍼드에서 기하학 교수가 된 존 월리스(John Wallis)는 저명한 수학자였습니다.

가장 소수이면서도 가장 큰 목소리를 낸 자들은 필립 나이(Philip Nye)가 이끄는 독립교회주의자들이었습니다. 굿윈은 그 무리에 속해 있었습니다. 학자인 윌리엄 브리지(William Bridge)도 마찬가지였습니다. 또 다른 일원인 심슨(Simpson)은 설교로 명성을 얻은 목사였습니다.50 베일리51는 조셉 캐릴(Joseph Caryl), 윌리엄 카터(William Carter), 존 필립스(John Phillips), 피터 스터리(Peter Sterry)를 독립교회주의자라고 말합니다.

그러나 그들은 그들의 동료들만큼 장로교를 반대하지는 않았습니다. 그리고 조건만 맞았다면 교회 운영 체제의 장로교 체제에 대단히 만족했을 것입니다. 앤소니 버기스(Anthony Burgess)와 윌리엄 그린힐(William Greenhill)은 몇몇 경우에만 독립교회주의에 지지를 보냈습니다. 그리고 독립교회주의를 충실히 지켰던 나이조차도 킴볼턴(Kimbolton)과 막달린 칼리지

---

50. Hetherington, p.130.
51. Baillie, vol.2, p.110.

(Magdalne College)의 학장인 굿윈의 교구를 기꺼이 받아들이려고 했습니다.

지도급 독립교회주의자들이 에라스투스설을 반대하는 사람들이기는 했지만 엘리자베스 여왕 통치기에 브라운(Browne)주의에서 옮겨온 자들이었습니다. 그들은 이제 브라운주의와 존슨(Johnson)52주의 사이에 위치해 있었습니다. 그들은 장로들이 회중에게 책임을 진다는 조건 아래 교회 운영 체제에서 행정을 맡는 장로 체제를 받아들일 준비를 하고 있었습니다.

그러나 그들이 주장하는 독립성 때문에 상호 존중과 협력을 해야 할 경우를 제외하고는 교회의 연합을 받아들이는 것을 꺼려했습니다. 그것은 장로회에 하나님이 부여하신 권한을 주장하는 루터포드의 의견과 완전히 반대하는 원칙이었습니다.

독립교회주의자들은 자신들이 세 부류로 나누어진 장로교인들보다 더 연합되어 있다고 주장할 수 있었습니다. 확고한 장로교주의를 대표하는 에드먼드 캘러미(Edmund Calamy)와 스코틀랜드식 체제를 선호하는 마샬, 구 기도서를 선호한 윌리스가 바로 그들이었습니다.

그 외에도 두 명의 에라스투스 신학자가 있었습니다. 그 둘 가운데 링컨셔에 있는 블라이턴의 목사인 토마스 콜맨은 철저한 에라스투스 신봉자였습니다. 다른 한 사람은 라이트푸트로 때때로 콜맨을 지지하기도 했습니다. 두 사람 모두 랍비학자들처럼 당시 '유대 교회'라고 언급되는 구약 이스라엘에 세워진 정부 체제에 깊은 영향을 받았습니다. 평신도 가운데 에라스투스주

---

52. 프란시스 존슨(Francis Johnson)은 1589년에 청교도 관점을 표현했다는 이유로 크라이스트 칼리지에서 특별 연구원의 지위를 박탈당하고 투옥당했습니다. 유럽 대륙에서 독립교회파 속에서 목회 활동을 한 후 잉글랜드로 돌아왔지만 1593년에 분리주의를 주장해 다시 투옥되었습니다.

의를 지지한 사람은 존 셀던(John Seldon), 화이트록(Whitelocke), 세인트 존(St. John)이었습니다. 에라스투스 신봉자들은 일반적으로 의회의 지지에 의존했습니다.53

스코틀랜드 위원들인 알렉산더 헨더슨(Alexander Henderson), 베일리, 루터포드, 길레스피는 아키발드 존스턴(Archibard Johnston), 메이트랜드(Maitland) 경, 아가일(Argyll), 로던(Loudon), 발메리노(Balmerino) 같은 평위원들에게 도움을 받았습니다. 그들은 나중에 위원들의 임무를 맡게 된 자들로 때때로 논쟁에서 발언을 하기도 했습니다. 로버트 더글러스나 캐실리스(Cassillis)의 백작은 한 번도 참석하지 않았습니다. 반면, 메이틀랜드와 존스턴은 거의 빠짐없이 참석했습니다.

스코틀랜드인들은 자신들이 총회에서 핵심적인 자리에 있는 자들이라고 생각하지 않았습니다. 그래서 그들은 자신들이 스코틀랜드 교회의 대표 위원일 뿐이라고 주장하며 그러한 대우를 받는 것을 거부했습니다. 거기다가 그들은 의회에 대해서도 대표단의 성격을 갖고 있었기 때문에 특권적인 위치를 차지하고 있었습니다. 스코틀랜드인들에게는 논쟁을 주도하고 결정을 촉구할 뿐만 아니라 거부권을 행사할 권한도 있었습니다.

이 네 명의 스코틀랜드 신학자는 탁월한 사람들이었습니다. 헨더슨은 헤더링턴에 의하면 광범위한 학문의 폭으로 '가장 유명한'54 사람이었습니다. 길레스피는 셀던, 라이트푸트, 콜맨이 대적할 수 없을 정도의 능력을 지닌 논쟁가였습니다. 베일리는 거의 논쟁에 참여하지 않았습니다. 그러나 그의 현명함은 오랜 숙고와 심사에서 빛을 발했습니다.

---

53. Hetherington, p.134 ff.
54. *ibid*. p.140.

루터포드는 웨스트민스터에 가기 오래 전에 이미 능력 있는 논쟁가라는 명성을 얻었습니다. 그의 감수성과 지성적인 능력이 그를 논쟁에서 탁월한 전문가로 만들었습니다. 그의 깊은 영성은 명석한 지적 능력과 따뜻한 감수성과 결합되어 그를 독립교회주의자들의 가장 훌륭한 적수로 만들었습니다. 그러나 그것은 동시에 그를 '독립교회주의를 주장한 사람들을 사랑하고 존경하는 자'로 만들기도 했습니다.[55] 그의 삼단논법적인 추론 방식은 특히 논쟁에서 효과를 거두었습니다.

1643년에서 1644년 사이에 제기된 스코틀랜드 군대의 필요성은 웨스트민스터에서 스코틀랜드 위원회의 영향력을 강화시켰습니다. 독립교회주의자들은 대위원단을 통해 스코틀랜드인들이 행사한 영향력에 불만을 토로했고 그것에 맞서기 위해 온갖 노력을 기울였습니다. 대위원단[56]은 그것이 법인체라고 주장했습니다.

1644년 9월 13일에 크롬웰이 대위원단에게 '교회 운영 체제에 대한 위원들의 의견 차이'를 개정하도록 강요하자 스코틀랜드인들의 권한은 약화되었습니다. 스코틀랜드 위원 가운데 단 한 사람도 포함되지 않은 일곱 명으로 이루어진 소위원단이 임명되었습니다. 스코틀랜드인들이 지금까지 누렸던 최종 수정의 특권이 부인되었고 독립교회주의자들은 그 제안을 직접 의회에 상정해야 한다고 주장했습니다.

스코틀랜드인들은 대위원단에서 하나의 소그룹 수준으로 축소되었습니다. 스코틀랜드 위원들은 대위원단의 보고가 먼저 회의에서 통과되기 전까

---

55. ibid, p.141.
56. 의회와 웨스트민스터 회의, 스코틀랜드 위원회의 대표로 구성된 대위원단은 스코틀랜드와의 동맹 관계를 담당하기 위해 세워졌습니다.

지는 결론으로 인정해서는 안 되며 그 후에 하원에 상정해야 한다고 주장함으로써 이에 응수했습니다.

회의는 세 개의 위원단으로 나누어졌습니다. 위원단이 공식적으로 작성한 보고서가 회의의 재조회를 위해 보내졌습니다. 의장인 뉴스베리의 트위스 박사가 두 명의 보좌(補佐), 코넬리우스 버기스(Cornelius Burgess) 박사와 허버트 팔머(Herbert Palmer)의 도움을 받으며 일을 주도해 갔습니다. 트위스가 세상을 떠나자 찰스 헐리(Charles Herle)가 그 자리를 이어받았고, 팔머가 죽자 윌리엄 구지(William Gouge)가 보좌가 되었습니다. 이들은 두 서기의 도움을 받아 일을 처리해 나갔습니다.

회의의 위원들은 진리라고 믿는 것 외에는 어떤 것도 주장하지 않겠다는 맹세를 해야 했습니다. 안건이 올라온 날, 그들은 어떤 결론도 내리지 못했습니다. 하원은 긴 연설을 무산시키려고 했지만, 모든 진술이 인용한 성경을 정확하게 밝혀야 했기 때문에 짧게 끝낸다는 것은 거의 불가능했습니다. 루터포드는 긴 논쟁으로 결정이 지연되는 것에 불만을 표했습니다.[57]

논쟁이 길어지기는 했지만 그 일은 철저하게 이루어졌습니다. 성경과 하나님의 영원한 명령, 중재자로서의 그리스도, 그리스도인의 자유와 행정관의 권한에 대한 논쟁이 가장 길었습니다. 대부분의 자료가 발표하는 데만 3,4일이 걸렸습니다. 1646년 7월 8일에 개정 위원단을 임명하는 것이 필요하다는 데 의견이 모아졌습니다. 이 위원단은 1646년 12월 8일까지 그 임무를 수행해 갔습니다.

그 후 더 규모가 큰 고문 위원단을 임명했습니다. 1646년 9월 25일까지 하원에 이미 작성된 19장을 먼저 보낼 수 있었습니다. 그리고 11월 26일에 전

---

57. Carruthers, p.75.

체 고백서가 완성되었습니다. 12월 4일에 하원에서, 12월 7일에 상원에서 발표하기 전까지는 약간의 손질만 하면 될 정도였습니다.

그러나 이것으로 신앙 고백서에 대한 이야기가 끝난 것이 아니었습니다. 10월 9일에 이르러 하원이 교정본을 포함시킬 것을 요구했기 때문입니다. 이 작업은 1647년 1월 6일에 시작되었습니다. 소위원단이 그것을 장 별로 선별하는 책임을 맡았습니다. 그 작업은 4월 5일에 끝이 났습니다. 개정본을 완성하기 위해서는 10일 동안 더 작업을 해야 했습니다. 그 뒤에 신앙 고백서가 덧붙여졌고 1647년 4월 27일에 양원에서 발표되었습니다.

스코틀랜드는 신앙 고백서를 신속히 채택했습니다. 그곳에서 총회에서 사용하기 위해 300부를 인쇄했습니다. 그리고 1649년 2월 7일, 스코틀랜드 회의는 그것을 승인했습니다.

신앙 고백서는 스코틀랜드 타죄 이전설 신학파의 승리였습니다. 3장으로 구성되어 있는 '영원한 법규'에 대한 논쟁은 특히 격렬했습니다. 8월 29일에 제목에 대한 논쟁이 시작되었습니다. 그것은 결국 '하나님의 영원한 법규에 대해' 라는 단순한 제목을 받아들이는 것으로 일단락되었습니다.

놀랍게도 논쟁에서 루터포드는 지금까지 그가 주장했던 타죄 이전설보다 다소 덜 엄격한 입장을 취했습니다. 그러나 바로 그런 관점이 승리를 거둔 비결이었습니다. 그는 논쟁에서 대속에 대한 아미랄디안(Amyraldian)의 관점[58]을 거부했습니다. 루터포드는 모든 사람을 구원 얻을 수 있는 자로 만드는 것은 모든 사람을 의롭다고 인정받을 수 있게 만드는 것이라고 주장했습

---

58. 모이즈 아미러트(Moïse Amyraut, 1596-1644), 프랑스 개신교 목사이자 소뮈르의 신학자. 그는 그리스도가 (가설적인) 우주적 개념에서는 모든 인류를 위해 죽으셨지만, 특정한 의미에서는 오직 하나님이 구원의 믿음을 허락하신 선택받은 사람들만을 위해 죽으셨다고 주장했습니다. 그래서 이 주장은 때로 '가설적 보편 구제설' 이라고 불립니다.

니다. 아미랄디안의 가장 온건한 형태라 할지라도 그에게는 아르미니안주의의 한 면으로만 보였습니다.

1643년 10월 12일, 스코틀랜드 의회의 압력 아래 '하나님의 거룩한 말씀에 합당한 훈육과 정부…, 그리고 스코틀랜드 교회의 근접한 합의'(a Discipline and Government…agreeable to God's Holy Word… and nearer agreement with the Church of Scotland)의 초안을 작성하는 권한이 웨스트민스터 회의에 주어졌습니다. 논쟁은 10월 12일에 교회 사역자들의 본질과 직분에 대한 시맨(Seaman)의 연설로 시작되었습니다.

10월 17일, 그 문제를 고려하기 위해 세 명의 위원을 임명했습니다.[59] 10월 19일에 두 번째와 세 번째 위원이 보고를 했습니다. 그러나 명칭과 이들 사역자들의 수에 대한 논쟁은 첫 번째 위원이 결론을 보고한 10월 27일까지 계속되었습니다. 그리고 그 보고서에 대한 논쟁이 이어졌습니다. 그것은 목사 직분에 대한 심의를 시작으로 11월 2일에 시작되었습니다.[60]

베일리는 다음과 같이 전합니다. "우리가 도착하기 전에 형제들이 제출한 서류에 의하면 회의가 목사의 임무에 대해 논쟁을 하고 합의를 보았기 때문에 스코틀랜드인들은 그 논쟁에 참여하지 않았다."[61] 논쟁에서 유일한 쟁점은 성경을 공식적으로 낭독하는 것이 목사의 임무인가의 문제였습니다.[62]

마샬은 강력하게, 성경을 낭독하는 것이 성직자의 임무가 아니라 그것을 해설하고 설명하는 것이 성직자의 임무라고 주장했습니다. 팔머는 이 주장

---

59. Session 76, Oct.17, 1643.
60. Gillespie, G. *Assembly of Divines, Feb. 1644-Jan. 1645* (ed. D. Meek), from unpublished MSS, Ogle, Oliver and Boyd, Edinburgh, 1846, p.3.
61. vol.2, p.110.
62. Session 89, November 6.

에 반대했습니다. 루터포드는 1641년에 나온 헨더슨의 『정부와 질서』(Government and Order)를 따라 그의 『평화로운 탄원』(Peaceable Plea)에서 자신의 입장을 명백하게 했습니다. "우리는 오직 낭독의 은사를 받은 목사를 제외하고는 목사가 성경을 낭독하는 것을 인정하지 않는다"[63]라고 그는 썼습니다.

그러나 최종 결론은 낭독이 목사의 직분에 속한다는 것이었습니다. 목사보를 포함시켰기 때문에 스코틀랜드인들도 어느 정도 받아들일 수 있는 결론이었습니다. 성찬식을 주재하고 교리 문답을 하며, 병든 자들을 심방하는 것 같은 목사의 다른 임무는 거의 논쟁 없이 해결되었습니다.

불화를 야기한 문제는 교회 운영 체제가 취해야 할 형태의 문제였습니다. 이 문제에 대해 독립교회주의자들은 장로교와 반대의 입장에 섰습니다. 루터포드가 장로교를 위해 많은 고난을 당했기 때문에 그가 웨스트민스터 회의에서 대표를 맡은 것은 이해할 만했습니다. 그들은 교회의 존재 자체를 위협할 것으로 보이는 어떤 교회 정책의 도입도 반대했습니다. 의회는 분명하게 장로교의 주장에 공감을 표했습니다.

반면에 크롬웰의 지휘 아래 있는 군대는 독립교회주의를 선호하는 경향을 띠었습니다. 찰스와의 싸움이 시작될 때인 1640년부터 1642년까지 권력은 의회가 장악하고 있었습니다. 그러나 전쟁 상황 속에서 권력은 어쩔 수 없이 군대에 넘어갈 수밖에 없었습니다.

루터포드는 '우리와는 다른 사람들로 하나님과 동행하는 자들과 더 가까운 자들'[64]이라고 독립교회주의자들의 영성을 인정하기는 했지만 그는 독립

---

63. *A Peaceable Plea for Paul's Presbyterie in Scotland*, Bartlet, London, 1642, p.314(vide, Bibliography of Rutherford's Writings).

교회주의가 장로교에 위험한 존재라고 여겼습니다. 스코틀랜드 위원들은 총회에 '모든 사람을 신앙에서 자치주의자가 되게 하는 것보다 교회와 국가에 더 유해한 것이 없다' 65라고 보고했습니다.

루터포드는 재침례파, 자유 사상가, 구도자 등 런던에 지나치게 많은 교파가 있다고 주장했습니다.66 그는 그들을 매우 불쾌하게 여겼습니다. 그는 런던에 건전한 목사들이 있는지조차 의심할 정도였습니다.67 그는 자유 사상가들을 '세속적이고 가증스러운 도덕률 폐기론자'라고 비난했습니다. 그는 구도자들이 교회의 성찬식을 거부했다는 이유로 그들을 반대했습니다.

그에게 『하나님이 부여하신 교회 운영 체제의 권한』(The Divine Right of Church Government)을 쓰게 한 것은 런던 교회의 혼란 때문이었습니다. 이 책은 1646년에 출간되었습니다. 그는 도덕률 폐기론자들과 맞서기 위해 『성경적인 적그리스도에 대한 고찰』(A Survey of the Spiritual Anti-Christ)을 썼습니다. 그리고 독립교회주의의 위험을 드러내기 위해 『위선적인 양심의 자유에 대한 자유로운 논박』(A Free Disputation against pretended liberty of conscience)이라는 논쟁의 성격이 강한 제목의 글을 썼습니다. 이 두 작품은 그가 스코틀랜드에 돌아간 후인 1648년과 1649년에 각각 출간되었습니다.

잉글랜드의 장로교는 스코틀랜드인들에게 독립교회주의로 의심받았습니

---

64. *Letters*, To Lady Kenmure, from London, March 4, 1644, vol.2, p.131(*vide*, chapter 2. reference 9).
65. *Records*, 1-1-47, vol.2, p.184.
66. *Letters*, To Lady Boyd, from London, May 23, 1644, vol.2, p.314(*vide*, chapter 3. reference 8).
67. *ibid*.

다. 1643년에 스코틀랜드인들이 런던에 도착했을 때 베일리는 다음과 같이 썼습니다. "이 사람들은 장로교를 이상한 괴물로 생각하고 있다."[68] 잉글랜드의 장로교는 스코틀랜드의 장로교처럼 엄격하지 않았습니다. 1642년에 하원은 감독 제도를 근절하기로 결정한 반면, 웨스트민스터 회의는 초기 감독 제도의 형식을 선호한 사람들에게 희망을 주었습니다.

잉글랜드 장로교의 뿌리는 토마스 카트라이트(Thomas Cartwright)[69]를 통해 제네바에서 찾을 수 있습니다. 스코틀랜드 장로교는 프랑스의 원형에서 많은 것을 빌려 왔습니다. 칼빈은 잉글랜드 장로교인들에게 비본질적인 면에서 국가에 복종하라고 충고했습니다. 결과적으로 잉글랜드 장로교는 어느 정도 에라스투스파(종교는 국가에 종속되어야 한다고 주장함)의 면을 갖고 있었습니다. 그것이 아마도 잉글랜드 장로교가 교회 운영 체제의 국가적 체제로서 실패한 이유일 것입니다.

잉글랜드 장로교는 당회에 무게를 거의 두지 않았습니다. 그리고 '치리회'의 개념을 반대했습니다. 잉글랜드 장로교인들에게 있어서의 장로는 목사이거나 목사를 돕고 조언하는 사람일 뿐이었습니다.

스코틀랜드인들이 웨스트민스터 회의를 장로교의 명분으로 철저히 바꾸고자 한다면 새롭게 해야 할 일이 많았습니다. 스코틀랜드는 헨더슨이 1641년의 총회에서 공포했듯이 영국 전역에서 교회 운영 체제의 연합을 확보하기로 결정했습니다. 하원이 '하나님의 거룩한 말씀에 가장 합당하게 보이는 정부'에 대해 연설했을 때, 스코틀랜드인들은 그것을 바로 스코틀랜드식 장

---

68. vol.1, p.303; vide also vol.2, p.117.
69. 토마스 카트라이트(Thomas Cartwright, 1535-1603)는 엘리자베스 여왕 통치기에 청교도들에게 가장 영향력 있는 장로교 신학자였습니다.

로교로 해석했습니다. 잉글랜드인들이 스코틀랜드인들과의 정치적 연맹을 마음속에 그리고 있을 때 스코틀랜드인들은 종교적 연합을 마음속에 굳히고 있었습니다.

비록 잉글랜드인들이 스코틀랜드인들이 요구하는 만큼 나아갈 준비가 되어 있지 않았지만 장로교의 진정한 본질에 대해 막연한 개념밖에 가지고 있지 않은 많은 잉글랜드 목사가 스코틀랜드인들에게 정보를 요구하는 편지를 보냈습니다. 답변은 주로 독립교회주의자들에 대해 경계하는 내용으로, 헨더슨이 보냈습니다.

스코틀랜드인들은 자신들의 장로교 형태를 국가를 위한 만병통치약으로 여겼습니다. 웨스트민스터 회의 기간 동안 스코틀랜드 교회 총회는 그 일에 대한 신속한 결정을 요구하며 웨스트민스터에 몇 통의 편지를 보냈습니다. 그러나 아무런 답장도 받을 수 없었습니다.

11월 8일에 터크니(Tuckney)와 마샬이 작성한 답변을 하원이 심의했고 버기스가 상원에 상정했습니다. 그러나 그것은 승인을 얻지 못했습니다. 상원이 총회에 단지 예의상의 항목만을 담고자 했기 때문이었습니다.[70] 영국에서 건전한 장로교 정책을 세우는 일이 지연되는 것을 스코틀랜드인들은 국가를 비참하게 만드는 근원으로 보았습니다.

루터포드는 특히 '국가의 죄'[71]라고 언급한 것에 대해 열변을 토했습니다. 1647년 9월 15일, 그는 회의에서 전체 금식을 제안했지만 소용이 없었습니다. 그는 '주의 전을 세울 때가 아직 아니라'[72]는 현실을 애통해했습니다. 교

---

70. Carruthers, pp.34,35.
71. *ibid*. p.77; vide also Baillie, vol.2, p.238.
72. *ibid*. p.77.

회와 국가의 많은 사람이 너무 무관심했기 때문이었습니다. 평화롭고 형제애적인 방법을 제안했으나 무시되었다며 루터포드는 안타까워했습니다.[73]

교회 운영 체제에 대한 논의에서 스코틀랜드인들은 네 가지 영구 직책을 임명했습니다. 목사, 교사, 치리회, 집사가 그것이었습니다. 교회 운영 체제는 앞의 세 직분으로 구성되었습니다. 그들은 한 걸음 더 나아가 교회 법정의 4중 체제를 옹호했습니다. 당회, 노회, 대회, 총회가 그것이었습니다. 마샬은 대위원단에서 스코틀랜드어로 된 논문으로 총회에 보고했습니다. 그는 위원단에서 그것을 토론하지 않고 총회에 의뢰했다고 선언했습니다. 총회는 11월 21일까지 계속 그것을 논의했습니다.

독립교회주의자들은 목사와 교사가 사실상 본질적으로 다른 직분이라고 주장했습니다. 비록 그들이 그 직분을 완벽하게 구별하지는 못했지만 그것은 주로 스코틀랜드인들이 지지한 주장이기도 했습니다. 그러나 총회는 대다수가 그것에 동의하지 않았습니다.

스코틀랜드 장로교의 본질에 대해 의문이 제기된 때는 치리회에 대한 논쟁에서였습니다. 그때 토마스 템플(Thomas Temple)과 스미스(Smith), 바인스(Vines)와 프라이스(Price), 홀(Hall)과 라이트푸트, 콜맨, 그리고 팔머와 같은 쟁쟁한 사람들의 지지를 받아 루터포드가 처음으로 발언을 했습니다. 헨더슨이 치리회가 많은 종교 개혁 교회에 존재하며 '스코틀랜드 교회에서 대단한 성공을 거두고 있다'라고 지적하며 치리회의 역할을 강력하게 옹호했을 때 루터포드는 디모데전서 5장 17절의 주해를 가지고 그의 주장을 지지했습니다.

루터포드가 특별히 두각을 나타낸 논쟁에서 그는 거테이커가 이끄는 온건

---

73. ibid. p.75.

한 장로교인들의 반대에 부딪혔습니다. 그들은 평신도가 영적 직분에 침입해 오는 것을 우려했습니다. 이 온건한 장로교인들 속에 나이와 브리지 같은 독립교회주의자들이 뜻을 같이 했습니다.[74]

루터포드가 가장 열변을 토한 때는 스코틀랜드 장로교를 옹호할 때였습니다. 헨더슨은 모든 능력에도 불구하고 형이상학적이고 난해한 상황에서는 제대로 활약하지 못했습니다. 루터포드는 총회가 요구하는 성경적이고 교부학적이며 교리적인 증거를 제공할 수 있었습니다.

4월 16일의 가장 설득력 있는 연설에서 루터포드는 에베소 교회가 장로교 구조를 보여 주고 있다고 주장했습니다. 그는 한 도시에 많은 성도가 살고 있었지만 교회 운영 체제에 대해서는 단지 한 교회를 이루었다고 주장했습니다.

루터포드는 특히 회중의 견책 권한을 축소하는 것을 강하게 반대했습니다. 이 일에서 헨더슨이 그를 지지했습니다. 견책 권한을 반대하고 회중 장로의 권한을 부인한 몇몇 잉글랜드 장로교인의 반대에 부딪히기는 했지만,[75] 루터포드는 버로우스(Burrowes)에 반대해 예루살렘 교회의 사례를 인용하며 '장로회가 계속해서 특별한 권한으로 통치하는 것은 아니지만 가끔 통치권을 발휘한다'[76]라고 언급했습니다.

1644년 2월 26일까지 총회는 '예루살렘 교회가 한 개 이상의 회중으로 이루어져 있다'[77]는 것을 받아들이려 하고 있었습니다. 그리고 그달 28일까지

---

74. Hetherington, p.159.
75. Lighfoot, pp.255,256.
76. Gillespie, p.13.
77. *ibid*. p.29.

다양한 언어를 사용할 수 있다는 것에도 합의했습니다. 총회는 더 나아가 몇 개 회중이 한 장로회가 관할하는 구역 아래 있음을 받아들였습니다.

루터포드는 사도들이 사도가 아닌 장로로서 설교하고 세례를 베풀었다고 주장했습니다. 그는 다음과 같이 질문했습니다. "왜 그들이 장로로 다스렸다고 말할 수 없습니까?"[78] 그는 굿윈의 반대에 부딪혔습니다. 그는 사도행전 15장 1절이 예루살렘에 있는 믿는 자들이 한 장로회의 관할 구역 안에서 한 교회를 구성하고 있음을 입증하지는 않는다고 주장했습니다.

3월 13일의 논쟁에서 구지 박사는 사도행전 15장을 인용하며 영구적인 장로회 관할 구역을 4장 앞부분에서 볼 수 있고 6절에서 장로회를 볼 수 있다고 주장했습니다. 그에 대한 답변으로 독립교회주의자들은 하나님의 법이 전 세계의 모든 교회로 확대되어 예루살렘에 있는 장로들이 통제할 수 없었다고 주장했습니다.

루터포드는 다음과 같이 말함으로써 장로교 정책을 강력히 주장했습니다. (1) 교리적 능력이 교사로만 이루어진 곳에 있지 않고 장로들에게 있다. (2) 교리적 능력과 집회에서의 재판권은 같은 것이다. (3) 장로 회의가 하는 견책은 출교와 정도에서만 차이가 있다.

루터포드는 교회의 재판권을 고집스럽게 주장했습니다. 1644년 1월 31일의 출교 논쟁에서 그는 '완고하게 주장된' 구절에 반대의 목소리를 높였습니다. 그는 '그것을 충분히 확신했을 때' 라는 구절을 포함시킬 것을 고집했습니다. 그리고 '교리 문제에서 잘못을 범한 사람이 양심적으로 그것을 깨닫게 하기란 어려운 일'[79]이라고 주장했습니다.

---

78. *ibid.* p.32.
79. Minutes, p.45.

10월 20일, 콜맨은 『하나님이 부여하신 교회 운영 체제와 출교에 대한 권한』(The Divine Right of Church Government and Excommunication)에 대해 언급했습니다. 그는 루터포드가 출교당한 사람을 이교도와 선술집 주인과 같은 부류로 분류하는 것을 반대했습니다. 루터포드는 형제로서 경고를 들은 사람과 이교도나 선술집 주인과는 전혀 차이가 없다고 주장하며 자신의 주장을 옹호했습니다.[80]

장로교 원칙은 목사 안수식 논쟁에서도 문제가 되었습니다. 그 주제에 대해 앞서 있었던 논쟁은 사도의 권한에 대한 토론에서 일어났습니다. 그 토론에 루터포드도 잠시 참석했습니다. 1월 26일, 의회는 목사에 대한 긴급한 필요를 고려하여 신속하게 결정을 내릴 것을 요구했습니다.

3월 19일, 캠브리지와 다른 지역에 목사를 보내 달라는 맨체스터 백작의 호소에 총회는 교리적 문제를 뒤로 남겨 두고 목사 안수 문제에 집중하기로 했습니다. 그러나 독립교회주의자들은 그것이 미흡하나마 장로교 분열을 종식시킬 것을 두려워했기 때문에 강력하게 반대했습니다. 결국 그 제안은 2월 2일, 장로교의 더 중요한 문제가 해결될 때까지 보류하기로 했습니다.

이 논쟁에서 아볼로(고전 3:5) 같은 사람들을 회중이 없는 성직 수임 후보자로 두자는 주장이 강력히 제기되었습니다. 캘러미(Calamy)는 '목사 안수는 돌을 고리 속에 끼워 넣는 것과 같다'[81]는 루터포드의 말을 인용하며 이 주장을 강력히 반대했습니다.

루터포드는 이 논쟁에서 탁월한 역할을 했습니다. 그는 목사 선출과 목사 안수의 차이를 엄밀하게 구별하며 목사 안수를 옹호하는 주장을 했습니다.[82]

---

80. ibid. p.198.
81. ibid. p.41.

그는 목사 안수의 권한이 설교하는 장로에게만 있지 않고 전체 장로회에 있다고 믿었습니다.[82] 루터포드는 장로교인으로서 목사 안수에 대한 회중의 권한을 반대했습니다. 그는 5월 8일의 회의에서 반대 의사를 표했습니다.

루터포드는 목사를 선택하는 회중의 권한을 주장한 사람으로 그 누구보다도 유명합니다. 1644년 3월 18일의 목사 안수에 대한 논쟁에서 그는 '성경이 끊임없이 목사의 선택권을 사람들에게 주고 있다. 선출 행위는 사람들에게 있다. 그리고 그들의 선택을 조정하고 교정하는 것은 장로회에 있다'[84]라고 선언했습니다.

이것은 1843년, 스코틀랜드 교회 분열의 시기에 분리 교회 신도들이 내세우며 싸운 원칙이었습니다. 그들은 '회중이 어떤 사람이 목사로 임명되는 것을 반대하는 정당한 이유를 보여 준다면 그는 그 회중의 목사로 안수 받을 수 없다'[85]라는 총회의 결정에 대해 그들의 입장을 고수했습니다. 이렇게 해서 성도의 동의가 없는 목사 임명은 웨스트민스터 총회에서 거부하게 되었습니다.

루터포드는 또한 교리 문답서의 편찬에서도 주도적인 역할을 했습니다. 앤워스에서 목사로 지냈던 그의 경험이 말할 수 없이 중요한 역할을 했습니다. 잉글랜드에서는 다양한 교리 문답을 사용하고 있었던 반면, 스코틀랜드에서는 칼빈과 크레이그의 교리 문답을 광범위하게 사용하고 있었습니다.

그러나 1630년 무렵 교리 문답의 공급이 제한되었습니다. 루터포드는 어

---

82. *ibid.* p.41.
83. *ibid.* p.48.
84. Hetherington, p.171; *vide* also Lightfoot, p.231.
85. Lightfoot, pp.230-233.

쩔 수 없이 직접 교리 문답을 편찬해야 했습니다. 공식 예배를 위한 지침서를 위한 위원단이 임명되었을 때 직접 교리 문답을 편찬한 허버트 팔머에게 회의를 위한 교리 문답을 편찬하는 일이 맡겨졌습니다.

팔머가 편찬한 교리 문답을 제출하면서 논의가 시작되었습니다. 그러나 그의 교리 문답은 받아들여지지 않았습니다. 그러자 스코틀랜드인들은 자신들이 고안한 교리 문답을 공급할 기회라고 여겼습니다. 루터포드의 교리 문답은 웨스트민스터 회의에 호소하기에는 지나치게 스코틀랜드적인 분위기를 풍겼습니다.

팔머 위원단의 보고서는 1645년 5월 13일에 제출되었습니다. 그것은 대략적인 교리 문답을 담고 있었습니다. 그러나 장기간의 논쟁 때문에 1646년 12월까지 팔머의 교리 문답 가운데 겨우 4분의 1만이 받아들여졌습니다.[86] 교리 문답의 문제가 매우 복잡하게 얽혀 있었기 때문에 1647년 1월 14일까지 대요리 문답과 소요리 문답이라는 두 개의 교리 문답을 만들어 내기로 결정했습니다.

스코틀랜드인들은 교리 문답에 대한 이후의 작업에 거의 참여하지 않았습니다. 이 무렵 헨더슨이 세상을 떠났고 편찬이 시작되기 전 베일리는 스코틀랜드로 돌아갔습니다. 길레스피는 1647년 5월에 런던을 떠났습니다. 당시는 대요리 문답의 작업이 진행 중이었습니다. 그리고 루터포드는 소요리 문답이 최종적으로 제출되기 전에 고향으로 떠났습니다.

대요리 문답은 1647년 10월 15일에 완성되었습니다. 소요리 문답은 약 한 달 후인 10월 25일에 의회에 제출되었습니다. 1648년 4월 14일, 의회에 두 교리 문답 사본이 모두 제출되었습니다.

---

86. Baillie, vol.2, p.146.

사람들은 스코틀랜드인들 가운데 웨스트민스터에서 주도적인 역할을 한 사람이 헨더슨이라고 여겼습니다. 다른 위원들은 조력자의 역할로 격하되었습니다. 분명히 헨더슨은 그 팀의 지도자였습니다. 그러나 스코틀랜드 위원들은 말 그대로 한 팀이었습니다.

논쟁에서는 루터포드와 길레스피의 목소리를 헨더슨의 목소리보다 더 자주 들을 수 있었습니다. 스코틀랜드 대표단은 루터포드가 없었다면 그 영향력이 매우 약했을 것입니다. 그는 회의에서 설득력 있는 논쟁 실력을 보여 주었을 뿐만 아니라, 교회 생활의 다양한 경험과 깊이 있는 신학적 지식을 겸비한 인물이었습니다. 루터포드는 장로교의 투사였습니다.

제5장

변증자로서의 루터포드
The Apologist

　루터포드의 삶에 대해 기록하면서 그가 남긴 글을 언급하지 않는다면 그 책은 온전하다고 할 수 없을 것입니다. 사실 그는 강대상에서보다 글에서 더 강력한 영향을 미쳤습니다. 그의 평생에 열여섯 권의 책이 출간되었습니다. 그리고 여섯 권이 그의 사후에 출간되었습니다.[1] 이 작품들을 연구하며 우리는 루터포드를 신학자, 장로교 지도자, 정치 철학자, 서신가로 만나게 될 것입니다.

†신학자

　사람들은 루터포드를 위대한 신학자로 보지 않을지도 모릅니다. 또한 그

---

1. *vide* Bibliography of Rutherford's works.

를 탁월한 성경 해석자로 생각하지 않을지도 모릅니다. 그가 비록 뛰어난 성경 해석자로서 본질적인 재능, 즉 지적인 영민함과 고대 언어에 대한 해박한 지식, 예시(例示)에 대한 탁월한 능력을 갖고 있었지만 말입니다.

그는 신학을 해석하는 것보다는 체계화하는 능력을 갖고 있었습니다. 그가 연구한 신학은 그의 사후에도 200년 동안이나 인정받는 신학 체계를 남겨 놓았습니다. 그의 명성은 영국 전역에서뿐만 아니라 유럽 대륙에도 널리 퍼졌습니다. 하더빅(Haderwyck · 1648)과 유트레히트(Utrecht · 1651)에서 석좌 교수로 초빙할 정도로 특별히 네덜란드에서 그의 명성은 자자했습니다. 그들은 루터포드를 아르미니우스설에 대응는 칼빈주의의 지도자로 여겼습니다.

루터포드를 신학자로서 명성을 얻게 해 준 능력은 라틴어로 된 세 권의 책에서 분명히 찾을 수 있습니다. 1668년에 유트레히트에서 니데누스(Nethenus)가 사후에 출간한 『하나님의 은혜에 대한 변호』(*Exercitationes Apologeticae pro Divina Gratia* · 1636), 『하나님의 섭리에 대한 신학 논쟁』(*Disputatio Scholastica de Divina Providentia* · 1650), 『아르미니우스설에 대한 비평적 연구』(*Examen Arminianismi*)가 바로 그것입니다. 이 세 편의 신학 서적들 가운데 특히 첫 번째 책은 그의 논쟁 능력을 가장 잘 보여 줍니다.

이 특별한 책을 집필하기에 앞서 루터포드는 윌리엄 트위스의 책 두 권을 읽었습니다. 1631년에 출간되었던 아르미니우스설에 대한 피터보로(Peterborough) 학장의 논문에 대해 비평한 『잭슨 박사의 허영』(*Dr. Jackson's Vanity*)과 1632년에 출간된 500쪽의 『하나님의 섭리를 향한 은혜에의 요구(법적 정당성)』(*Vindiciae Gratiae Potestatis ac Providentiae Dei*)가 그것입니다. 트위스는 루터포드에게 잉글랜드의 극단적인 칼빈주의를 전해 주었습니다. 그리고 그는 그것을 스코틀랜드에 보급시켰습니다.

루터포드의 『토론』(Disputatio)은 세인트 메리(St. Mary)의 학생들에게 전한 강의 자료로 출간을 신중하게 준비했던 것으로 보입니다. 그것은 주로 인간의 죄와 관련하여 하나님의 뜻을 다룬 것으로 매우 형이상학적인 글입니다. 그 책은 다른 어떤 것보다도 루터포드의 학문의 폭을 보여 줍니다. 그는 그 책에서 믿음의 선조들에서부터 종교 개혁자들에 이르기까지 폭 넓은 인용을 하고 있습니다.

『아르미니우스설에 대한 비평적 연구』는 매우 수준 높은 책입니다. 제목이 말해 주듯이 그것은 아르미니우스설에 대한 고찰로, 루터포드 자신의 신학적 믿음을 정연하게 언급한 책입니다. 원고는 루터포드의 서기인 엠워드가 네덜란드로 가지고 갔습니다. 그는 그것을 숙독할 수 있도록 니데누스에게 넘겨 주었습니다.

니데누스는 루터포드의 학생 가운데 한 사람인 로버트 트레일(Robert Trail)의 도움으로 원고를 교정했습니다. 그는 그것을 학생들의 기록과 비교하며 주의 깊게 검토했습니다. 아마도 그 속에는 트레일 자신의 기록도 있었을 것입니다. 그는 분리파 교회 신도에 대한 지엽적인 부분과 더불어 관계없는 자료들을 삭제하고 각 장의 제목을 재고하는 형식을 취했습니다.

니데누스는 이 글에 서문을 덧붙였습니다. 『아르미니우스설에 대한 비평적 연구』에서 루터포드는 보에티우스, 에세니우스, 니데누스[2]와 같은 네덜란

---

2. 기즈베르트 보에티우스(Gisbert Voetius, 1589-1676). 유트레히트에 있는 신학교 교수였습니다. 그는 개혁 신앙과 실천 신학의 발전에 주된 영향을 미쳤습니다.
안드레아스 에세니우스(Andreas Essenius, 1618-1677). 보에티우스의 학생이자 유트레히트의 교수였습니다.
마티아스 니데누스(Mathias Nethenus, 1618-1686). 유트레히트의 교수였습니다. 그는 네덜란드

드 신학자들이 공식화한 자신의 타죄 이전설의 입장을 설명했습니다.

1655년에 루터포드는 『은혜로운 삶의 영향력』(Influence of the Life of Grace)에 곧바로 이어 『열린 생명의 언약』(The Covenant of Life Opened)을 출간했습니다. 두 책 모두 말년에 저항자들과 논쟁하는 가운데 집필한 것이었습니다.

루터포드는 자신의 관심을 하나님의 은혜에 대한 숙고로 돌림으로써 모든 공격을 피하는 은신처를 구했던 것 같습니다. 『열린 생명의 언약』은 은혜에 대한 매우 인기 있는 주해서입니다. 칼빈을 다양하게 인용함으로써 루터포드는 자신이 제네바의 종교 개혁자에게 의존하고 있음을 드러냈습니다.

1659년 런던에서 출간된 『은혜로운 삶의 영향력』에서 루터포드는 믿는 자의 삶에 임하는 바 저항할 수 없는 은혜의 능력을 강조했습니다. 그것은 온전히 산문만으로 된 책입니다. 전문 용어를 많이 사용하기는 했지만 그 책은 루터포드의 영적 순례를 잘 반영하고 있습니다.

영어로 된 책인 『죽음 속에서 죄인들을 이끄시는 그리스도』(Christ Dying and Drawing Sinners to Himself)는 원래 그가 런던에 거주하는 동안 요한복음 12장 27-33절을 본문으로 전한 설교였습니다. 1647년에 그는 이 설교문을 모아 설교 논문으로 정리했습니다. 그리고 당시 쟁점이 되고 있는 주제들을 조금씩 담아 「시대의 잡다한 여담」(Sundry digressions of the Times)이라는 제목의 논문을 덧붙였습니다.

보나르가 '진리와 기도의 능력과 보급'(The Power and Prevalency of Truth and Prayer)[3]이라고 잘못 부른 『믿음과 기도의 능력과 권세』(The

---

의 신학적 논쟁에서 보에티우스의 지지자였습니다.

3. vide Bibliography of Rutherford's sermons.

Power and Prevalency of Faith and Prayer)는 마태복음 9장 27-31절에 기초를 두고 있습니다. 그 책은 오질비(D. Ogilvie)가 앨런 로건(Allan Logan)의 서문과 함께 에딘버러에서 1713년에 발견한 것입니다.

그 책과 함께 『영국과 아일랜드의 종교 개혁에 대해 루터포드 목사가 남긴 간증』(A Testimony left by Mr. Rutherford to the work of the Reformation in Britain and Ireland before his death with some of his last words)이 처음으로 인쇄되었습니다. 이 간증문에 대한 첫 번째 언급은 존 커리(John Currie)의 『분리 독립론에 대한 평론』(Essay on Separation)[4]에서 찾아볼 수 있습니다. 윌리엄 윌슨(William Wilson)은 그의 『종교 개혁의 원칙에 대한 옹호』(Defence of Reformation Principles · 1739)에서 그것이 루터포드의 글이 아니며 그 주장을 받아들일 수 없다고 주장했습니다. 이 간증문은 루터포드의 문체나 그의 언어와는 사뭇 다릅니다. 원고는 루터포드의 손녀가 보내왔습니다. 그리고 그 원고의 뒷부분은 엠워드의 『다시 살아난 여호수아』(Joshua Redivivus)에서 발견되었습니다.

루터포드가 그의 책에서 폭넓게, 그리고 많은 것을 인용했지만 그의 최고 권위는 하나님의 말씀이었습니다.[5] 그는 인간의 불완전함과 하나님에 대한 무지함 때문에 성경을 통한 조명과 계시가 필요하다고 주장했습니다. 루터포드는 근본적인 교리의 명확한 규정을 위해 우리가 의지해야 하는 것은 바로 성경이라고 주장했습니다. 그에게 구약과 신약은 모두 영감을 받아 기록된 하나님의 말씀이었습니다.

---

4. 존 커리(1679?-1765). 킹글레시의 목사였습니다. 그는 1733년에 스코틀랜드 교회를 떠난 분리 교회 신도들과 함께 논쟁에 참여했습니다.
5. A Free Disputation against Pretended Liberty of Conscience, p.370(hereafter, Free Dis).

『아르미니우스설에 대한 비평적 연구』에서 루터포드는 말씀과 영 사이의 관계를 논증했습니다. 루터포드는 '내면의 빛'이라는 이론과 함께 조지 폭스(George Fox)의 신비주의와 에피스코피우스[6]의 이성주의를 모두 거부했습니다. 그는 '하나님의 말씀에 대한 인식적 추적과 판단의 죄'(sentire et judicare de verbo Dei est peccatum)[7]를 이해하는 데 있어서 초자연적 필요성을 부인했습니다.

하나님에 대한 교리에서 루터포드는 그 시대의 정통 신앙을 주장했습니다. 비록 그가 칼빈과는 강조하는 면에서 달랐지만 그것은 사상적으로는 칼빈주의였습니다. 칼빈과는 달리 그의 접근은 교리적이라기보다는 추론적이었습니다. 루터포드는 하나님의 삼위 일체를 열렬히 주장하며 보스티우스(Vorstius)와, 나중에는 아르미니우스설 신봉자들을 삼위일체론자로 여겼습니다.[8]

루터포드에게 하나님에 대한 모든 신학의 근거는 하나님의 뜻이 절대적으로 자유하다는 믿음이었습니다. 그는 심지어 하나님은 그분의 본질에 의해서도 제한받지 않는다고 주장했습니다. 하나님은 법이 없이 계시는 분은 아니지만 결코 법에 의해 제한받는 분도 아니라는 말입니다.

루터포드는 인간의 자유를 부인하며 그것도 하나님의 것임을 인정했습니다.[9] 이것은 그에게 그가 믿는 하나님이 전제군주(專制君主)라는 비난을 받

---

6. 에피스코피우스(Episcopius)는 사이먼 비스콥(Simon Bischop, 1583-1643)의 다른 이름입니다. 1619년, 도르트(Dort) 교회 회의에서 출교당한 아르미니우스주의 신학자였습니다. 이 네덜란드 개혁 교회의 교회 회의는 구원에 대해 항변파들의 아르미니우스주의적 관점에 반대하는 칼빈주의적 이해를 확인했습니다.

7. *Examen Arminianismi*, p.130(hereafter, *Examen*).

8. *ibid.* pp.148,149.

게 했습니다.

루터포드에 의하면, 하나님의 동기는 그분의 선언적인 영광이었습니다.

창조는 그분의 능력과 진노와 정의의 선언이었습니다.

구속은 그분의 사랑의 계시였습니다.

오직 은혜만이 그분이 전제군주가 되지 않게 막아 주는 유일한 방편이었습니다.

그는 하나님만이 '그분의 원하시는 것을 거룩하고 지혜로우며, 가장 자유롭게 행하실 수 있는 분' 이라고 선언합니다.[10]

루터포드는 하나님의 초월성을 강조하면서도 하나님의 내재성의 교리를 거부하지 않았습니다. 그에게 있어서의 내재성은 본래의 법을 통해 하나님의 능력이 기계적으로 작동하는 것이 아니었습니다. 그의 주장에는 우연이나 충동을 생각할 여지가 없었습니다. 심지어 그는 하나님이 인간의 죄된 행동과 관련이 있다고 주장하는 데까지 나갔습니다. 그러면서 동시 작용이 육체적인 것이지 도덕적인 것이 아니라고 주장함으로써 자신의 딜레마에서 빠져 나옵니다.[11]

루터포드는 하나님을 죄의 주인으로 만드는 '타죄 이전설' 의 경향을 피하려고 했습니다. 그런 주장은 그에게는 혐오스런 것이었습니다. 그래서 그는 인간의 의지와 하나님의 의지 사이의 갈등에서 빚어진 도덕적 분열이라는, 죄에 대해 전통적인 어거스틴의 개념을 채택했습니다.

루터포드의 죄에 대한 교리를 제대로 이해하기 위해서는 '타락' 에 대한 그

---

9. *The Covenant of Life Opened*, pp.31 and 34 (hereafter, Covenant).
10. *Influences of the Life of Grace*, pp.34,35(hereafter, Influences).
11. *ibid*. p.40.

의 개념을 살펴볼 필요가 있습니다. 여기에서 그는 교만이 아닌 탐욕이 아담이 죄를 범한 주된 이유라고 주장한다는 점에서 전통적인 칼빈주의와 함께하고 있습니다. 루터포드에게 있어서의 아담은 타락 이전에 불멸의 존재도, 죽을 수밖에 없는 존재도 아니었습니다. 죽음과 불멸은 죄의 결과이기 때문입니다.

타락 후에 모든 인간은 하나님의 심판 아래 놓이게 되었습니다. 인간은 하나님을 구하는 눈먼 본능을 갖게 되지만 그분을 찾을 수 있는 능력은 상실했습니다. 반대로 아르미니우스는 타락한 인간을 선이나 악을 행할 수 있는 능력과 함께 믿을 수 있는 능력을 가진 존재로 보았습니다. 그러나 인간의 의지가 선을 행하기 위해서는 초자연적 도움이 필요하게 되었습니다. 루터포드는 만약 인간이 자신의 의지로 하나님을 붙잡을 수 있다면, 은혜는 불필요하다고 말했습니다.

아르미니우스 신봉자들은 인간의 의지를 도와주는 초자연적 능력이 선(先) 은혜라고 주장했습니다. 그들은 그것이 세상에 죄악이 들어온 후에 하나님이 모든 것에 베풀어 주신 공통된 은혜의 한 면이라고 주장했습니다. 그러나 그것은 도르트(Dort) 교회 회의에서 부인한 교리였습니다. 이 공통 은혜의 개념은 루터포드로서는 전혀 받아들일 수 없는 주장이었습니다.[12]

루터포드는 마찬가지로 은혜가 기도에 대한 응답으로 회심 전에 매개체로 오는 것이라는 가르침을 거부했습니다. 어떤 타락한 인간도 그런 은혜를 달라고 기도할 수 없다는 것이 이유였습니다. 그는 어떤 사람이 회심 전에 할 수 있는 일은 고작 마음과 삶의 변화를 위해 외적으로 준비하는 것이 전부라고 말했습니다.

---

12. *Examen*, p.335.

루터포드에게 있어서의 은혜는 배타적으로 선택받은 자에게만 속한 저항할 수 없는 선물이었습니다. 인간은 수동적으로 그것을 받아들이는 것이 아니라 그것을 받아들이는 길에 자신을 놓음으로써 능동적으로 협력하는 공동 행위입니다.13

아르미니우스 신봉자들에게 은혜는 단지 도덕적인 설득에 불과했습니다. 그들은 인간의 의지로 얼마든지 그것에 저항할 수 있다고 주장했습니다.

우리는 루터포드가 회심 전뿐만 아니라 은혜 아래 있는 인간의 자유 의지도 부인했다는 인상을 받습니다. 비록 『영향』에서 그가 회심한 자의 의지를 선한 것으로 평가하고 있지만 그는 다음과 같이 썼습니다. "선포되는 복음을 부지런히 구하고 듣는 것에 아무 유익이 없다고 해도 그것에 가까이 있는 것은 좋을 일이다."14

17세기의 칼빈주의는 1610년 네덜란드가 진정서를 선포하자 크게 방해를 받았습니다. 그것은 선택을 강조하면서도 그리스도께서 모든 사람을 위해 죽으셨다15고 선포함으로써 아르미니우스설의 색깔을 강하게 풍겼습니다.

루터포드는 그리스도께서 선택받은 자들만을 위해 죽으셨다고 주장했습니다. 그것은 리차드 백스터16와 아미러트(Amyraut)의 가르침과 상당히 모순되는 주장이었습니다. "하나님은 모든 사람을 구원할 의도가 없으시다"라

---

13. *Influences*, p.32.
14. *ibid*. p.141.
15. *Covenant*, p.286.
16. 리차드 백스터(Richard Baxter, 1615-1691). 키더민스터(Kidderminster)의 영국 국교회 목사로 그리스도가 모든 사람을 위해 죽으셨다는 관점을 주장했습니다. 그것은 소뮈르(Soumur)의 모이즈 아미러트(Moïse Amyraut)의 관점과 같았습니다. 또한 백스터는 의롭다 하심을 얻기 위해 믿는 자들에게 전가된 그리스도의 의가 그들의 복음주의적인 의로 보완되어야 한다고 주장했습니다.

고 루터포드는 『언약』에서 썼습니다. "그분께서 믿는 모든 사람이 구원을 얻을 것이라고 말씀하시지만 그 말이 모든 사람을 위해 그리스도께서 죽으셨다는 뜻은 아니다."[17]

17세기 초의 스코틀랜드의 선택 교리는 후정론자(後定論者)의 교리였습니다. 즉 예정이 '타락' 이후에 정해졌다는 주장입니다. 루터포드는 웨스트민스터 회의에서 주장된 선택 이론을 주저 없이 거부했습니다. 그는 타죄 이전설 주장자였습니다. 그는 하나님의 율례를 다양화시킨 온건파 칼빈주의의 후정론에 반대했습니다.

루터포드의 신학적 입장은 하나님의 의지에 대한 교리에서 비롯되었습니다. '하나님이 예지하신 것을 의지를 가지고 이루어 가신다' 는 것이 그의 교리였습니다. 이것은 믿음이 예정의 이유가 아니라[18] 결과이기 때문에 예정이 믿음에 따라 조건적일 수 없다는 뜻이었습니다. 루터포드는 믿게 될 모든 사람을 수용하는 일반 선택의 교리를 거부했습니다.[19] 아르미니우스설을 반대하는 그에게 예정은 영원 속에서 일어나는 하나님의 행위였습니다. 심지어 그는 믿는 자가 그리스도의 공로를 입는 것보다 선택이 선행하기 때문에 선택이 은혜가 아니라 영광에 속한 것이고 따라서 선택이 그리스도의 공로의 결과가 아니라고 주장하기까지 했습니다.[20]

선택에 대한 루터포드의 교리는 극단적인 칼빈주의자를 제외한 모든 사람에게 엄격하고 극단적으로 보일지 모릅니다. 그러나 영벌에 대한 그의 관점

---

17. *ibid.* p.241.
18. *Examen*, p.265.
19. *ibid.*
20. *ibid.*

은 더욱 엄격하게 보입니다. 루터포드에게는 선택이 창조보다 앞서듯이 거부도 창조보다 앞섭니다.

그는 죄가 거부의 원인이 아니라고 주장했습니다. 그리고 어떤 경우에도 하나님이 영벌 받을 자들을 거부하신 것을 정당화할 필요는 없다고 말했습니다. 하나님의 거부는 헤아릴 수 없는 지혜의 행위입니다. 하나님은 자기의 피조물에게 스스로를 정당화할 의무가 없으십니다. 루터포드는 영벌이 은혜의 부인이라고 언급함으로써 하나님이 인간의 죄에 대해 책임이 없다고 주장했습니다.

예정론과 선택론에 대한 루터포드의 교리에는 가혹한 운명론이 있습니다. 그의 교리는 선택받은 자들과 영원한 형벌을 받을 자들이 결정되어 있을 뿐만 아니라 그들의 행위가 '확정되어 있기에 인간의 모든 행위는 확실하고 분명한 성격이 있고, 그것은 부수적'(Quia absolute decrevit omnes actus contingentes ut probatum est)[21]이라고 주장할 정도로 극단적입니다.

언약도에 대해 루터포드는 공로의 언약과 은혜의 언약을 구별하는 보편적인 입장을 따랐습니다. 그러나 루터포드는 후자를 세 부분으로 세분화합니다. 아담의 언약에서 그는 순종을 조건으로 한 영생의 언약을 보았습니다. 그러나 언약 아래 있는 인간은 자신이 소유하고 있던 일체의 권한을 죄로 인해 박탈당했습니다. 그래서 인간은 하나님의 값없는 은혜에 의지하게 되었습니다.[22]

은혜의 교리를 다루면서 루터포드는 하나님과 그리스도 사이의 언약과 하나님과 그리스도 안에 있는 인간 사이의 화목의 언약을 구별했습니다. 그는

---

21. *ibid*. p.282.
22. *Covenant*, p.314.

중재자로서의 그리스도가 성부보다 결코 열등한 존재가 아니라고 주장했습니다. '그리스도 죽음의 충분성은 그분의 인성의 무한함에 달려 있다'는 주장입니다.[23]

화목의 언약을 설명하며 루터포드는 '누구든지 구원하는' 복음의 문제에 직면했습니다. 딜레마에서 벗어나기 위해 그는 그 호소가 보편적이지만 오직 선택받은 자들만이 믿게 된다는 오랜 논쟁에 의지했습니다. 그는 하나님의 정의가 그것을 명하고 정한다고 주장했습니다.

그리스도의 죽음이 '모든 이들에게 충분(sufficienter pro omnibus)하다'는 도르트 교회 회의의 주장은 루터포드에게는 우스울 뿐만 아니라 위험하게 보였습니다. 루터포드는 그리스도께서 택하신 자들만을 위해 죽으셨다고 주장했습니다. 영벌을 받아야 할 자들은 그리스도의 죽음으로 인한 그 어떤 은택의 복도 누릴 수 없다는 것입니다.[24]

신학자 루터포드는 설교자 루터포드와 상충되는 것처럼 보입니다. 어떤 설교자나 저자도 은혜에 대해 루터포드보다 더 열렬하게 말하거나 글로 쓸 수 없었습니다. 그의 마음 안에서 은혜는 그의 신학적 논리가 배제하는 사람들을 끌어안았습니다. "우리가 그리스도께서 받아 주시는 사람들을 얼마나 많이 버림받게 했는가?"라고 그는 묻습니다.[25]

루터포드는 보편 구제설을 거부했지만 선택받은 자들을 위한 대속의 온전함을 강조하는 데는 적극적이었습니다. 십자가는 아르미니우스설 신봉자들이 가르쳤듯이 화목을 가져왔을 뿐만 아니라, 하나님이 인간에게 다가올 수

---

23. *ibid.* p.239.
24. *ibid.* p.288.
25. *Influences*, p.235.

있고 그리스도를 통해 죄가 용서되며, 하나님의 의로움이 입증되고 믿는 자에게 그리스도의 의가 전가될 수 있음을 의미했습니다.26

루터포드에게 있어서의 칭의는 선택설과 마찬가지로 하나님의 값없이 주시는 은혜의 주권적인 행위였습니다.27 그의 책 『열린 생명의 언약』에서 그는 회개와 공로가 칭의보다 선행(先行)한다고 주장한 백스터의 관점을 받아들이는 것을 경고했습니다.28

루터포드는 인간이 그의 믿음 때문이 아니라 믿음으로 말미암아 의롭다 칭함을 받는다고 지적했습니다. 그는 "믿음은 죄 사함과 영생을 가져오는 공로가 아니다"29라고 못 박았습니다. 또한 그것은 구원에서 하나님의 복을 측량할 수 있는 잣대도 아닙니다. '작은 손가락을 지닌 작은 손도 커다란 천국을 받을 수 있고 크신 구주를 붙잡을 수 있기 때문'30이라고 그는 말합니다.

그리스도의 공로는 아르미니우스설 신봉자들이 가르쳤듯이 인간의 공로를 허용하지 않습니다. '하나님이 우리를 사랑하셨기 때문에 육신으로 오신 자신의 아들을 우리를 대신해서 죽게 하셨기 때문입니다.' 31

성도들의 견인에 대한 루터포드의 가르침은 하나님의 선택과 거부할 수 없는 은혜에 대한 칼빈주의적인 믿음에서 비롯되었습니다. 루터포드는 성도들이 결코 영광에서 떨어질 수 없다고 믿었습니다. 만일 그들이 떨어진다면

---

26. *Covenant*, p.182.
27. *ibid.* p.12.
28. *ibid.* pp.346,347.
29. *ibid.* p.233.
30. *vide* Bibliography, *Power and Prevalency of Faith and Prayer Evidenced*, p.92, also *Covenant*, p.202.
31. *Covenant*, p.231.

하나님이 실패하신 것이고 그것은 십자가가 아무런 효과가 없는 것이기 때문입니다.[32] 확신의 교리는 견인의 교리와 관련되어 있습니다. 이것은 또한 선택에 대한 믿음에서 나온 것입니다. 확신을 소유한 자들이 선택받은 자들이기 때문입니다.[33]

믿음 자체가 확신을 수반하고 확신은 마음과 의지, 지성, 애정과 관계된 것입니다. 시련 속의 평안과 영광, 사랑의 마음처럼 구원의 결과로 나온 축복도 성령의 증거와 더불어 확신을 가져다줍니다.

†장로교 지도자

루터포드는 웨스트민스터에서 장로교주의를 위해 싸운 투사였을 뿐만 아니라 논문을 통해 오랫동안 변하지 않는 원칙들을 정립한 사람이었습니다. 그는 데이비드 캘더우드(David Calderwood)[34]보다 그에 대한 권리를 더 많이 갖고 있습니다. 16세기에 앤드류 멜빌이 중요한 기본 원칙들을 세워 놓았다면, 루터포드는 17세기에 그것을 정부 체제로 조직화했습니다. 루터포드의 교회관은 한 편으로는 감독 제도를 거부한 것으로, 다른 한 편으로는 독립교회주의를 반대한 것으로 알 수 있습니다.

『하나님이 부여하신 교회 운영 체제와 출교에 대한 권한』(*The Divine Right of Church Government and Excommunication*)에서 루터포드는

---

32. *ibid.* p.561.
33. *ibid.* p.639.
34. 데이비드 캘더우드(David Calderwood, 1575-1650). 스코틀랜드 신학자이자 교회 역사가입니다.
35. 토마스 후커(Thomas Hooker, 1586-1647). 잉글랜드의 청교도로 뉴잉글랜드로 이민하여 조합

토마스 후커(Thomas Hooker)와 윌리엄 프린(William Prynne)[35]에게 의지하는 것을 반박했습니다. 그는 하나님이 논리적으로 추론할 여지를 남겼다는 것은 상상할 수도 없다고 단언했습니다.[36] 『장로교의 정당한 권한』(The Due Right of Presbyteries)에서 그는 교회의 법령과 조직, 체계적인 정부의 필요성을 숙고하며 후커의 『교회의 길과 뉴잉글랜드의 그리스도』(Way of the Church and Christ in New England)와 로빈슨의 『구별됨의 칭의』(Justification of Separation)에 답변했습니다.

『장로교의 정당한 권한』는 주로 웨스트민스터 회의에서 다루어진 논쟁에 대한 루터포드의 답변이었습니다. 사실 그는 논쟁이 한창이었을 때 그 책을 집필했습니다. 일부 단락은(144쪽에서부터 174쪽까지) 1643년 11월과 12월에 일어난 논쟁을 들은 후 본문에 삽입했습니다. 289쪽에서부터 484쪽까지도 루터포드가 회의에서 들은 것을 토대로 덧붙인 것으로 추정합니다. 베일리가 그 책을 가리켜서 '매일 증보한 책'이라고 쓴 것도 바로 이런 이유 때문입니다.[37]

교회주의를 옹호하는 글을 썼습니다.
윌리엄 프린(William Prynne, 1600-1669). 장로교 신학자이자 의회 의원으로 에라스투스설의 관점을 주장했습니다.
36. 참고 문헌 『하나님이 부여하신 교회 운영 체제와 출교에 대한 권한』(The Divine Right of Government and Excommunication) 혹은 『교회 의식과 교회 운영 체제에 있어서 성경의 완벽함에 대한 평화로운 논쟁』(A Peaceable Dispute for the Perfection of the Holy Scripture in Point of Ceremonies and Church Government)을 참조. 이 책은 출교를 반대하는 에라스투스의 여섯 권의 책을 그의 비난을 반대하는 베자(Beza)의 주장과 함께 간략히 살펴보고 있습니다. 또한 신앙 문제에 있어서 행정관의 합당하고 정당한 권한, 에라스투스의 의견과 동의하는 부분에 대한 프린(Prynne)의 주장을 논의하고 있습니다. 여기에 '추문에 대한 짧은 평론'(A brief Tractate of Scandal)이 덧붙여져 있습니다.
37. Baillie, vol.2, p.159.

교회에 대한 교리에서 루터포드는 눈에 보이는 교회와 보이지 않는 교회를 구별했습니다. 그는 눈에 보이는 교회가 그리스도에 대한 믿음을 고백하는 모든 사람으로 이루어져 있다고 믿었습니다. 그는 그런 교회는 사도 시대 이후로 계속해서 존재해 왔다고 주장했습니다. 중세 시대에조차도 가톨릭의 부패함 속에서 눈에 보이는 진정한 교회가 있었습니다.

대부분의 사람에게 믿음이 가르침에 대한 단순한 동의에 불과했지만, 루터포드에게는 그리스도에 대한 개인적인 헌신이었습니다. 그는 눈에 보이지 않는 교회가 그리스도를 머리로 하여 택함받은 사람들로 이루어진 진정한 교회임을 분명히 했습니다. 눈에 보이는 교회에 대한 그의 교리 때문에 그는 독립교회주의자들과 충돌을 빚어야 했습니다.

루터포드는 믿음에 대한 고백과 진정한 회심을 구별했습니다. 그는 독립교회주의자들이 단순히 신앙을 고백한 자들을 진정한 성도라고 주장한다고 말했습니다. 루터포드는 신앙을 고백한 그리스도인들을 진정한 그리스도인으로 만드는 것이야말로 교회의 임무라고 주장했습니다. 그래서 루터포드는 성도다움의 중용을 호소했습니다.

그는 독립교회주의자들의 주장을 거부했습니다. 그리고 동시에 감독제주의자들이 행한 신앙 고백 방식도 거부했습니다. 교회 입교인 후보자들은 정직한 신앙 고백을 해야 했습니다. 그리스도에 대한 충성과 진지한 추구가 신앙 고백을 뒤따라야 했습니다. 교회는 성도들의 집합체가 아니라 열망하는 자들이 모인 곳입니다.

교회와 국가와의 관계는 주로 교회의 개념을 어떻게 주장하느냐에 따라 정해집니다. 그것은 어느 시대에나 핵심적인 문제입니다. 그리고 특히 17세기에는 더욱 그러했습니다. 루터포드는 모든 형태의 에라스투스설(종교는 국가에 종속되어야 한다는 설)을 강력히 반대했습니다. 그것은 어떤 식으로

든 교회의 영적 독립성을 손상시키는 주장이었습니다.

교회의 문제에 대한 세속적 간섭은 그에게 참을 수 없는 분노를 불러일으켰습니다. 그는 그러한 마음을 『평화스런 탄원』(Peaceable Plea), 『장로교의 정당한 권한』(The Due Right of Presbyteries), 그리고 『하나님이 부여하신 교회 운영 체제의 권한에 대한』(The Divine Right of Church Government)에서 표현했습니다.

루터포드는 수출입의 규제와 환율 조정 같은 경제 문제는 교회가 아닌 국가의 책임이라고 믿었습니다. 그러나 아가일(Argyll)과 같은 침체된 지역의 구제를 의회에 탄원하는 것은 교회의 몫이었습니다. 군사적 문제에 개입하는 것이 교회의 일은 아니었지만 가혹한 경제 입법을 반대하는 탄원과 종교적, 국가적 명분을 위해 무장 반역에 참여하는 것은 허용이 되었습니다.

루터포드는 그리스도께서 '정부에 가장 적합한 교회 운영 체제나 훈육의 조직을 선택할 자유를 행정관이나 교회에 남겨 두지 않으셨다'[38]고 결론 내렸습니다. 에라스투스의 가르침을 반박하며 루터포드는 국가에게 두 가지 의무가 있다고 지적했습니다. 하나는 사람들로 하여금 선을 행하도록 지도하는 것이고 다른 하나는 악을 행하는 사람에게 형벌을 주는 의무입니다.[39]

루터포드는 또한 교회에도 두 가지 의무가 있다고 믿었습니다. 그러나 그것은 국가의 의무와는 완전히 다른 것입니다. 첫째이자 가장 중요한 의무는 말씀을 선포하는 것입니다. 두 번째 의무는 설득을 통해서뿐만 아니라 교회 통제라는 명확한 행위를 통해 교회의 규율을 가르치고 행사하는 것입니다.

교회와 국가의 문제는 출교에 대한 논쟁에서 두드러졌습니다. 에라스투스

---

38. D.R.E., p.1.
39. ibid. pp.202-502.

는 출교의 권한을 일반 행정관에게 부여해야 한다고 강하게 주장했습니다. 그것이 어떤 교회 법정보다도 더 공정할 수 있다는 것이 그 이유였습니다.

반대로 루터포드는 출교를 순전히 교회 문제로 보았습니다. 그는 출교가 천국에서 사람들을 배제하는 것도, 그들을 눈에 보이지 않는 지체에서 분리시키는 것도 아니라고 주장했습니다.[40] 대신 그것이 '성령의 영향이라는 진정한 내적 감독'[41]과 관련된 것이라고 주장했습니다.

루터포드는 출교가 죄를 지은 사람을 도덕적으로 더욱 악화되도록 사탄에게 넘겨주는 것을 의미한다는 개념을 거부했습니다. 오히려 그는 '그의 영이 구원을 얻기 위해 부드러워지는'[42] 결과를 가져온다고 주장했습니다.

에라스투스(Erastus)에게 보낸 답변에서 루터포드는 훈육과 교리를 구별하지 않았습니다. 목사가 세속적으로 행정관에게 예속되어 있지만 행정 장관도 그리스도인으로서 목사에게 예속되어 있습니다. 그러나 만일 훈육이 개인적인 것이 아니라면 그 권한을 행정관에게 부여해야 한다는 에라스투스의 믿음에도 타당한 근거가 있다고 할 수 있습니다. 루터포드는 행정관과 목사 사이에 조화로운 관계가 있어야 한다고 믿었습니다. 그리고 그것을 '교회와 행정관 사이의 예속의 교환, 일종의 평행하고 독립적인 최고 권력'[43]이라고 묘사했습니다.

루터포드에게 교회 문제를 교회 법정이 아닌 행정관에게 호소한다는 것은 용납할 수 없는 것이었습니다. 그러나 다만 행정관이 결정이 아닌 심리 과정

---

40. *ibid.* p.261.
41. *ibid.* p.262.
42. *ibid.* p.267.
43. *ibid.* p.560.

에서 판단을 내릴 수는 있다고 믿었습니다.

프린에게 답변을 하며 『하나님이 부여하신 교회 운영 체제와 출교에 대한 권한』 3부에서 루터포드는 정치적 에라스투스주의와 교회에서의 에라스투스주의를 구별했습니다. 루터포드는 행정관의 의무가 하나님의 말씀을 전하고 성찬식과 훈육을 할 설교자와 교회 직분자들을 확보하는 것이라고 주장했습니다. 그러나 교회만이 그들의 능력과 신실함을 판단할 수 있는 유일한 곳이라고 그는 주장했습니다.

행정관은 루터포드에 의하면 목사의 보수를 공급할 책임이 있었습니다. 그러나 그에게 그들의 임금을 정지시키고 압류할 권한은 없습니다. 그가 잘못된 교리를 전하는 설교자들을 벌할 수는 있지만, 무엇이 잘못된 가르침인지를 결정할 위치에 있지는 않습니다. 행정관은 사람에게 권면을 할 수는 있지만 그것을 강요할 수는 없습니다.

용어가 암시하듯이 장로교의 중심에는 장로회가 있습니다. 루터포드는 그의 책 『장로회의 정당한 권한』(The Due Right of Presbyteries)에서 장로회의 위치를 규정하고 옹호했습니다. 그 책에서 그는 장로회를 단순히 교회 운영 체제의 관리자로만 규정하지 않았습니다. 그는 장로회 체제를 전체적으로 고려했습니다. 루터포드는 자신들의 목사를 선택할 회중의 권한을 열렬히 주장하는 반면 행정적 권한이 지역 교회에 있기 때문에 회중에게 직분자

---

44. 참고 문헌 『장로회의 정당한 권한』(The Due Right of Presbyteries) 참조. 이 책에서 (1) 뉴 잉글랜드에서 형제애적인 동등함과 독립성을 이루는 가운데 혹은 다른 교회에 대한 복종이나 종속이 없이 공동 협력을 이루는 가운데 그리스도의 교회가 나아갈 수 있는 방법을 검토한다. (2) 이 체제에 대한 그들의 옹호를 살펴본다. 서른두 가지 질문에 대한 그들의 답변을 고려한다. (3) 교회 운영 체제에 대한 논문을 논의한다. (4) 독립을 정당화하는 로빈슨의 주장을 논의한다. 왕자의 권한을 이 문제에서 논의하며 다양한 쟁점들을 해결한다.

를 안수하고 임명할 권한이 없다는 것을 분명히 했습니다.44

루터포드는 훈육을 외부에서, 성도보다 높은 지위에서 시행해야 한다고 가르쳤습니다. 그는 가르침과 견책을 통해 사람이 하나님의 방식대로 훈련을 받을 수 있다고 믿었습니다. 그는 교회 회의도 잘못을 범할 수 있다고 인정했습니다. 그러나 그들이 그런 잘못을 범할 경우는 거의 드물다고 주장했습니다. 오류에 빠지기 쉬운 사람이라 할지라도 오류가 없는 진리를 선포할 수 있기 때문입니다.

성령의 지도 아래 있는 사람들로 구성된 장로회는 어느 것보다도 완벽한 조직체로 여겼습니다. 그는 다음과 같이 썼습니다. "비록 오류를 범할 수 있고 죄로 물든 인간이 사역을 통해 그것을 다른 사람들에게 선포한다고 해도 장로회가 부인할 수 없는 하나님의 말씀으로 결정한 것은 본질적으로 오류가 없다."45

장로교주의의 또 다른 기둥은 장로였습니다. 장로의 현재 형태는 루터포드와 길레스피에게서 그 시작을 찾을 수 있습니다. '제2 훈육서'는 장로가 회중의 문제를 사법적으로 다루는 것을 부인했습니다. 몇몇 교구에서 장로가 사법적 행위를 할 수 있다는 것을 제안하기도 했지만 장로의 역할은 목회적 역할과 행정적 역할로 규정되었습니다.

일반적으로 장로에게 목사를 임명하고 안수할 권한이 없으며 결과적으로 목사의 성직권을 박탈할 자격도 없다는 주장이 주를 이루었습니다. 그러나 장로는 교회에서 다스리는 직분입니다. 그것은 당회가 아무런 고유 권한이 없는 단순한 장로 위원단이 되는 것을 막아 주었습니다. 그것으로 당회는 효과적인 기구가 될 수 있었습니다.

---

45. *Free Dis*, p.36.

목사의 직분을 다루면서 루터포드는 세 가지 원칙의 적용을 주장했습니다. (1) 목사 직분에 대한 선출이 먼저 있기 전까지는 안수를 연기해야 한다. (2) 회심시키는 권한은 목사의 직분이다. (3) 목사로 임명되면 어떤 교회에서나 사역을 할 수 있다.

루터포드는 회중이 자신들의 목사를 자유롭게 선택할 권한을 가져야 한다는 점을 단호하게 주장했습니다. 그것은 웨스트민스터에서 독립교회주의자들의 전적인 동의를 얻은 것이기도 했습니다. 루터포드는 이 원칙의 적용이 19세기 말까지 첨예한 논쟁을 가져오고, 해결되기 전까지 그가 사랑한 교회에 가장 심각한 분열을 가져오게 될 것을 예상하지 못했습니다.

루터포드는 자기들의 목사를 선택할 자유가 회중에게 있다고 고집했을 뿐만 아니라 투표권이 가장(家長)뿐만 아니라 모든 성도의 권리라고, 즉 남성뿐만 아니라 여성의 권리이기도 하다고 주장했습니다. 그는 여성이 그리스도 안에서 믿음을 행사한다면 목사의 선택에 참여할 권리가 있다고 주장했습니다. 그러나 일단 선출된 후에 목사는 어떤 목회적 행위에 대해서도 회중에게서 자유롭다고 믿었습니다. 목사의 권한이 그리스도에게서 직접 나오는 것이라고 믿었기 때문입니다.

루터포드는 앤워스에서 사역하는 동안 감독 제도의 강요에 저항함으로써 장로교의 투사로 두각을 나타냈습니다. 그에게 그것은 '의식에 대한 신념'[46]이었습니다. 당시 그는 주로 기도서, 의식, '저질의 삯꾼', '불경한 감독들'이라고 그가 묘사한 고위 성직자에 대해 저항했습니다. 그들은 의식과 성일

---

46. *Letters*, To Lady Kenmure, From Anwoth, June 28, 1636, vol.2, p.156(*vide* chapter 2. reference 9).

47. *ibid.* To Lady Kenmure, From Anwoth, June 26, 1630, vol.1, p.59.

외에도 가톨릭의 다른 부패한 요소들을 들여온 책임이 있었습니다.[47] 그는 시드세프를 만나고 고등 판무관 법정에 소환 당하는 일을 겪었지만 감독 제도를 받아들이는 것만은 거부했습니다.[48] 루터포드에게 있어서 감독 제도는 가톨릭과 다를 바가 없었습니다. "나는 우리의 모교회가 매음굴로 전락되었다는 것을 매우 안타깝게 느낀다. 우리가 사랑하는 사람들을 간음과 우상 숭배의 대모에게 선물로 주고 있다는 것에 통탄을 금할 길이 없다"라고 그는 썼습니다.[49]

그러나 루터포드가 장로교의 지도자로 가장 두각을 나타낸 것은 웨스트민스터에서 독립교회주의자들과 나눈 논쟁에서였습니다. 그는 내면의 빛의 교리를 거부하는 데 주저하지 않았습니다. 그는 그 교리의 주관적 논법에서 공동체를 위협하는 무정부주의의 온상을 보았습니다.

찰스 1세와 라우드(Laud)의 몰락은 17세기 개인주의의 표현 방식이었던 진공 상태를 가져왔습니다. 루터포드는 『편지』에서 분리파교회 신도들에 대해 몇 가지 언급을 했습니다. 그는 그들의 존재와 극단주의, 그들이 영국에서 비약적으로 증가하고 있는 상황을 통탄했습니다.[50] 종종 재침례파라고 오명을 받는 침례교 같은 일부 종파는 상대적으로 보수적이었습니다.

침례교인들은 비록 독립교회주의 원칙에 철저하게 헌신한 적이 없고 교회의 지역적 연합을 반대하지는 않았지만, 교회 운영 체제에 대해서만은 독립교회주의자들과 같은 입장을 취했습니다. 그들은 '유아 세례'를 반대하고

---

48. *ibid.* To M.M. from Edinburgh, 1636(undated), vol.I, p.161.

49. *ibid.* To John Nevay, minister of New Mills, from Aberdeen, June 15, 1637, vol.1, p.246(*vide* chapter 3, reference 49).

50. *ibid.* To Lady Kenmure, From London, March 4, 1644, vol.2, p.312.

'믿음으로 고백한 자만이 믿는 자'라고 주장했기 때문에 침례교인이라고 불렸습니다.

다른 교파들은 급진적이고 극단적인 교파들이었습니다. 도덕률 폐기론자들은 비록 칼빈주의자들이기는 했지만 칼빈주의의 엄격한 도덕주의를 반대했습니다.51 구도자들은 카리스마파의 단체로 가장 잘 설명할 수 있을 것입니다.52 천년 왕국설 신봉자들은 그 이름이 말해 주고 있듯이 종말론을 강조하고 있었습니다.

가족주의자들에 대한 언급이 자주 나오지만 그들 특유의 교리와 예배 방식과 관습이 어떠했는지는 알 수가 없습니다.53 그들은 정적주의자(靜寂主義者), 범신론자, 신비주의, 가짜 신비주의를 뒤섞어 놓은 자들이라고 하는 편이 옳을 것입니다. 가장 극단적인 종파는 안식일 지키기를 반대하는 사람들과 아리우스파, 소치니파, 삼위 일체론 반대주의자들입니다.

토마스 에드워즈(Thomas Edwards)는 '극단주의적 종파'(Gangraena)라는 종파에 대한 이야기에서 1백 70개의 잘못된 교파를 열거했습니다. 한편 로버트 베일리(Robert Baillie)는 『시대의 잘못된 교파에서 벗어나게 하는 권면』(Dissuasive from the errors of the Time)에서 1천 6백에서 1천 6백 60개의 교파를 열거했습니다.

증가하는 교파만큼이나 그들에 대한 용납 요구도 커져 갔습니다. 일부 교파는 다른 교파들은 인정하지 않으면서 자신들만은 인정해 줄 것을 요구하기도 했습니다. 반면 온건파들은 자신들과 다른 교파도 용납할 준비가 되어

---

51. ibid.
52. ibid.
53. ibid. To Lady Boyd, from London, May 25, 1644, vol.2, p.313.

있었습니다.

용납을 주장하는 가장 강력한 교파는 침례교파였습니다. 또한 그들의 가장 유명한 지도자는 로드 아일랜드 공동체를 세운 로저 윌리엄스(Roger Williams)였습니다. 그 공동체는 보통 선거권과 양심의 완전한 자유를 시행했습니다. 윌리엄스는 용납에 어떤 제한도 두지 않으려고 했습니다. 헨리 바턴(Henry Barton)과 존 굿윈 같은 일부 독립교회주의자는 오류를 처리하는 것만이 지역 회중의 권한이라고 못 박으며 용납을 옹호했습니다.

나이 같은 사람들은 한계가 있는 용납을 원했습니다. 그것은 감독제주의자들과 도덕률 폐기론자들, 아리우스파들을 배제하고 몇몇 극단적인 이단들과 함께 자신들을 포용해 달라는 주장이었습니다. 1644년 독립교회주의자들은 군대의 지지를 얻으려는 노력으로 용납의 폭을 확대시켰습니다. 그러나 그것은 결국 명백하게 이단을 용납하는 행위였습니다.

루터포드는 독립교회주의자들의 성도다움을 높이 평가하면서도 교회 운영 체제와 용납에 대한 그들의 주장은 분명하게 반대했습니다. 그는 보이드(Boyd) 부인에게 보낸 편지에서 그것이 '하나님의 말씀에 반한 것'[54]이라는 점을 명확히 했습니다. 그리고 '그들이 자기들의 주장이 옳다는 것을 입증하는 유일한 방법은 하나님의 말씀을 근거로 제시하는 것'이라고 썼습니다.[55]

후에 한 편지에서 그는 이름을 밝히지 않은 몇몇 사람과 함께 토마스 굿윈(Thomas Goodwin)과 제레미아 버로우스(Jeremiah Burroughs)를 '장로교 정부'[56]에 대해 강력하게 반대하는 자로 간주했습니다. 그는 보이드 부인

---

54. *ibid.* To Lady Boyd, from St. Andrews, 1640(unsated) vol.2, pp.304,305.
55. *ibid.*
56. *ibid.* To Lady Boyd, from London, May 25, 1644, vol.2, p.313.

에게 장로교가 웨스트민스터 회의에서 이룬 성장을 보고했습니다. 그곳에서 장로교의 원칙은 예루살렘과 에베소에 있는 교회를 언급함으로써 입증되었습니다.

또한 독립교회주의자들 사이에는 통례적인 방법인 개교회 회중이 목사를 안수하는 방식이 아니라 장로회가 목사를 안수하는 관습도 함께 인정받았습니다. 그는 큰 기대 속에서 앞으로 있을 출교 논쟁에서도 장로교가 승리할 것을 고대했습니다. 루터포드에게 있어서의 장로교는 질서를, 독립교회주의는 무정부주의를 의미했습니다.[57]

† 정치 철학자

당시의 시대 상황은 루터포드를 정치적 논쟁의 장으로 끌어들였습니다. 스코틀랜드에서 국왕과 교회의 관계는 결코 명확하게 규정된 적이 없었습니다. 메리 스튜어트(Mary Stuart)와 존 녹스의 대립의 영향은 다음 세기에까지 오랫동안 지속되었습니다. 잉글랜드의 왕좌를 차지한 첫 번째 스튜어트 왕조이자 메리의 아들인 스코틀랜드의 제임스 6세는 어머니의 군주 정치 교리를 이어받았습니다.

1603년 왕가의 연합이 있기 5년 전 제임스는 『자유로운 군주 정치의 진정한 법』(Trew Law of Free Monarchies)이라는 책에서 군주 정치에 대한 자신의 개념을 선언했습니다. 그 책에서 그는 군주 정치는 외부적으로 왕국에게, 내부적으로는 봉건 가신들과 분리파 교회 신도들에게 압력을 받아서는 안 된다고 주장했습니다. 그것은 왕권 신수설의 교리를 설명하려는 시도였

---

57. ibid.

습니다. 제임스가 영국의 왕위에 오르기 전 스코틀랜드 귀족이 그를 대한 것을 보면 그의 논제도 이해할 만합니다.

"스코틀랜드 장로교가 군주 정치와 타협을 하는 것은 하나님이 사탄과 타협하는 것과 같다"라고 외친 루터포드는 군주 정치와 갈등을 빚을 수밖에 없었습니다. 제임스는 하나님이 임명하신 국왕은 그 자체가 하나님이라고 주장할 정도였습니다.58

제임스는 국왕이 법의 근원이므로 결과적으로 법 위에 존재한다고 주장했습니다. 제임스의 아들이자 후계자인 찰스 1세에 대해 갇프레이 데이비스(Godfrey Davies)는 다음과 같이 표현했습니다. "그는 아버지에게서 추상적인 사색을 좋아하는 면도, 뛰어난 문학성과 웅변 재능도 물려받지 않았다. 따라서 그의 관점은 긴 담화가 아닌 이따금 한 짧은 언급을 통해 살펴보아야 한다."59

찰스에게 있어서 '국왕'은 바로 '법률'이었습니다.60 제임스가 이론화하려고 했다면 찰스는 원칙을 실천하려고 했습니다. 이론은 논박을 당하지만 실행은 사람들을 자극하고 화를 돋웁니다. 특히 타협하지 않으려는 완고한 자가 실행할 때는 더욱 그렇습니다.

장로교가 교회의 영적 독립을 주장함으로써 스코틀랜드에서 왕실과 교회는 충돌 관계로 들어가게 되었습니다. 스코틀랜드에는 언제나 민주적 전통이 있었습니다. 켈트 족 군주제는 선거를 통해 이루어졌습니다. 브루스

---

58. James, I., *Political Works*(ed. C.H.McIlwain), Harvard University Press Cambridge, Mass 1918, p.307.
59. Davies. G., p.82.
60. 참고 문헌 『법과 국왕』(*Lex Rex*)을 참조. 스코틀랜드의 방어전과 잉글랜드를 도와준 것에 대한 논리와 명분을 담고 있는 국왕과 국민의 정당한 특권에 대한 논박.

(Bruce · 스코틀랜드의 왕)는 상당한 정도로 봉건 군주들이나 족장들의 뜻에 따라 통치했습니다.

스코틀랜드에서 세력가들은 '왕의 권력은 전체 국민에게 달려 있으며 그가 국민의 신임을 얻지 못한다면 다른 사람을 선출한다' 라고 선언했습니다.61 그리고 '국왕의 권한은 국민에게서 나온다. 그리고 민중을 위해 행동하는 족장들과 귀족들에게서 나온다' 라고 주장했습니다.62

찰스는 잉글랜드에서 살았습니다. 그는 스코틀랜드인들의 정서나 전통과 접하지 않았습니다. 그는 장로교를 용납할 준비도 되지 않았고, 교회에 도움이 되는 역할도 하지 않았기 때문에 찰스와 스코틀랜드 교회 사이에 충돌은 피할 수 없는 것이었습니다. 찰스가 스코틀랜드인들의 감정과 군주적 전통을 알았다면 갈등과 대립은 훨씬 덜 심각했을 것입니다.

루터포드가 『법과 국왕』을 쓰고 1644년 런던에서 익명으로 출판하게 된 것은 스튜어트 왕조 때문이었습니다. 로우(Row)는 『블레어의 삶』(*Life of Blair*)에서 루터포드가 자신의 원고를 블레어63에게 주었으며 블레어가 그에게 출간을 포기하도록 설득했다고 언급했습니다. "이 주제는 사법 고문과 법관, 정치인들에 대한 것이기 때문에 7년 후에 영혼들의 교화와 유익을 위한 더 좋은 글을 쓰는 것이 바람직하다고 생각합니다"라고 블레어는 조언했습니다.64

당시에 루터포드는 블레어의 조언을 따랐습니다. 그러나 오래지 않아 워

---

61. Major, R., *History of Greater Britain*, Scot. Hist. Soc. Edinburgh 1892, p.214.
62. *ibid.* p.215.
63. 로버트 블레어(Robert Blair, 1593-1666). 아일랜드, 즉 에이레와 세인트 앤드루스에서 목회를 했습니다.
64. Row, W., *Life of Blair*(ed. by T. McCrie), Blackwood, Edinburgh, 1848, p.365.

리스턴(Warriston)은 그에게 자신의 도움을 받아 그 작품을 완성하도록 설득했습니다. 따라서 그 책에서 얼마나 많은 부분을 순수하게 루터포드가 썼는지는 알 수 없습니다.65 앤트림(Antrim)의 백작이 쓴 논문이 1643년 5월에 아일랜드인들과 찰스의 협상을 폭로했을 때 이 책을 집필했던 것으로 보입니다.66 그리고 국왕을 폐하고 싶어했던 아가일은 루터포드에게서 좋은 동맹자를 발견했습니다.

『법과 국왕』은 『숭고한 위엄에 대하여』(Sacro-sancta majestas)라는 맥스웰(Maxwell) 감독의 책에 대한 장로교인의 답변이었습니다.67 그 책은 국왕이 1644년과 1645년에 옥스퍼드와 억스브리지(Uxbridge)에서 의회와 협상을 할 때 집필한 것입니다.

장로교인들은 언약에 따른 종교 개혁과 국왕 지지자들에 대한 규정, 군대 및 해군 요직의 의회 추천 및 임명을 요구하고 있었습니다. 그 요구는 워리스턴이 주로 작성했습니다. 그리고 1645년 1월 억스브리지에서 국왕에게 제출되었습니다. 찰스는 언약을 받아들이고 공적 예배의 새로운 지침에 승인을 하라는 요구를 받았습니다.

『법과 국왕』에는 국왕에게 한 제안의 배경 철학이 들어 있었습니다. 분명히 그것은 감독 제도와 영국 국교회의 기도서를 주장하는 스튜어트 왕조로서는 받아들이기 어려운 제안이었습니다. 찰스가 『법과 국왕』을 읽었다면 스코틀랜드 통치권을 하나님이 부여하셨다는 교리를 포기해야 한다는 것을 알

---

65. L.R., Questions 28-37, pp.257-383.
66. ibid. p.165.
67. 1644년 7월 4일에 출간되었고 브리스틀에서 인쇄되었습니다. 그러나 옥스퍼드에서 출간되었을 가능성도 있습니다. 1646년에 맥스웰이 죽은 후 『이사카르의 짐』(Burden of Issachar)이라는 제목으로 재출간되었습니다.

앉을 것입니다. 이런 이론과 원칙 외에도 아가일의 스코틀랜드의 지배는 찰스가 북쪽 지역에서 그의 목적을 달성할 수 없다는 사실을 확인시켜 주었습니다.

거스리는 1645년 총회에서 많은 사람이 『법과 국왕』을 읽었다고 전합니다.[68] 그것은 1648년 '계약'(The Engagement)[69]의 시기에 『국왕 선출의 탁월성』(The Pre-eminence of the election of Kings)이라는 새로운 제목으로 재출간되었습니다. 그 후에 이 책은 1657년에 『겸손한 탄원과 조언』(Humble Petition and Advice)이라는 책과 함께 『국가 행정 조직에 대한 논문』(A Treatise of Civil Polity)이라는 제목으로 다시 출간되었습니다. 이 책에서 말하는 독재적인 폭군은 찰스가 아닌, 바로 크롬웰(Cromwell)이었습니다.

그 책은 아리스토텔레스가 기초를 세운 국가의 기원에 대한 논쟁으로 시작하고 있습니다. 루터포드는 국가를 세우려는 욕구를 하나님이 주신 인간의 사회적 본능에서 찾을 수 있다고 믿었습니다. "시민의 모든 권리는 하나님께로부터 나온다"라고 그는 썼습니다.[70] 그는 또한 "보댕(Bodin)과 수아레스(Suarez)[71]의 방식을 따라 가족이 원시적이고 기초적인 국가 형태라고 주장했습니다.

그러나 보댕과는 달리 그는 독재 정치보다는 민주적 결론을 끌어냈습니

---

68. *Memoirs*, Oliphant, Edinburgh, 1748, p.177.
69. 계약은 일부 스코틀랜드 귀족과 투옥된 찰스 사이에 이루어진 비밀 합의였습니다. 그것으로 귀족들은 찰스의 복위를 위해 군대를 일으키려고 했습니다.
70. *L.R.*, p.2.
71. 보댕(Jean Bodin, 1530-1596), 프랑스의 정치 이론가.
수아레스(Francisco de Suarez, 1548-1617), 스페인의 예수회 철학자.

다. 전형적인 칼빈주의 방식을 따라 루터포드는 인간이 자유롭게 태어났지만 죄를 지었기 때문에 그들의 악한 성향을 억제하기 위해 정부가 필요하게 되었다고 주장했습니다. 인간이 정부에 반역할 수는 있지만 그의 내면에는 정부를 원하는 도덕적 본능이 있습니다. 이 본능은 하나님이 심어 주신 것입니다. 그러나 정부 형태는 인간이 만들었습니다. 따라서 루터포드의 정치적 철학은 두 가지 기초에 근거하고 있습니다. '자연법'(lex naturalis)와 '만민법'(ius gentium)이 바로 그것입니다.

루터포드가 자연법을 언급했을 때 그는 그 용어가 정확히 무엇을 뜻하는지 밝히지를 않았습니다. 그는 자연법이 모두가 이해하고 따르는 주된 원칙이라는 것을 당연하게 여겼습니다. 그래서 루터포드의 글 속에서는 자연법이 때때로 삶의 실천적인 원칙으로 등장합니다. 반면 다른 곳에서 그것은 정치 윤리적 개념으로 나오기도 합니다.

루터포드는 만민법에 대해서는 더 분명히 밝혔습니다. 그는 그것이 사람들의 특유의 삶에서 나오는 법과 관습의 본체라고 생각했습니다. 그것은 자연법의 법정에서 검증받아야 하는 것이었습니다. 루터포드에게는 법률의 더 큰 범주가 있었습니다. 바로 의회와 국민의 의지인 '실정법'(ius positivum)이 그것입니다.

자연법을 바꾸는 것은 불가능하다고 루터포드는 주장했습니다. 그러나 만민법은 진지한 생각과 숙고를 통해 바꿀 수 있다고 주장했습니다. 그는 국가의 목적이 '경건함과 정직함의 조용하고 평화로운 삶 속에서 국민의 유익을 추구하는 것'이라고 선포했습니다.[72]

루터포드의 왕권에 대한 교리는 만민법에 의존하고 있습니다. 그는 왕권

---

72. *ibid.* p.119.

을 하나님이 주신 권한으로 보았습니다. 그러나 그 직분에 사람을 세우는 일은 국민의 몫이었습니다. 그는 선출을 민중보다 국민의 대표자인 상원의 고위 성직 의원과 귀족 의원, 하원 의원에게 맡겨야 한다고 주장했습니다.

그는 신명기 17장에 기초한 왕권 신수설을 받아들이면서도 법과 선거를 통해 왕실의 권한을 제한하려고 했습니다. 왕권 신수설은 자연법과 아무 관련이 없습니다. 루터포드는 아버지의 권한과 왕권을 구별했습니다. 후자는 만민법에서 비롯된 것입니다.[73] 많은 동시대인처럼 루터포드에게 전제군주제는 왕과 국민들 사이의 계약이었습니다.

그는 열왕기하 11장 17절의 말씀을 중요하게 여겼습니다. 그곳에서 여호야다가 주님과 왕과 백성 사이에 언약을 체결하는 것이 나옵니다. 그곳에서 백성은 왕과 계약을 체결한 주님의 백성이 되어야 한다고 나옵니다.

맥스웰 같은 왕당파들은 전제군주제의 계약 이론을 받아들였습니다. 그러나 그들은 계약의 핵심 부분이 국왕에게 국민의 권력을 양도하는 것이라고 주장했습니다. 존 로크(John Locke)의 주장에 동의하며 루터포드는 찰스의 대관식 맹세를 언약으로 보았습니다.

그러나 그는 상원의 거부권을 반대함으로써 로크보다 한 걸음 더 나갔습니다. 그가 '썩은 사람들'[74]의 조합이라고 묘사한 스코틀랜드 상원을 극도로 미워했다는 점에서 그것은 납득할 만합니다. 루터포드에 의하면 국왕의 권한은 '백성에게 빌린 그들의 생득권'이었습니다. 그래서 국왕은 그것을 백성의 유익을 위해 사용해야 하고 국왕이 그것을 잘못 행사할 경우에는 다시 되

---

73. *ibid.* pp.46-48.

74. *Letters*, To Lady Boyd, from London, May 25, 1644, vol.2, p.315(*vide* chapter 3 reference 2).

찾아와야 하는 것입니다.[75]

마찬가지로 그는 국왕이 법률적인 판단에 개입하는 것을 금하는 스코틀랜드 법률을 언급함으로써 자신의 주장을 뒷받침했습니다. 그리고 판사의 사법권도 국민에게서 오는 것이므로 왕실의 영향에서 자유로워야 한다고 주장했습니다.[76] 또한 그는 판사가 법률의 유일한 해석자가 되어야 한다고 단언했습니다.[77]

루터포드의 이론에 따르면 전쟁은 방어를 위한 행위였습니다.[78] 찰스에 대한 무력 항쟁은 그가 개신교를 옹호하고 그 유익을 위해 평화롭게 통치하겠다는 대관식 언약을 어겼기 때문에 정당한 것이었습니다. 루터포드는 찰스가 군대를 일으키고 의회의 동의 없이 전쟁을 선포한 것이 위헌적 행동이라고 주장했습니다. 이 점에서 루터포드는 잉글랜드의 관습 법률가와 뜻을 같이 했습니다. 그러나 그는 전쟁의 원인이 되었던 건함세에 대하여 동의할 생각은 없었습니다. "전쟁에 이르느니 차라리 물자에 굴복하는 것이 낫다"[79]라고 그가 말합니다.

그에게 자기 방어는 자연법의 일부였습니다. 개는 본능적으로 늑대로부터 스스로를 방어하고 황소도 사자에게서 스스로를 방어하지만 인간은 합법적인 행정관이 없이는 부당한 폭력에 대해 스스로를 방어할 수 없습니다.[80] 생명과 신앙이 위기에 처해 있다면 누구든지 무력적으로 저항할 권리가 있습

---

75. *L.R.*, p.123.
76. Act.47, Parl. Ⅱ, James Ⅵ, 1581.
77. *L.R.*, p.138.
78. *ibid*. PP.333-335.
79. *ibid*. P.141.
80. *ibid*. P.163.

니다. 그러나 먼저 탄원서로 호소하고 피하려고 노력하는 등 저항을 하다 마침내 죽음을 맞이하는 것이 그리스도인의 의무라고 그는 믿었습니다.

스코틀랜드는 탄원서를 내려고 했습니다. 공공연한 도피는 불가능했습니다. 결국 남은 것은 무장 항쟁뿐이었습니다. 그는 생명과 자유를 위협하고 관습법의 원칙에 반하는 법을 제정하는 국왕이나 의회에는 저항할 수 있다고 생각했습니다.

루터포드는 그리스도인이 무저항의 노선을 취해야 한다는 개념을 거부했습니다.[81] 분명히 그리스도는 이 길을 택하셨습니다. 그러나 루터포드는 그것이 그분의 특권이었다고 주장했습니다. 악에게 저항하는 것은 우리의 특권입니다.

루터포드는 저항에 대한 자신의 옹호가 고위 성직자들의 지지를 받지 못한다는 것을 알았습니다. 그래서 비록 적극적인 저항을 옹호한 사람들의 주장을 빌어 자신의 주장을 지지하려고 하지는 않았지만 베자와 조지 뷰캐넌(George Buchanan)과 같은 종교 개혁자들의 의견에서 자신의 피난처를 찾았습니다. 루터포드는 무저항이 폭군을 양성하고 부추기는 길이라고 확고하게 믿었습니다.

루터포드는 악에 대한 의로운 저항으로 무력 항쟁이 때로는 정당화될 수 있다고 답했습니다. 여기에 대해 그는 성경적 배경을 증명하지는 못했습니다. 그는 이 경우에만 특별하게 '성경 속의 관습은 믿음에 대한 협의의 규칙이다' 라고 선언하는 것을 볼 수 있습니다.[82]

루터포드는 저항에 대한 자신의 옹호에 대한 지지를 얻기 위해 주로 구약

---

81. *ibid*. P.158.
82. *ibid*. P.179.

에 의지했습니다. 물론 그가 철저하게 신약을 무시한 것은 아니었습니다. 그는 로마서 13장에서 충분히 저항의 교리로 여길 만한 것을 발견했습니다. 그러나 그는 특별히 "관원들은 선한 일에 대하여 두려움이 되지 않고"(롬 13:3)라는 사도의 언급에 무게를 두었습니다. 그는 찰스 스튜어트를 선한 사람들을 괴롭히는 자라고 비난했습니다.

루터포드의 정치적 철학은 매우 독창적이었습니다. 제한적 전제군주제, 국왕의 선출, 자유 사법 제도에 대한 그의 교리는 스튜어트 왕조라는 배경 속에서 더욱 돋보였습니다. 루터포드는 모순을 감지하고 그것을 유리하게 이용하는 날카로운 감각을 지니고 있었습니다.

† 서신가

루터포드는 생전에 서신가로 명성을 얻었습니다. 그의 편지 가운데 60통은 갤러웨이에서 그가 목회 사역을 할 때 보낸 것이었습니다. 그러나 대부분의 편지인 2백 20통은 아버딘에서 18개월 동안 투옥되어 있던 기간에 기록되었습니다. 이렇게 아버딘에서 서신을 통해 활동한 이유는 충분히 이해할 수 있습니다. 편지는 그가 많은 지인들, 친구들과 계속해서 연락을 주고받을 수 있는 유일한 수단이었습니다.

루터포드는 또한 앤워스에 있는 양들의 상태에 깊은 관심을 갖고 있었습니다. 그는 글을 통해 그들을 보살폈고 기도서와 감독 제도의 강요에 저항하도록 힘을 북돋워 주었습니다.[83] 그의 목표는 장로교를 지지하는 것이었습니다. 그의 편지 가운데 많은 것이 지주들과 고위 인사들의 아내에게 보낸 것

---

83. Letters, July 13, 1637, vol.2, pp.86-95: September 23, vol.2, pp.192-196.

으로 장로교를 지지하게끔 그들의 남편을 설득하도록 격려하고 있습니다. 아버딘에서 보낸 60통의 편지는 사회적 지위가 높은 귀부인들에게 보낸 것이었습니다.

루터포드의 문학적 명성이 커감에 따라 그의 편지는 계속해서 빠르게 기록되었습니다. 편지를 쓰는 주된 동기가 무엇이든 −목회적, 개인적, 혹은 전도의 목표를 가진 것이든− 모든 편지는 복음적인 신앙을 담고 있었습니다. 목회적 편지가 사도 바울의 양식(樣式)을 따르는 반면 전도적 편지는 프랑스 위그노 교도의 '간증' 형식으로 기록되었습니다.

편지는 다양한 계층의 사람들에게 보내졌습니다. 그의 편지의 수신자 가운데는 낮은 계층의 사람들뿐만 아니라 군인, 목사, 지주, 귀족의 아내들도 있었습니다.

루터포드의 편지 가운데 많은 것이 보이드 경, 크레이그홀(Craighall), 발메리노(Balmerino), 바이어스의 린지(Lindsay), 로던(Loudon), 로디안(Lothian) 백작과 캐실리스(Cassillis) 등 귀족에게 보낸 것이었습니다.

귀족 가운데서 그와 가장 많은 편지를 주고받은 사람들은 얼스턴의 고든(Gordon of Earlston)과 녹브렉의 고든(Gordon of Knockbreck)이었습니다. 네 통의 편지가 얼스턴의 알렉산더 고든에게 보낸 것이었습니다. 녹브렉의 로버트 고든에게도 같은 수의 편지를 보냈습니다. 카도니스의 노(老) 존 고든에게도 네 통의 편지를 썼습니다. 그리고 같은 이름의 젊은 고든에게도 세 통의 편지를 썼습니다.

---

84. ibid. To Lord Craighall, from Aberdeen, January 24, 1637, vol.1, p.219(vide chapter 2, reference 52).
85. ibid. vol.2, p.3. 1637년 9월 7일, 아버딘에서 바이어스의 린지 경에게 보낸 편지. 린지 경은 9대 린지 경인 로버트의 아들이었습니다. 그는 1596년에 태어났으며 1633년 5월 8일에 린지 경이 되

귀족에게 보낸 편지에는 감독제 의식의 도입[84]이나 교회의 황폐화[85], 고위 성직자 제도[86] 같은 국가적 사건에 대한 언급이 가끔 나오지만 주로 그리스도인의 성품과 공적인 행위를 다루고 있었습니다. 때때로 루터포드는 그리스도를 증거하는 특권에 대해 언급했습니다.[87]

　그는 언제나 귀족에게 믿음을 버리더라도 국왕에게 잘 보이고 싶어하는 강력하고 교활한 유혹이 있다는 것을 알고 있었습니다. 그래서 그는 세상의

었습니다. 1644년 7월 23일에 그는 스코틀랜드 재무상으로 임명되었습니다. 1648년, '계약'을 체결하던 때 국왕을 지지했다는 이유로 계급 법령에 의해 직위를 박탈당했습니다. 그리고 1650년, 찰스가 스코틀랜드에 돌아올 때까지 의회에서도 축출당했습니다. 그는 교회에서도 책망을 받았습니다. 그러나 1650년 7월에 에딘버러에서 열린 총회는 그를 복위시켰습니다. 왕정 복고 때 그는 다시 복직되었습니다. 1676년, 그는 티닝엄에서 세상을 떠났습니다. 루터포드는 『스코틀랜드에서 바울의 장로교를 위한 평화롭고 온건한 탄원』을 그에게 헌정했습니다.

86. ibid. vol.2, p.219. 1638년 1월 4일에 아버딘에서 로던 경에게 보낸 편지. 로던 경은 제임스 캠벨 경의 아들이었습니다. 그는 찰스 1세가 감독 제도를 강요하려고 한 시도를 맹렬히 반대한 사람이었습니다. 그는 1638년에 글래스고에서 열린 총회의 회원이었고 그 뒤에 이어진 전투에서 기마 여단을 지휘했으며 1641년에 스코틀랜드의 대법관으로 임명되었습니다. 1650년에는 왕당파가 주도권을 잡자 그 자리를 사직하고 계속해서 찰스 2세를 열렬히 지지했기 때문에 크롬웰의 면책법에서 제외되었고 그의 재산은 몰수되었습니다. 그러나 그의 충성심은 왕정 복고 때 보상을 받지 못하고 오히려 자신도 아가일처럼 죽음을 당할까 봐 두려워했습니다. 그는 1662년 3월 15일에 세상을 떠났습니다. 루터포드는 그에게 『하나님이 부여하신 교회 운영 체제와 출교에 대한 권한』을 헌정했습니다.

87. ibid. vol.1, p.311. 1637년 3월 13일에 아버딘에서 카실리스(Cassillis)의 백작에게 보낸 편지. 카실리스의 백작은 길버트 케네디(Gilbert Kennedy)의 아들, 존 케네디였습니다. 그는 무력으로 국왕에게 대항하는 것은 반대했지만 열렬한 언약파였습니다. 1638년, 글래스고 회의의 일원이었고 1643년에는 웨스트민스터 회의에 참석한 장로 가운데 한 사람이었던 그는 1651년 스쿤(Scone)에서 열린 찰스 2세의 즉위식에 참석했고 끝까지 크롬웰을 반대하다가 1668년에 세상을 떠났습니다.

88. ibid. vol.1, p.332. 1637년 3월 1일에 아버딘에서 발메리녹(Balmerinoch) 경에게 보낸 편지. 발메리녹 경은 존 엘핀스톤(John Elphinstone)이었습니다. 그는 1633년에 감독 제도를 강요한 것으로 두각을 나타냈습니다. 그 직후, 그는 기소를 당해 반역죄로 사형 선고를 받았습니다. 그러나 오랜

공허함에 대해 경고하고[88] 세상과 타협하고 순응하는 것이 얼마나 부끄러운 일인지를[89], 사람을 두려워하고 잘 보이려고 하는 것[90]이 얼마나 위험한 것인지를 일깨워 주었습니다.[91]

루터포드는 편지를 통해 타락에 빠지지 않는 유일하고도 확실한 보호 수단은 그리스도를 위해 세상에 대해 죽는 것[92]이라고 강조했습니다.[93] 그리고 어떤 대가를 치르더라도 그분의 뜻을 이루기 위해 전력을 다하라고 권면했습니다.[94] 귀족이 종교적, 정치적 분쟁 속에 빠져 있던 당시 루터포드보다 그들을 더 격려할 필요를 느낀 사람도 없었습니다.[95]

루터포드와 편지를 주고받은 여성 가운데 가장 대표적인 사람은 킬쿠해리(Kilquharrie)의 지주의 딸이자 커크커드브라이트의 시장인 윌리엄 풀러턴

투옥 끝에 국왕은 마지못해 그를 사면했습니다. 그러나 그는 계속해서 찰스 1세를 반대했습니다. 그는 1638년 회의의 일원이었으며 1649년에 세상을 떠났습니다.

89. ibid. To Lord Craighall, from Aberdeen, July 8,1637, vol.2, p.76(vide chapter 2, reference 52).

90. ibid. To the Earl of Cassillis, from Aberdeen, 1637(undated), vol.2, p.213(vide this chapter, reference 80).

91. ibid. To Lady Kenmure, from Aberdeen, August 10, 1637, vol.2, p.100(vide chapter 2, reference 9).

92. ibid. vol.1, p.359. 1637년 3월 14일에 아버딘에서 칼턴(Carleton)의 대지주에게 보낸 편지. 보나르는 리빙스턴의 말을 인용해 두 명의 칼턴이 있었다고 말합니다. 이 편지의 수신자는 보르구 교구에 있는 존 풀러턴으로 보입니다.

93. ibid. vol.1, p.199. 1637년에 아버딘에서 보이드 경에게 보낸 편지(날짜는 기록되지 않음). 보이드 경은 6대 보이드 경인 로버트의 외아들이었습니다. 그는 1640년 11월 7일에 요절했습니다.

94. ibid. To M.M., from Aberdeen, January 3, 1637, vol.1, p.204(vide chapter 2, reference 11).

95. ibid. To the Earl of Cassillis, from Aberdeen, September 9, 1637, vol.2, p.189(vide this chapter reference 80).

(William Fullarton)의 아내 메리언 맥너트였습니다. 그 여인은 경건함과 장로교를 지지하는 것으로 유명했습니다. 보나르는 여섯 번째 편지의 서문에서 1860년이 되어서야 커크커드브라이트에 있는 그녀의 집이 철거되었고 그 마을의 교회 묘지에 한때는 다음과 같은 비문의 묘비가 서 있었다고 기록했습니다.96

> "킬크하나티의 존 맥너트의 누이이며
> 유서 깊은 가문의 존경받는 남작이자
> 커크커드브라이트의 시장인
> 윌리엄 풀러턴의 배우자 메리언 맥너트가
> 향년 58세를 일기로 1643년 4월에 눈을 감다."

그녀에게 보낸 편지는 최소한 44통으로 알려져 있습니다. 루터포드가 1636년 아버딘으로 추방당하기 전까지 그녀는 그와 가장 편지를 많이 주고받는 사람이었습니다. 57통 가운데 35통이 그녀에게 보낸 것이었습니다.

그녀는 루터포드가 속마음을 털어놓을 수 있는, 믿을 수 있는 친구였습니다. 세 자녀의 어머니인 그녀에게 그는 아이들에 대한 이야기를 많이 써 보냈습니다.97 하나님에 대한 그들의 헌신과 가족 안에서 그들이 차지하는 위치98, 믿는 자의 자녀에 대한 그리스도의 돌보심에 대한 것이었습니다.99 아

---

96. *ibid.* pp.48,49.
97. *ibid.* To M.M., from Anwoth, March 9, 1632, vol.1, p.93, also To Lady Kenmure, from Anwoth, February 1, 1630, vol.1, p.55(*vide* chapter 2, reference 9).
98. *ibid.* To M.M., from Anwoth, March 9, 1632, vol.1, p.93.
99. *ibid.* From Anwoth, 1634(undated), vol.1, p.112 ff.

내가 병으로 세상을 떠났을 때 그의 마음의 짐을 덜어 준 편지도 메리언 맥너트에게 보낸 편지였습니다.100 어떤 마음도 메리언 맥너트의 마음보다 스코틀랜드의 고뇌에 더 민감할 수 없었을 것입니다.

루터포드는 그녀에게 자신의 마음속 깊은 염려와 관심사를 나누었습니다. 그녀에게 그는 가증스런 기도서의 도입과 스코틀랜드 교회의 문제, 자신이 아버딘으로 추방당한 것에 대해 썼습니다.101 가엾은 여인을 누구보다도 잘 위로해 줄 수 있을 것이라는 확신 속에서 죽음을 직면하고 있는 아내를 맡긴 사람도 바로 커크커드브라이트 시장의 아내인 메리언 맥너트였습니다.102

루터포드의 또 다른 절친한 친구는 켄머 부인이었습니다. 그는 그 부인에게 모두 5,60통의 편지를 보냈습니다. 대부분 그의 삶 초기에 보낸 것이었습니다. 켄머 부인은 7대 아가일 백작인 아키발드 캠벌(Archibald Cambell)의 셋째 딸이었습니다. 메리언 맥너트처럼 그녀는 신앙심과 장로교에 대한 헌신으로 유명한 여인이었습니다.103

그녀의 남편은 1634년 서른다섯 살의 이른 나이에 세상을 떠났습니다. 그녀는 1629년과 1634년에 어린 나이의 딸들을 잃었고104, 1649년 8월에는 아들마저 잃었습니다. 그때마다 루터포드는 깊은 슬픔에 빠져 있는 그녀에게 큰 위로와 힘이 되어 주었습니다. 두 번째 결혼에서도 그녀는 같은 슬픔을 겪어야만 했습니다. 그녀의 두 번째 남편인 그리핀의 헨리 몽고메리(Henry

---

100. *ibid.* From Anwoth, 1630(undated), vol.1, pp.54–56.
101. *ibid.* From Anwoth, June 2, 1631, vol.1, p.69; also from Anwoth, 1631(undated) vol.1, p.74.
102. *ibid.* From Anwoth, 1630(undated), vol.1, p.55.
103. *ibid.* vol.1, p.39; *vide* also *S,R,C.*, pp.29–34.
104. *ibid.* From Kirkcudbright, October 1, 1639, vol.2, p.347.

Montgomery) 경도 그녀보다 앞서 세상을 떠난 것입니다.

켄머 부인에게 보낸 편지와 메리언 맥너트에게 보낸 편지를 비교해 보면 문체와 내용에서 거의 차이가 없는 것을 알 수 있습니다. 그는 켄머 부인에게 아내를 잃은 슬픔을 나누었습니다.105 그리고 자신이 앤워스에서 추방당한 슬픔도 나누었습니다.106 루터포드가 켄머 부인과 나눈 편지에서 조언자로서의 그의 능력이 잘 드러납니다. 또한 그녀의 슬픔이 루터포드가 믿는 자의 삶에서 고난의 의미와 역할에 대해 많은 언급을 하게 된 이유였음을 알 수 있습니다.107

보이드(Boyd) 부인에게도 몇 통의 편지를 보냈습니다. 바이어스의 린지 경과 첫 번째 결혼을 하기 전 그녀의 이름은 해딩턴의 1대 백작인 토마스의 장녀 크리스천 해밀턴(Christian Hamilton)이었습니다. 메리언 맥너트와 켄머 자작 부인처럼 그녀도 경건함과 장로교에 대한 헌신으로 유명했습니다.108 보이드 부인에게 루터포드는 자신이 아버딘에서 얼마나 외롭고 슬픈지를 편지로 써 보냈습니다.109 또한 적대적인 도시에서 자신을 지켜 준 하나님의 은혜110와 역경 속에서 얻은 교훈에 대해 썼습니다.111

파이프(Fife)에 있는 홀힐(Hallhill)의 제임스 멜빌(James Melville)의 딸 엘리자베스 멜빌(Elizabeth Melville), 즉 컬로스(Culross) 부인에게도 네 통

---

105. *ibid*. From Anwoth, February 1, 1630, vol.1, p.51.
106. *ibid*. From Anwoth, September 4, 1629, vol.1, p.46.
107. *ibid*. vol.1, pp.39,80,90,102,114,128.
108. *ibid*. vol.1, p.197(*vide S.R.C.*, pp.50-58, also chapter 3, reference 8).
109. *ibid*. From Aberdeen, 1637(undated), vol.1, p.197.
110. *ibid*. From Aberdeen, March 7, 1637, vol.1, p.272.
111. *ibid*. From Aberdeen, May 1, 1637, vol.8, pp.390-397.

의 편지를 썼습니다. 그녀는 신앙시를 쓰는 시인으로 유명했습니다.[112] 이 외에도 그와 편지를 주고받은 귀족 부인 중에는 카도니스(Cardoness) 부인[113], 라지리(Largirie) 부인[114], 버스비(Busbie) 부인[115], 로왈란(Rowallan) 부인[116], 마(Mar) 부인[117], 홀힐(Hallhill) 부인[118], 게이트거스(Gaitgirth) 부인[119], 크레이그홀(Craighall) 부인[120], 던궤이(Dungueigh) 부인[121], 킬콘쿠헤어(Kilconquhair) 부인[122]이 있었습니다.

---

112. *ibid.* From Edinburgh, July 30, 1636, vol.1, p.165(*vide* chapter 3, reference 46).
113. *ibid.* From Aberdeen, February 20, 1637, vol.1, p.255.
114. *ibid.* vol.2, p.196. 1637년에 아버딘에서 보낸 편지(날짜는 기록되지 않음). 라지리(Largirie) 부인은 커크커드브라이트의 스티워트리에 있는 캐슬메디 소유주의 아내였습니다. 그곳은 틴홈 교구에 있는 라제로(Largero) 혹은 라제리(Largerie)라고 불렸습니다.
115. *ibid.* vol.2, p.196. 1637년에 아버딘에서 보낸 편지(날짜는 기록되지 않음). 버스비(Busbie) 부인은 루터포드의 친구인 로버트 블레어의 장모였습니다. 블레어는 버스비의 지주인 휴 몽고메리의 딸인 캐서린과 결혼했습니다.
116. *ibid.* vol.2, p.138. 1637년 9월 7일에 아버딘에서 보낸 편지. 로왈란(Rowallan) 부인은 결혼 전에 비숍턴의 존 브리스베인의 넷째 딸, 사라 브리스베인(Sarah Brisbane)이었습니다. 그녀는 로왈란의 윌리엄 뮤어(William Mure) 경의 세 번째 아내였습니다.
117. *ibid.* vol.1, p.33. 1637년 3월 13일에 아버딘에서 보낸 편지. 마(Mar) 부인은 결혼 전에 에롤의 9대 백작인 프란시스의 딸 크리스천 헤이였습니다. 그녀는 마의 8대 백작의 아내였습니다.
118. *ibid.* vol.1, p.346. 1637년 3월 14일에 아버딘에서 보낸 편지. 홀힐 부인은 파이프에 있는 홀힐의 제임스 멜빌 경의 아내였습니다.
119. *ibid.* vol.2, p.131. 1637년 9월 7일에 아버딘에서 보낸 편지. 게이트거스(Gaitgirth) 부인은 존 블레어의 딸 니 이사벨 블레어로 제임스 차머스(James Chalmers)의 아내였습니다.
120. *ibid.* From Aberdeen, September 10, 1637, vol.2, p.169(*vide* this chapter, reference 77).
121. *ibid.* vol.2, p.159. 1637년에 아버딘에서 보낸 편지(날짜는 기록되지 않음). 던궤이(Dungueigh) 부인은 메리언 맥너트의 자매 사라였습니다. 그녀는 에딘버러의 상인인 사무엘 록하드(Samuel Lockhard)와 결혼했습니다.
122. *ibid.* vol.2, p.95. 1637년 8월 8일에 아버딘에서 보낸 편지. 킬콘쿠헤어 부인은 블랙바로니의

루터포드는 마가렛 볼랜틴(Margaret Ballantyne) 같은 낮은 신분의 여인
들에게도 편지를 썼습니다. 보나르는 그녀가 앤워스의 교구민이었을 것이라
고 추정합니다.[123] 또한 마가렛 볼랜틴처럼 앤워스 교회의 일원으로 보이는
베스사이다 에어드와 함께 두 명의 신원을 확인할 수 없는 귀부인인 진 브라
운(Jean Brown)과 진 맥밀란(Jean Macmillan)[124]에게도 역시 편지를 보냈
습니다.

루터포드는 여러 동료 목사들과도 편지를 주고받았습니다. 그와 마찬가지
로 그들도 양심 때문에 핍박을 당하고 있었습니다. 그가 스튜어트 왕조의 강
압에 저항하는 그들을 격려한 것은 당연합니다. 그는 휴 맥케일(Hugh
McKail)에게 시험의 한 가운데서 그리스도를 신뢰하라고 조언했습니다.[125]

1618년에 그는 어빈의 목사가 된 데이비드 딕슨에게 삶의 고통이 종종 달
콤하다는 간증을 하기도 했습니다.[126] 그는 자신의 고난을 '달콤한 십자가'[127]
라고 표현했습니다. 그는 글래스고(Glasgow)의 목사에게 복음을 설교하고
사람들을 은혜의 언약으로 부르기 위해 맡겨진 사역이 있음을 상기시켰습니
다.[128] 스털링의 제임스 거스리(James Guthrie)에게 편지를 쓰면서 그는 핍

아키발드 머레이 경의 셋째 딸 헬렌이었습니다. 그녀는 파이프에 있는 킬콘쿠헤어의 존 카스테어스
경의 아내였습니다.

123. *ibid.* From Aberdeen, 1637(undated), vol.1, p.201.

124. *ibid.* From Aberdeen, March 13, 1637, vol.1, pp.318,319, also From Aberdeen, March 14, 1637, vol.1, p.354.

125. *ibid.* From Aberdeen, November 22, 1636, vol.1, p.184, M'kail was minister in Irvine. His nephew, also Hugh, was martyred in 1666.

126. *ibid.* From Aberdeen, March 7, 1637, vol.1, p.276.

127. *ibid.* From Aberdeen, 1637(undated), vol.1, p.297.

128. *ibid.* 1651년(날짜는 기록되지 않음). 어디에서 기록되었는지도 표시되어 있지 않습니다. 워드

박 속에서 한결같이 인내하라고 권면했습니다.129

그러나 동료 목사들과 주고받은 편지에서는 당시의 종교 사건들에 대한 언급을 찾아보기 힘듭니다. 킬시드(Kilsyth)의 초대 목사인 존 리빙스턴(John Livingstone)에게 보낸 편지에서 루터포드는 루터파들과 화해하라는 내용과 함께 자신이 앤워스에서 추방당해 아버딘에 감금당해 있다는 것을 언급합니다.130 그러나 그는 그리스도의 영광을 크게 높이기를 더 열망했습니다.131

그러했기에 이웃하고 있는 커크데일과 킬마브렉(Kilmabreck)의 목사인 윌리엄 달글레이쉬에게 편지를 쓰면서 그는 다음과 같이 썼습니다. "영혼의 정복자가 당신의 기쁨과 갈망의 정점이 되고 뿌리가 되며 꽃이 되게 하십시오."132 카운티 다운에 있는 동료 스코틀랜드인 제임스 해밀턴(James Hamilton)에게 보낸 편지에서 그는 자신의 최고 기쁨은 복음을 설교하는 것이라고 말했습니다. "내 기쁨의 꽃이신 그리스도 다음으로 내가 소중히 여기

로 추신에서 결의파가 목사를 자리에서 물러나게 했다는 기록이 있습니다(저항파 대 결의파 논쟁에 대해서는 다음 장을 참조). 그가 공식적인 결의를 반대한 것에 대해 1651년에 던디 회의에서 비난받은 것으로 보입니다. 그 회의로 세 명의 목사가 자리에서 물러났습니다. 그 가운데 한 명은 글래스고에서 온 패트릭 길레스피였는데 그가 이 편지의 수신자인 것으로 보입니다. 그는 커크컬디의 대학 책임을 맡고 있는 2대 목사 존 길레스피의 아들이었습니다. 그는 1617년에 커크컬디에서 태어났고 글래스고로 옮겨가기 전 한동안 그 교구의 목사로 있었습니다. 크롬웰 지지자였던 그를 글래스고 대학의 크롬웰과 총장이 임명했으며 왕정 복고 때 그 직위를 박탈당하고 에딘버러와 스털링에서 감금되었습니다. 1661년에 반역죄로 기소되었으나 즉시 풀려났고 오미스턴에서 다시 감금되었습니다.

129. ibid. From St. Andrews, February 15, 1661, vol.2, p.417, Guthrie was martyred in 1661.
130. ibid. From Aberdeen, February 7, 1637, vol.1, pp.233,234.
131. ibid.
132. ibid. From Aberdeen, 1637(undated), vol.2, p.22.

는 한 가지 기쁨은 가장 아름다운 주님과 그분의 나라의 영광을 설교하는 것입니다."133

루터포드의 『편지』는 보나르가 편집을 했습니다. 그러나 안타깝게도 보나르는 날짜를 정확하게 표기하지를 못했습니다. 1634년 12월 날짜로 표기된 에딘버러에서 메리언 맥너트에게 보낸 예순여덟 번째 편지는 1632년에 일어난 스웨덴 국왕의 죽음을 언급하고 있습니다.134

역시 앤워스에서 메리언 맥너트에게 위원 선출을 도와줄 것을 요청하는 일백쉰여섯 번째 편지도 1634년 5월 20일 날짜로 되어 있습니다. 그러나 그 편지도 사실 그 전해인 1633년 5월에 보낸 것으로 보입니다.135

에딘버러에서 메리언 맥너트에게 보낸 예순한 번째 편지136는 1634년 날짜로 표기되어 있는데, 감독 제도의 강요와 관련해 불만을 제거하려는 노력을 언급하고 있습니다. 그 편지도 런던에서 장로교 지도자 몇 명이 핍박을 당하고 있던 1632년이나 1633년에 쓴 것으로 보입니다.

루터포드가 크래먼드를 방문한 것을 언급한 것으로 볼 때 메리언 맥너트에게 보낸 날짜가 기록되지 않은 예순세 번째 편지137도 이 시기에 쓴 것으로 보입니다. 날짜가 표기되지 않은 예순일곱 번째 편지138는 메리언 맥너트에게 보낸 또 다른 편지로 1634년의 편지와 함께 놓여 있는데 그것도 잘못된 것으로 보입니다. 그 편지는 어빈에 딕슨이 정착한 것을 언급하고 있습니다.

---

133. ibid. From Aberdeen, July 7, 1637, vol.2, p.64.
134. ibid. vol.1, p.139.
135. ibid. vol.1, p.116.
136. ibid. vol.1, p.125.
137. ibid. vol.1, p.131.
138. ibid. vol.1, p.137.

그 일은 1633년 전반기에 일어난 일이었습니다. 그것은 고든을 로킨바로 언급한 것으로 확인할 수 있습니다. 루터포드가 이 편지를 1634년에 썼다면 분명히 고든을 켄머로 언급했을 것입니다.

루터포드는 스코틀랜드어가 급속도로 영어로 변하는 시기에 역사의 무대에 모습을 나타냈습니다. 16세기 중반까지 스코틀랜드 고지대의 언어와 스코틀랜드 남동부 저지대의 언어 사이에 분명한 차이가 있었습니다. 프랑스와의 '오랜 동맹' 과 잉글랜드와의 휴전의 결과로 솔웨이(Solway)와 트위드(Tweed) 북부는 영어를 주로 사용하게 되었습니다. 거기다가 1603년에 왕실의 연합으로 영어가 스코틀랜드에서 널리 사용되게 되었습니다. 아주 오랫동안 프랑스와 관계를 맺고 있었지만 스코틀랜드어는 노르만 프랑스 정복기 동안 앵글로 색슨어가 불어를 받아들인 것만큼 프랑스어를 수용하지는 않았습니다.

17세기에 스코틀랜드에서 영어는 곧 상류 사회의 언어가 되었습니다. "왕실의 연합에서 남부 지역의 문학적인 영어를 쓰고 말할 수 있는 것이 교육받은 스코틀랜드인들의 야망이 되었다."139 점점 스코틀랜드어는 농부들만 사용하는 언어가 되었습니다. 스코틀랜드어는 수세기 동안 말하는 언어로 사용되었습니다. 그리고 17세기 중반까지 스코틀랜드인들은 영어를 말하는 것보다는 쓰는 것에 더 능했습니다.

루터포드가 살던 시대에는 스코틀랜드 문학의 황금기가 아직 오지 않았습니다. 그것은 한 세기를 더 기다려야 했습니다. 그러나 17세기는 잉글랜드의 가장 위대한 문학기였습니다. 그 시대는 왈터 롤리(Walter Raleigh)와 프란

---

139. Chambers, W. and R., *Encyclopaedia of English Literature*, London and Edinburgh, 1903, vol.1, p.504.

시스 베이컨(Francis Bacon), 존 밀턴(John Milton)의 시대였습니다. 그리고 무엇보다도 셰익스피어의 시대였습니다.

스코틀랜드에는 이 시기에 자랑할 만한 문학 작품이 거의 나오지 않았습니다. 로버트 에이턴(Robert Aytoun, 1570-1649)은 어느 정도 유명한 시인이었습니다. 스털링의 백작(Stirling, 1567-1640)과 앤크럼(Ancrum, 1578-1654)도 유명한 시인이었습니다. 그러나 광범위한 명성을 얻은 사람은 윌리엄 드러먼드(William Drummond, 1585-1649)정도였습니다. 루터포드는 로버트 레이턴(Robert Leighton)[140]과 함께 17세기의 신앙 작가로 높은 평가를 받았습니다.

더글러스 부시(Douglas Bush)는 17세기 초를 '상업주의와 신비주의'[141]의 시기로 묘사했습니다. 그 묘사는 실제로 잉글랜드에는 맞는 표현이었습니다. 그러나 스코틀랜드에서는 상업주의의 시대가 막 시작되고 있을 뿐이었습니다. 스코틀랜드에서 17세기는 상업주의의 시대는 아니었지만 신비주의의 시대이기는 했습니다.

루터포드의 언어도 그 시기 다른 작가들의 언어와 다르지 않았습니다. 그의 성경적인 문체와 언어는 스코틀랜드 교회에 보낸 크롬웰의 편지와 쌍벽을 이루었습니다.[142] 루터포드와 수준은 다르지만 잉글랜드의 목사 존 던의 시집은 루터포드의 문체와 더 유사성을 보여 줍니다. 던은 루터포드처럼 그리스도를 신랑으로, 교회를 신부로 묘사합니다. 잉글랜드의 시인은 다음과

---

140. 로버트 레이턴(Robert Leighton, 1611-1684), 1670-74년까지 글래스고의 대감독을 지냈습니다.
141. op.cit. p.2.
142. Davies, G.op.cit.p.165(from Letter 136, Carlyle 2, p.79), August 3, 1650.

같이 쓰고 있습니다. "내게 보여 주소서. 귀한 그리스도여! 그토록 밝고 선명한 당신의 신부를!"143 루터포드의 열정적인 개신교주의는 '옛것을 조금 아는 자는 교황 주의로 기울지만 깊이 있는 연구를 한 자는 다시 우리 개신교로 오게 된다'144라고 말한 토마스 풀러(Thomas Fuller)의 언급에서 볼 수 있습니다. 토마스 홉스(Thomas Hobbes)의 『리워야단』(Leviathan)에서도 같은 맥락의 글을 볼 수 있습니다. "교황주의, 즉 가톨릭은 단지 무덤 위에 왕관을 쓰고 앉아 있는 죽은 로마 황제의 유령에 불과하다."145

루터포드의 편지 내용을 주의 깊게 살펴보면 대부분의 편지가 그리스도의 인성 및 사역과 연관되어 있음을 알 수 있습니다. 모든 믿는 자가 그리스도를 누리는 길은 하나님이 그리스도 안에 사람들을 위해 만들어 놓으신 풍성한 공급을 누리는 것이라고 루터포드는 선언했습니다.

킬마녹의 목사인 매튜 모와트(Matthew Mowat)와의 편지에서 루터포드는 '그리스도의 사랑을 깊이 묵상하는 것'146에 대해 썼습니다. 다른 편지들에서도 루터포드는 그리스도의 사랑을 자주 언급했습니다.147

그리스도의 사랑에 대한 루터포드의 환희에 넘치는 언급에 비해 그리스도의 십자가에 대한 글이 거의 없다는 것은 놀라운 일입니다. 그러나 그는 인

---

143. Donne, J., *Holy Sonnet* 18.
144. Fuller, T. *Holy State Book*, Cambridge University Press, 1921. vol.2, chapter 6.
145. Hobbes, T. *Leviathan*(ed. Lindsay, A.D.), *Dent and Sons*, London, 1928. vol.4, p.298.
146. *Letters*. From Aberdeen, 1637 (undated), vol.1, p.298.
147. *ibid*. vol.1, p.303. 1637년에 아버딘에서 한 귀부인에게 보낸 편지(날짜는 기록되지 않음). 2권. 60쪽. 1637년에 아버딘에서 로버트 레녹스(Rob. Lennox)에게 보낸 편지(날짜는 기록되지 않음). 레녹스에 대해서는 아는 바가 거의 없습니다. 그의 이름은 종종 언약파 위원단의 의사록에서 볼 수 있습니다. 그는 디스도브의 레녹스라고 불리는데 그곳은 거단에서 1마일 떨어진 농장입니다.

간이 감당해야 할 십자가, 특별히 자신이 감당한 십자가에 대해 많은 언급을 하고 있습니다. 루터포드에게 그리스도의 십자가는 바로 자신의 십자가였습니다.148

물론 고난이 자주 그의 글의 주제가 된 것은 그리스도의 뜻을 위해 그와 다른 사람들이 겪은 고난 때문이었습니다. 시련은 하나님의 백성에게는 피하고 싶은 몫입니다.149 그러나 그리스도의 고난은 구속적일 뿐만 아니라 본이 되는 것입니다. 루터포드에게 있어서 그리스도는 고난의 영원한 본이었습니다.150

루터포드는 고난의 이유를 살펴보았습니다. 그는 때때로 외부적 시련이 내면에서 갈등을 일으키며 고난을 일으킨다고 믿었습니다.151 또 다른 경우는 고난이 거짓된 형제의 배반,152 공공연한 잘못과 유혹153 등 외부에서 일어나기도 합니다. 그리스도가 고난받는 그분의 백성을 결코 버리지 않으신다는 것을 루터포드는 확신했습니다. 그리스도는 고난의 용광로 속에 있는 그들과 늘 함께했습니다.

그는 메리언 맥너트에게 다음의 편지를 썼습니다. "부인은 그리스도가 불붙은 가시 덤불에서 자기의 신부에게 구혼하신다는 것을 알지 못합니까?"154 그는 시드세프가 커크커드브라이트의 사역자 윌리엄 글렌디닝(William

---

148. *ibid.* To Viscountess Kenmure, from Edinburgh, July 28, 1636.
149. *ibid.* From Anwoth, January 15, 1629, vol.1, p.48.
150. *ibid.* To M.M., from Anworth, February 11, 1631, vol.1, p.65, (*vide* chapter 2, reference 11).
151. *ibid.* From Anwoth, September 14, 1629, vol.1, p.48.
152. *ibid.* To M.M., from Edinburgh, December(undated), 1634, vol.1, p.139.
153. *ibid.* To M.M., From Anwoth, 1636(undted), vol.1, p.150.

Glendinning)을 투옥하려고 했을 때 그를 저지하려고 했었던 풀러턴 시장을 격려했습니다. 그는 많은 사람에게 그리스도를 위해 고난받도록 격려했습니다.[155]

루터포드는 모든 고난은 필요한 은혜와 함께 온다고 믿었습니다. 그는 '은혜는 겨울에 가장 많이 자란다'[156]고 주장하기도 했습니다. 그는 '하나님의 목적이 깃들지 않은 고난은 없다'고 말했습니다.[157] 시련은 믿는 자를 위하여 얼굴을 감춘 축복일 따름입니다.[158]

---

154. *ibid*. From Anwoth, 1634(undated), vol.1, p.138.

155. *ibid*. From Aberdeen, September 21, 1636, vol.1, pp.175,176.

156. *ibid*. To Lady Culross, from Aberdeen, December 30, 1636, vol.1, p.190.

157. *ibid*. To Lady Kenmure, from Anwoth, September 14, 1634, vol.1, p.177, ff.(*vide* chapter 2, reference 9).

158. *ibid*. vol.1, p.215. 1637년에 아버딘에서 진 브라운(Jean Brown)에게 보낸 편지(날짜는 기록되지 않음). 진 브라운은 애난데일에 있는 왐프레이의 목사 존 브라운의 어머니입니다.

제6장

저항자로서의 루터포드
The Protester

루터포드의 문학적 활약상은 특별히 장로교의 옹호에서 가장 두드러졌습니다. 1649년에 에딘버러 대학은 그를 신학 교수로 초빙했습니다. 그러나 매우 겸손했던 그는 시장에게 '다른 더 적합한 사람'[1]을 선출해 달라고 부탁했습니다. 회의는 그 제안을 거절함으로써 루터포드를 도와주었습니다. 다행히 세인트 앤드루스는 처음에는 새로운 칼리지의 학장으로, 그 다음에는 대학 총장으로 그가 예배를 계속 인도하게 할 수 있었습니다. 그 전해에 하더빅(Haderwyck)의 네덜란드 대학이 그에게 신학과 히브리어 학장을 맡아 줄 것을 요청했습니다.

그리고 1651년에는 두 차례나 유트레히트(Utrecht) 대학이 그를 초빙했습니다. 루터포드는 자기에게 보여 준 관심에 매우 고마워했습니다. 그리고 유

---

1. *Letters*, From St. Andrews, June 30, 1649, vol.2, p.347.

트레히트 대학의 초청을 거절하는 데는 많은 기도와 숙고가 필요했습니다. 스코틀랜드와 스코틀랜드 교회에 대한 그의 깊은 사랑 때문에, 특별히 '시온의 황폐한 땅을 세울' 기회가 있던 시기에 그곳을 떠난다는 것은 쉽지 않았기 때문이었습니다.

†장로교 내분의 뿌리

세인트 앤드루스에 돌아온 루터포드는 교회의 중요 문제보다는 세상의 일들로 분주했습니다. 1648년의 회의는 '현재의 위험들을 심의하기 위한'[2] 위원으로 그를 임명했습니다. 3일 후 그는 위원회[3]가 십일조, 교회의 설립과 목사의 임명 등의 문제를 다룰 수 있게 하는 법령의 포고를 전달하기 위해 다른 사람들과 함께 파견되었습니다.[4] 그 주에 그는 대법관과 협의하라는 요청을 받았습니다. 그리고 그 다음 주에 그는 의회에서 기도회를 인도하라는 명을 받았습니다.[5] 같은 해 5월 1일, 그는 아일랜드에서 온 위원회의 보고를 들었습니다.[6]

루터포드는 강대상과 신학자들의 회의에서만큼 위원단에서도 능력을 발휘했습니다. 그러했기에 1648년 여름에 그가 '스코틀랜드 교회의 공적인 문제들'[7]을 다루는 임무를 맡은 것은 놀라운 일이 아니었습니다. 다음 해에 루

---

2. *Records*, February 18, 1648, vol.2, p.360.
3. 총회의 위원회는 총회의 일부 위원으로 구성되었으며 회의가 위원회에 위탁한 문제에 권력을 행사했습니다. 회의가 1년에 한 차례 열리기 전까지 위원회는 교회 문제의 감독을 담당했습니다.
4. *ibid*. February 21, 1648, vol.2, p.360.
5. *ibid*. February 28, 1648, vol.2, p.361.
6. *ibid*. May 1, 1648, vol.2, p.513.

터포드는 또다시 오크니의 문제8와 '언약의 실행' 9을 심의하도록 위원으로 임명되었습니다. 1647년에 그는 전쟁에서 스코틀랜드 교회에 조언을 구하지 않은 것과 전쟁에서 패배한 것에 대해 정부 지도자들에게 이의를 제기하는 난처한 임무를 맡았습니다.

루터포드는 언제나 성직 수여권을 반대한 사람이었습니다. 1649년에 그는 존 리빙스턴과 제임스 거스리, 패트릭 길레스피10, 그리고 알렉산더 피어슨 (Alexander Pierson)과 함께 의회에 제출하기 위해 성직 수여권 폐지를 요구하는 탄원서를 작성했습니다.11 그 탄원서는 1월 30일에 완성되었습니다. 그리고 성직 수여권에 대한 그들의 반대를 정당화하기 위해 2월 14일에 루터포드와 제임스 우드(James Wood)를 임명한 위원회가 그 탄원서를 승인했습니다.12

2월 28일에 위원회는 의회에 성직 수여권의 취소를 촉구하는 탄원서를 다시 제출했습니다. 그리고 루터포드는 9일 후 의회가 그것을 폐지하는 것을 직접 목격하는 기쁨을 누렸습니다. 목적을 성취한 루터포드는 1649년에 회의가 있기 전까지 위원회의 회의에 참석하지 않았습니다.

그러나 곧 좌절이 루터포드의 뒤를 따랐습니다. 정치적 상황의 전환으로

---

7. ibid. August 11, 1648, vol.25, p.4.
8. ibid. December 11, 1649, vol.25, p.310.
9. ibid. September, 1649, vol.25, p.35.
10. 패트릭 길레스피(Patrick Gillespie, 1617-1675). 커크칼디와 글래스고의 목사이자 언약 이론에 대한 두 개의 논문 저자인 그는 웨스트민스터 회의의 위원이었던 조지 길레스피(George Gillespie, 1613-1648)의 동생이었습니다.
11. ibid. vol.2, p.179.
12. ibid. vol.2, p.202.

그는 이전의 많은 친구들과 극렬한 논쟁과 대립 속에 휩쓸리게 되었습니다. 내란(찰스 1세와 국회와의 싸움)에서 패한 후 책략에 능한 찰스 스튜어트가 자신의 적들이 서로 싸우도록 계략을 썼기 때문이었습니다.

그는 자신이 가혹하게 대했음에도 자신에게 동정적인 태도를 보여 주기를 바라면서 스코틀랜드인들에게 항복했습니다. 그는 잉글랜드 의회에서는 기대할 것이 거의 없다는 것을 알고 있었습니다. 군대에서도 상황이 마찬가지라는 것을 알고 있었습니다.

스코틀랜드인들이 자신과 규합할 것이라는 찰스의 소망은 근거가 전혀 없는 것은 아니었습니다. 스코틀랜드에는 국왕이 언약을 받아들인 것을 근거로 안정을 꿈꾸는 사람들이 많이 있었습니다. 결과적으로 찰스가 와이트(Wight) 섬의 크리스브룩(Carisbrooke) 성에 있는 동안 그들은 그와 '계약(Engagement)'이라고 알려진 것을 착수하기 시작했습니다.

아마도 그 언약은 래나크(Lanark)와 로더데일(Lauderdale)이 입안한 것으로 보입니다.[13] 로더데일은 왕당파로 전환했고 래나크는 스코틀랜드 교회에 찰스의 충성심을 확인시켜 주었습니다. 1647년 12월 27일에 서명을 하고 날인한 후 그것을 납으로 된 상자에 넣었고 안전하게 옮길 여건이 될 때까지 땅에 묻어 놓았습니다.

계약은 통치자와 국민 사이의 포괄적인 합의였습니다. 어느 쪽도 특권을 가질 수 없으며 수행할 권한이 없는 일에 언약할 수 없다는 내용을 담고 있었습니다. 찰스는 자신이 언약을 하기는 했지만 그것을 반드시 이행할 의무는 없다고 주장했습니다. 그는 만일 스코틀랜드인들이 자신을 다시 왕위에

---

13. 악정(惡政) 진정서는 스트레천(Strachan)과 커(Ker) 대령의 지휘 아래 있는 언약파 군대의 지도자들이 입안했습니다.

복귀시키고 기도서를 자신의 왕실에서 사용하도록 허용만 한다면, 기꺼이 스코틀랜드에서 장로교를 지킬 뿐만 아니라 잉글랜드에도 장로교를 세우겠다고 거침없이 약속했습니다.

그러나 그런 국왕의 약속이 진실이라고 확신하는 사람은 거의 없었습니다. 찰스의 성품을 잘 알고 있는 스코틀랜드의 현명한 지도자들은 그가 왕위에 복귀된다고 해도 언약을 공식적으로 인정할 의도가 전혀 없으며 다만 자신들을 계략 상 볼모로 이용하고 있는 것을 알았습니다. 계약에 참여한 자들도 계약 자체에 불만을 토로했습니다.

로더데일은 계약은 단순히 임시 방편에 불과하다고 여겼습니다. 로던은 그것을 지나치게 극단적인 것으로 보았습니다. 반면 래나크는 그것이 충분하지 않다고 생각했습니다. 조지 길레스피는 소리를 높여 그것을 공공연히 비난했습니다. 그는 반계약파의 지도자가 되었습니다. 제임스 거스리는 그의 훌륭한 지지자였습니다. 그리고 데이비드 딕슨, 로버트 블레어, 패트릭 길레스피가 도움을 주었습니다. 루터포드가 1647년 11월, 런던에서 돌아왔을 때 그는 계약을 반대하는 사람들과 함께 자신의 운명을 던졌습니다.

그러나 그들은 신중한 숙고를 통해 계약을 거부했습니다. 래나크와 로던, 로더데일이 1648년 2월에 잉글랜드에서 돌아왔을 때 그들은 그달 10일에 계급 위원단(Committee of Estates)에 사전 보고서를 제출했습니다. 국왕이 피신하기 전에 이루어진 협상에 대해 설명하는 것은 로던의 임무였습니다. 로더데일은 계약을 설명했고 래나크는 15일에 그 모든 심의 과정을 매듭지었습니다. 3일 후 위원회는 계급에 관한 소위원단을 임명했습니다.

위원회와 계급 위원단은 결과적으로 자신들의 계약에서 무엇이 문제가 되는 것인지를 알게 되었습니다. 위원회가 그것을 규탄하는 성명을 막 발표하려고 할 때 계급 위원단은 자신들에 대한 언급이 없이는 어떤 성명도 하지

말 것을 요구했습니다. 위원회는 계급 위원단의 요구에 따를 마음이 전혀 없었습니다.14

2월 28, 29일의 교회 지도자들과 래나크와 로더데일, 로던의 만남은 스코틀랜드 교회의 반대를 더욱 강화시켰습니다.15 위원회의 성명은 교회의 계약에 대한 주된 반대가 찰스가 언약을 충실히 이행하지 않았을 뿐만 아니라 감독 제도에 편향되어 있기 때문임을 분명히 했습니다.

1647년 11월 16일에 언약을 하고 12월 28일에 하원에 보낸 편지에서 감독 제도를 폐지하지 않을 것을 재확인한 스튜어트 왕조 사람을 어떻게 신뢰할 수 있겠습니까? 위원회는 또한 고위 성직자 제도와 교황 절대주의, 에라스투스설을 이단 목록에서 삭제하는 일에도 이의를 제기했습니다.16 스코틀랜드 교회는 독립교회주의자들과 (찰스 1세를 지지하는) 왕당파가 모두 언약을 위협하고 있다고 주장했습니다.

의회는 성명을 받자마자 고려할 시간이 필요하다며 금식을 제안하는 등 지연 정책을 펴기 시작했습니다. 위원회는 어떤 지연 정책도 지지하려 하지 않았습니다.17 결국 금식은 거부되었습니다. 스코틀랜드 교회에게 그것은 존폐와 관련된 매우 중요한 문제였습니다. 다음 주일에 그 성명을 모든 교구에서 낭독했습니다.18

3일 안에 위원회는 계급 위원단에서 파견한 대표와 협상할 소위원단을 임명했습니다. 그러나 전쟁의 위협을 빙자하여 의회는 방어 문제로 관심을 돌

---

14. *ibid.* vol.1, p.138.
15. Baillie, 3.33 ff., also *Records*, vol.1, p.372.
16. *Records*, vol.1, pp.377-382.
17. *ibid.* vol.1, p.387.
18. *ibid.* vol.1, pp.389,390.

려 버렸습니다. 위원회는 그것을 매우 불쾌하게 여겼습니다. 3월 22일까지 의회에서 아무런 만족스런 결과를 얻을 수가 없자 위원회는 토론의 기초 자료로 '8대 요구 사항'으로 알려진 것과 함께 그것을 제출했습니다.

여기서 위원회는 어떤 전쟁 선포도 교회와 무관하게 해서는 안 된다고 요구했습니다. 또한 전쟁 등 중요 행동을 하기 위해서는 그에 대한 분명한 명분과 이유를 제시해야 한다고 요구했습니다.

'8대 요구 사항'은 왕당파들의 도움을 완강하게 거부했습니다. 그리고 계급 위원단에 다음의 요구 사항을 분명하게 발표하도록 요구했습니다. 즉, 찰스가 장로교를 온전히 세우며 예배와 신앙 고백의 지침서 사용을 그가 통치하는 전 지역에서 강화하고 결코 자신의 말을 철회하지 않겠다는 '언약'을 받아들일 준비가 되어 있지 않다면 그의 제안을 받아들일 수 없다는 것이었습니다.

정치적 상황은 스코틀랜드 의회가 잉글랜드에 한 요구 사항 때문에 더욱 복잡해졌습니다. 스코틀랜드 계급 위원단은 언약의 강제 이행과 이단의 완전한 제거, 군대 해산, 추방당한 장로교 의회 의원의 복귀, 그리고 찰스의 협상 자유권을 주장했습니다. 위원회는 계급 위원단의 비합리적인 요구에 강력하게 이의를 제기했습니다. 그 요구는 『최근 우리에게 발표한 성명에 대해 의회의 계급 위원단에 파견된 총회 위원회의 겸손한 대표』(The Humble Representation of the Commission of the General Assembly to the Honourable Estates of Parliament upon their Declaration lately communicated to us)라는 긴 제목의 책의 출간을 가져온 항의였습니다.[19]

패트릭 길레스피와 제임스 거스리는 그것을 세운 사람이었지만 그 문건에

---

19. *ibid.* vol.1, p.48.

표현된 정책은 주로 루터포드가 주장한 것이었습니다. 그 속에서 스코틀랜드 교회는 잉글랜드를 독립교회주의라는 속박에서 해방시키는 것이 찰스와의 계약에 위배되는 것이 아님을 분명히 했습니다. 오히려 그 책은 찰스가 그 일을 행할 때 신실하게 임했는지를 의심했습니다. 그리고 의회가 잉글랜드에 장로교를 설립하는 일에 영향을 줄 아무 권한이 없음을 지적했습니다.

더 나아가 위원회는 모든 장로회에 앞서 언급한 『대표』라는 책을 보냈습니다.[20] 위원회의 이런 행동은 스코틀랜드 교회와 의회 사이에 대립을 가져왔습니다. 계급 위원단은 5월 11일에 정치 문제가 자신들의 영역이라고 주장했습니다.

스코틀랜드 교회는 소위 『겸손한 옹호』(Humble Vindication)를 통해 자기의 의견을 표현했습니다. 그것을 통해 스코틀랜드 교회는 『법과 국왕』이라는 책에 나오는 주장, 즉 의회가 오류를 범했다면 국민이 그 문제를 수정할 권리가 있다는 루터포드의 주장을 이용해 그 행위가 반역적이라는 주장을 부인했습니다.

1649년 8월 17일, 프레스턴(Preston)의 해밀턴(Hamilton) 공작의 지휘 아래 스코틀랜드인들이 당한 패배는 계약을 통해 꿈꾸어 왔던 모든 합의에 종식을 가져왔습니다. 결국 찰스의 사형은 피할 수 없는 것이 되었습니다.

잉글랜드에서는 군대가 권력을 잡고 있었습니다. 반면 스코틀랜드에서는 계약을 반대하는 사람들의 주장이 옹호받고 있었습니다. 그리고 반계약파가 그 반대파들을 호의적으로 대할 리가 없었습니다. 그들은 즉시 의회에서 계급 법령을 통과시킬 기회를 잡았습니다. 그것은 민간과 군대 고위층이 계약을 지지하지 못하게 하는 법이었습니다.

---

20. *ibid*. vol.1, pp.529-531.

루터포드는 자신이 그 문제에 어떤 입장을 취하고 있는지를 분명히 했습니다. 그는 '다수 안에 있는 악'이 하나님의 진노를 불러일으켰다고 주장하며 우려를 표했습니다. 그는 '회의에 제출할 서류를 작성하고 죄로 가득한 계약에 따르도록 가르치며 비밀 집회에 참석한 형제들을 볼 수 있었다'고 말했습니다. 그리고 파이프에서 보낸 편지에서 그는 그런 집회를 연 퍼스 장로회를 기소했습니다.[21] 이런 솔직함 때문에 1649년 1월 5일에 임명된 회의 위원회는 루터포드를 의회와 계약 문제를 협상할 자로 선택했습니다.

1649년 1월 30일, 찰스의 사형 집행은 그의 지지자들에게 극한 반대를 불러일으켰습니다. 전 왕이 장로교를 수호해달라는 자신들의 간청을 매우 오만하게 무시했음에도 불구하고 스튜어트 왕가에 대한 스코틀랜드인들의 충성은 여전히 깊었습니다.

찰스의 죽음에 대한 불만은 군대에 쏟아졌습니다. 군대의 고위층들은 주로 독립교회주의자들이었습니다. 언약파들은 자신들이 곤경에 처한 것을 알게 되었습니다. 언약파들은 국왕을 원했습니다. 그리고 스코틀랜드의 합법적인 통치자에게 충성을 다할 것을 요구했습니다.

부친의 사형 집행이 있은 지 6일 후, 어린 찰스 스튜어트는 네덜란드에 머무르는 동안 왕이 되었습니다. 그러나 의회에서는 언약을 받아들인다는 조건으로 그의 왕위를 인정하겠다는 내용의 법을 통과시켰습니다. 찰스는 부친과 마찬가지로 언약에 대해 호의적이지 않았습니다. 아가일은 오렌지(Orange, 윌리엄 3세) 공에게 편지를 써서 언약을 받아들이도록 함께 찰스를 설득하자고 탄원했습니다.[22] 파리에 있는 왕당파들은 찰스가 스코틀랜드

---

21. *ibid.* (Coupar) 1648, vol.2, p.114.
22. Gardiner, S.R. (ed)., *Charles II and Scotland*, 1650, Scot. Hist. Soc., Edinburgh, 1894,

국민들의 요구에 동의할 것이라는 데 대해 매우 회의적이었습니다. 그는 '스코틀랜드인들과 조약을 맺을 것에 대해서도' [23]거의 희망을 품지 않았습니다.

찰스는, 노르웨이에서는 몬트로즈(Montrose)를 통해, 그리고 아일랜드에서는 오먼드(Ormonde)를 통해[24], 스코틀랜드를 침공한다는 것을 분명히 했습니다.[25] 그러나 크롬웰은 1649년 9월과 10월에 오먼드를 물리쳤습니다. 결국 찰스는 마지못해 언약도의 대변인인 아가일의 말을 들을 수밖에 없었습니다.

찰스는 교묘하게 시간을 벌었습니다. 존 윈램(John Winram)이 12월에 그에게 왔습니다. 그러나 1650년 1월 11일에 위원의 요구를 가지고 돌아갔습니다. 몬트로즈가 여전히 그의 곁을 지키고 있었습니다. 그리고 다음 날인 1월 12일에 찰스는 그를 가터(Garter)로 보냈습니다.[26]

찰스는 스코틀랜드 왕관이 언약 조건이라는 대가를 치를 만큼의 가치가 있었는지에 대해 의문을 가졌어야 했습니다. 이 조건들은 언약을 받아들이고 잉글랜드에 장로교를 세우며 계급 법률을 승인할 것, 로마 가톨릭을 반대하는 형법을 시행하고 그 법률에 반하는 모든 조약과 언약에 불리한 위원회

September 25, 1649. (hereafter, *C. and S.*)

23. *ibid. A Letter from Paris*, January 30, 1650; also February 27, 1650, pp.6 and 16.
24. 몬트로즈(Montrose, 1612-1650). 영국 내란(청교도 혁명) 때 스코틀랜드에서 잉글랜드의 찰스 1세를 위해 싸워 여러 차례 빛나는 승리를 거두었던 스코틀랜드의 장군입니다.
오먼드(Ormonde, 1610-1688). 영국계 아일랜드의 귀족이자 개신교도. 청교도 혁명의 시작 때부터 1688년의 명예 혁명 때까지의 대부분의 기간을 아일랜드에서 영국 왕실의 주요 대리인으로 활약했습니다.
25. *ibid.* From Stockholm, January 26, 1650, p.10; Letter from Henry May to Secretary Nicholas, March 30, p.49.
26. *ibid. A Letter from Paris*, February 12, 1650, p.8.

를 폐지할 것을 내용으로 하고 있었습니다.

그가 스코틀랜드인들을 공공연히 미워했으면서도[27] 언약파들과의 계약을 한 달 이상 고려했다는 것은 놀라운 일입니다. 그의 주된 관심은 몬트로즈에 대한 것이었습니다. 그는 몬트로즈가 무력 항쟁을 포기한다면 그를 사면해 줄 것을 주장했습니다.[28] 언약파들이 그것에 동의하자 찰스도 그들과의 계약을 받아들였습니다.

윌리엄 플레밍(William Fleming) 경은 몬트로즈의 항복을 받아내는 난처한 일을 맡게 되었습니다. 그러나 찰스는 통례적인 스튜어트 왕조의 간교한 책략을 사용해 몬트로즈가 저항하도록 부추겼습니다. 4월 27일, 카비스데일(Carbisdale)에서 몬트로즈가 패하고 결국 사형을 당하게 되자 찰스는 언약파들의 요구를 따르는 것 외에는 다른 선택의 여지가 없다는 것을 알게 되었습니다.

오렌지 공은 그에게 편지를 썼습니다.[29] 후에 스코틀랜드인들과 맺은 계약을 승인하지 않으려고 한 그의 어머니 헨리에타 마리아(Henrietta Maria)[30] 조차도 그에게 '그가 그것을 통해 재산과 입지를 세울 수 있고 언젠가 기회가 왔을 때 자유를 얻을 수 있도록 그들과의 계약에 합의하라'[31]고 조언했습니다.

찰스는 6월 23일에 입안된 계약의 선포에 서명했습니다. 그러나 그것은 단지 스피마우스(Speymouth)에 도착했을 때 아가일에 의해 언약에 동의한

---

27. ibid. *A Letter from Breda*, May 16-26, 1650, p.109.
28. ibid. *A Letter from Paris*, April 13-23, 1650, p.66.
29. ibid. *A Letter from the Prince of Orange*, April 17-27, 1650, p.69.
30. ibid. *Letters*, May 26, 1650, p.106.
31. ibid. *Letters from Beauvais*, February 28, 1649, p.19.

왕으로서 1651년 1월 1일에 스코틀랜드 왕이 되기 위해서 한 행동일 뿐이었습니다.

찰스를 언약의 왕으로 세우겠다는 아가일의 꿈은 실현이 불가능한 이상에 불과했습니다. 스코틀랜드인들은 '그에게서 단지 허영과 경솔함' 만을 발견할 뿐이었습니다. 그들은 그를 '자신들의 믿음에 대한 굽히지 않는 옹호자'[32]로 세우는 일에 절망했습니다. 찰스가 온건한 언약파들을 왕당파로 바꾸는 것은 아가일이 찰스를 언약자로 바꾸는 것보다 더 쉬운 일이었습니다.

스코틀랜드 교회는 직접 항의한 것은 아니었지만 찰스가 춤과 기도서를 좋아하고 성찬식에서 무릎 꿇는 것을 고집하는 것을 탐탁지 않게 여겼습니다. 알렉산더 레슬리(Alexander Leslie)의 패배는 언약파 군대를 약화시켰습니다. 뛰어난 장교와 병사들이 9월 2일과 3일에 던바(Dunbar)에서 목숨을 잃었습니다. 그것은 찰스와 언약파에게 매우 중대한 문제였습니다.

아가일은 계약을 지지하는 사람들을 더 이상 무시할 수 없다는 것을 알게 되었습니다. 스털링에서 군대는 유명무실해졌습니다. 반면 12월 1일에 해밀턴에서 램버트(Lambert) 장군이 길버트 커(Gilbert Ker) 대령을 물리치자 스트래천(Strachan) 대령은 크롬웰의 곁을 떠났습니다. 스코틀랜드가 찰스를 중심으로 다시 규합하고 크롬웰의 군사적 압력에 저항하려면, 계약자들의 도움이 결정적으로 필요했습니다.

3월에 계급 위원단은 군대 위원단에 계약자들의 임명을 찬성하는 투표를 했습니다. 그것은 총회가 마지못해 승인한 결정이었습니다. 그리고 6월 2일에 계급 법률이 폐지되었습니다. 아가일의 지배권은 이제 막 내렸습니다.

크롬웰이 동쪽에서 북쪽을 향해 진군하는 동안 찰스가 이끄는 서쪽의 스

---

32. ibid. *A Letter from Breda*, April 21-May 1, 1650, p.74.

코틀랜드인들은 남쪽으로 진군해 잉글랜드로 들어갔습니다. 그러나 결국 9월 3일에 우스터(Worcester)에서 패하고 말았습니다. 전쟁 후 찰스의 패주로 스코틀랜드 왕위에 오른 언약의 왕이라는 꿈은 막을 내렸습니다.

정치적, 군사적 사건들은 장로교 지도층에 분열을 가져오며 종교적 반향을 불러일으켰습니다. 계약자들과 반계약자들 사이의 불화는 에딘버러의 서부 교회의 열린 회의에서 시작되었습니다. 찰스는 내란이 자신의 왕조가 지은 죄의 결과라고 고백하라는 요구를 받았습니다. 패트릭 길레스피는 이것을 군사적 원조의 조건으로 삼기를 원했습니다.

스코틀랜드인들의 주장대로 1650년 8월 16일, 찰스는 계급 위원단이 인가한 위원회의 거부를 받아들였습니다. 던바에서 추방당한 군대가 패하자 왕당파들과 그들을 따르는 자들, 그리고 만일 더 나은 상황이었다면 언약도가 결코 동료로 삼지 않았을 사람들을 받아들여야 하는 상황이 되었습니다.

찰스에게 있어서 던바에서의 패배는 어쩌면 다행스런 상황이었습니다. 루터포드는 그것을 타협하는 나라에 대한 하나님의 심판으로 보았습니다. 루터포드와 뜻을 같이 하는 사람들은 군대의 더 심도 깊은 숙청을 요구했습니다. 반면 그들을 반대하는 자들은 군대가 지나치게 깨끗하게 하려는 노력으로 심각하게 약화되었다고 주장했습니다.

† **저항자들과 결의 지지자들 사이의 갈등**

덤프리스(Dumfries)에서 입안된 악정(惡政) 진정서[33]가 1650년 10월 16일에 위원회에 제출되었습니다.[34] '약간의 논쟁 끝'에 베일리는 "악정 진정서

---

33. 악정 진정서는 스트레천과 커 대령의 지휘 아래 있는 언약파 군대의 지도자들이 입안했습니다.

의 입안이 어느 정도 완성되었다"라고 썼습니다.35 그것을 누가 작성했는지는 정확히 알 수 없습니다. 워리스턴(Warriston)은 그의 일기에서 자신이 작성했다는 것을 부인했습니다. 그러나 그가 실제로 그것을 작성하지는 않았다고 해도 그가 그 일에 참여한 것만은 분명합니다.

악정 진정서는 언약과 관련하여 계급 위원단의 무능함과 찰스의 불성실함을 상술하고 있습니다. 진정서는 또 다른 정치적, 종교적 당파, 즉 '항변파(Remonstrants)'가 작성한 것이었습니다. 비록 저항자들과 밀접한 동맹 관계를 맺고 있었지만 그들은 그들과 같은 성격의 사람들은 아니었습니다. 저항자 가운데 많은 사람이 후에 크롬웰 밑에서 일했습니다.

진정서가 작성되는 동안에도 루터포드는 분주히 위원회 일을 하며 파이프에 있었습니다. 퍼스와 스털링에서는 형편없는 봉급과 심한 차별 대우를 받고 있는 군인들의 상황과 왕실 호위병들의 불경스런 행위에 대해서 조사했습니다.

퍼스와 스털링에서 위원회는 루터포드를 포함한 위원들을 진정서를 심사할 위원단으로 임명했습니다. 루터포드는 진정서에 찬성하는 입장이었습니다. 그것이 사실을 언급한 것이라고 믿었기 때문이었습니다. 그러나 위원회는 그것을 다른 각도에서 보았습니다. 그들은 그것이 교회 연합에 대한 위협이라고 주장했습니다.36

루터포드는 커에게 항변파들이 크롬웰과 타협하게 될까 봐 걱정이라며 자신은 그들이 교회나 정부와 화목하기를 간절히 바라고 있다고 말했습니다.

---

34. Baillie, vol.3, pp.115-118.
35. *ibid.* vol.3, p.118.
36. *C. and S.*, Letters from Perty, November 23, 1650.

그러나 결국 그는 그 일에서 실패하고 말았습니다. 그리고 자신이 극단주의자 진영에 어쩔 수 없이 들어가게 된 것을 알게 되었습니다.

서쪽 지방은 언약에 대한 의지가 매우 강했습니다. 따라서 그 지역에서 군대를 일으키는 데는 어려움이 전혀 없었습니다. 1650년 12월 1일, 해밀턴에서 서부 군대가 램버트에게 패하자 항변파와 위원회 양쪽 모두 고통스런 타격을 받았습니다. 독립교회주의자들의 무장 세력을 제압하기 위해서는 분명 군대가 필요했습니다. 다만 계약자들을 포함시킬 만큼 광범위하게 군대를 모집할 것인가가 문제였습니다.

12월 14일에 의회는 위원회에 조사를 제기했습니다. 의회는 '군대에 어떤 사람들이 들어오도록 허용할 것인가?' [37]라는 문제를 제기했습니다. 장로교 지도층의 불화를 치유하고 전쟁터에서 강한 군대를 양성하는 일에 온 신경을 쓰고 있던 위원회는 '모든 지각 있는 사람들'을 포함시키고 '출교당한 사람, 신성 모독적인 행위로 악명 높은 사람, 극악무도한 사람, 계속해서 완고하게 하나님의 언약과 뜻을 반대하고 적대적으로 행동하는 사람' [38]을 배제하기로 뜻을 모았습니다.

위원회의 '결의(Resolution)'는 우연히 정치적 비난을 모면해 보려고 하는 의회의 뜻과 맞았습니다. 결의서 사본이 크롬웰을 지지하는 사람들을 비난하는 법 조항과 함께 장로회로 보내졌습니다. '결의서'는 국가적으로 광범위한 지지를 받지는 못했습니다. 에이어, 글래스고, 아버딘, 페이슬리, 스털링의 장로회는 '결의서'가 언약의 문제에서 방어의 문제를 구별해 놓았다고 주

---

37. *Record of the Commissions of the General Assembly of the Church of Scotland*, Scot. Hist. Soc. Edinburgh 1892, vol.2, p.158.
38. *ibid*.

장했습니다.

1651년 1월, 위원회는 세인트 앤드루스에서 다시 모였습니다. 루터포드는 위원으로 일하고 있지도 않았고 회의에 제기된 문건 가운데 그 어느 하나에도 서명하지 않았지만 회의의 첫날에 참석했습니다. 그러나 그는 이 일에 대해 전혀 관심이 없었습니다. 또한 위원회 사람들과도 편안한 관계가 아니었습니다.

3월 19일에 '위원회는 현재 공적인 신용을 잃은 자들을 계급 위원단의 회원으로 받아들이는 문제에 대해 두 번째 질의를 받았습니다.'39 위원회는 회의 참석 인원이 부족하다는 이유로 답변을 주지 않았습니다.

4월 5일에 계급 위원단은 퍼스에서 같은 달 17일에 위원회를 소집할 것을 요구했습니다. '계급 법률을 폐지하는 것이 죄악이고 불법적인 것인가에 대해 그들의 분명하고 신중한 판단과 결정을 내리기 위해서였습니다.'40 루터포드가 속한 위원회는 앞에서 언급한 날짜에 모일 수 없다며 애매하고 회피적인 행동을 취했습니다.

대회(Synod)는 쿠퍼(Cuper)에서 모여 그 문제를 해결해야 한다고 강력하게 촉구했습니다. 그리고 의회에 폐지안을 추진하도록 촉구했습니다. 루터포드는 다른 사람들과 함께 강력하게 반대했습니다. 그러자 대회가 하원에 편지를 보냈습니다. 그 편지는 루터포드와 그의 동료 반대자들의 이의, 그들에 대한 총회(General Assembly)의 반대를 언급하며 폐지안을 승인한다는 내용을 담고 있었습니다.41

---

39. *ibid.* vol.3, p.345.
40. *ibid.* vol.3, p.361.
41. Row, pp.264 and 269.

5월 24일에 위원회는 대립과 갈등을 일으키고 있는 계약자들의 문제를 하원으로 넘겼습니다. 그 결과 위원회는 계급 법률을 통과시키지 않았습니다. 그러나 그것을 폐지시킬 수도 없었습니다. 위원회는 그 문제를 하원에 아무 조건 없이 넘겨준 것은 아니었습니다. 조건은 다음과 같습니다.

1) 1648년 이후 신앙과 관련된 의회의 어떤 법률도 폐지할 수 없다.
2) 반계약자들에 대한 일체의 보복 행위를 금한다.
3) 어떤 반계약자도 그 직위에서 물러나게 할 수 없으며, 1648년 이후 그 직위에 있게 되었다고 해도 여전히 신뢰할 만한 사람이라면 현재 직위에서 물러나게 할 수 없다.
4) 의회는 서약에 서명한 어떤 사람도 다시 받아들일 수 있다.

같은 날, 위원회는 장로회에 반결의자들을 다스리도록 압력을 주기 위해 편지를 보냈습니다. 베일리는 '루터포드 목사와 제임스 거스리 목사가 쓴 단호한 편지'에 주목했습니다.[42] 7월 16일에 세인트 앤드루스에서 회의가 열릴 때까지 루터포드와 거스리는 계속해서 그 같은 행동을 취했습니다.

이 회의에서 저항파의 지도층은 루터포드에게 의지했습니다. 지도자가 될 수도 있었던 워리스턴은 계급 위원단이 참석하는 것을 지나치게 우려했습니다. 반면 패트릭 길레스피와 제임스 거스리, 그리고 두 명의 다른 지도자 후보는 많은 영향력을 행사할 수 있는 위치에 있지 않았습니다. 그들이 회원으로서 불안정하다는 것이 이유였습니다.

결의자들은 루터포드가 반대 진영에 있는 것을 보고 몹시 근심했습니다.

---

42. Baillie, vol.3, p.126.

그는 웨스트민스터, 장로교의 승리와 관계가 있는 사람이었습니다. 그들은 많은 사람이 루터포드를 따를 것을 알고 있었습니다. 그들은 루터포드를 반대했다는 이유로 워리스턴을 비난했습니다. 워리스턴은 일기에 루터포드가 '다른 사람들이 만들어 놓은 덫에 걸려들었다' 라고 적었습니다.[43]

반결의파는 최소한 결의의 승인을 미루거나 가장 좋은 경우에는 승인 거부를 얻어 내기 위해 계획을 세웠습니다. 그들은 또한 결의안을 통과시킨 하원 의원들을 반대했습니다. 그들이 자신들의 자리를 차지했을 뿐만 아니라 하원의 심의 과정도 수치스러웠다고 주장했습니다.

루터포드는 회의의 규약을 비난하는 문건을 제출했습니다. 격렬한 논쟁 후에 이 회의는 분열을 일으키는 위험스런 조직으로 분류되어 비난을 받았습니다.[44] 루터포드는 회의가 네 가지 점에서 불법적이라고 선언했습니다.

1. 그것이 미리 제한된 회의였다. 위원이 회의에 보낸 편지로 위원을 선택할 자유가 방해를 받았다. 그 편지는 회의에 만족하지 않은 모든 사람의 명단을 요구하는 내용을 담고 있었다.
2. 국왕의 편지가 회의에 위압감을 주었다.
3. 고등 판무관의 연설이 회의의 회원을 미리 제한하는 결과를 가져왔다.
4. 태만하고 무능력한 전 위원회의 회원들이 회의의 회원이었다.[45]

---

43. Warriston, A., Diary, *1632-1639*(ed. Johnston, A.), Edin. Univ. Press, Edinburgh 1911(hereafter - Warriston).
44. Row, p.275.
45. *ibid.* p.277.

루터포드는 워리스턴의 지지를 받았습니다. 워리스턴은 그의 일기[46]에 루터포드가 어떻게 회의에 자신의 문서를 제출했는지를 기록했습니다. 또한 루터포드는 총회 의장에게 결의자들을 반대하는 워리스턴의 공적인 편지도 제출했습니다. 7월 18일 혹은 19일에 그 편지를 낭독하겠다는 약속을 했지만 실행에 옮겨지지는 않았습니다.[47]

규약에 대해 루터포드가 그토록 강력하게 비난했음에도 회의가 그에게 어떤 불리한 조치도 취하지 않았다는 것은 놀라운 일입니다. 특별히 회의가 던디로 옮겨간 후 길레스피, 거스리, 심슨을 물러나게 한 것을 보면 더욱 그렇습니다. 8월 28일에 앨리스에서 모인 위원회는 잉글랜드 군대에 포위되지만 않았다면 그를 물러나게 하려 했을 것입니다.[48]

회의는 분명한 반저항파가 되었습니다. 그리고 '저항자들을 향한 경고와 선언(A warning and declaration directed against Protesters)'을 공포했습니다.[49] 루터포드는 그들의 대변자 역할을 했습니다. 루터포드는 길레스피와 거스리, 워리스턴의 정치적 계획에 동조하지 않으면서도 길레스피와 거스리의 도움을 받아 자신이 저항파의 지도자가 되어 있다는 것을 알게 되었습니다.

저항파들은 루터포드가 자신들을 이끌고 있다는 것을 행운으로 여겼습니다. 그들은 주로 반계약자들과 초청교도파의 지도층에게서 지지를 끌어냈습니다. 루터포드의 웨스트민스터에서의 활약과 지도력에도 불구하고 런던에

---

46. *ibid.* pp.84-86.
47. *ibid.* p.86. Row, p.279.
48. Warriston, p.140.
49. Ogilvie, J.D., *Resolutioner - Protester Controversy*, Transaction of the Edinburgh Bibliographical Society 1930. vol.4, p.330.

는 장로교의 특징인 연합과 단결을 찾아볼 수 없었습니다.

결의자들은 데이비드 딕슨과 로버트 더글러스가 이끌었습니다. 그들은 찰스가 우스터에서 패할 때까지 계급 위원단의 지지에 기댈 수 있었습니다. 베일리는 저항자의 명분이 젊은 목회자들 사이에 광범위하게 수용되었다고 주장합니다.50 그들 가운데에는 항변자가 많았습니다.

루터포드는 자신이 택한 명분을 위해 언제나 열정적으로 일했습니다. 워리스턴은 그의 일기에서 1651년 8월의 그의 모습을 묘사했습니다. 그의 모습은 저항자들을 대변하는 논문과 편지, 그리고 설교를 쓰느라 늘 분주한 모습이었습니다.

저항에 대한 루터포드의 열정적인 옹호는 글래스고의 한 목사에게 보낸 편지에서 분명하게 볼 수 있습니다. 워드로는 그 목사가 결의파에게 멸시를 받았거나 적어도 그들에게 고통을 당한 사람이었을 것이라고 믿습니다.51 아마도 그 목사는 던디에서 목사직을 박탈당한 패트릭 길레스피였을 것으로 추정합니다.

루터포드는 그에게 다음의 편지를 썼습니다. "비록 당신이 투쟁과 갈등을 일으키는 사람처럼 보여도 당신은 주님이 아닌 다른 이유로 갈등과 분쟁을 일으키는 자가 결코 아닙니다. 그분은 평화를 찾으러 오시지 않았습니다. 오히려 악한 자들과 분열과 갈등을 일으키기 위해 오셨습니다."52 루터포드 자신도 이전 친구들에게 분쟁과 갈등을 일으키는 사람이라고 비난받았습니다.

우스터에서 찰스가 패하자 스코틀랜드에서 끝까지 버티는 완강한 왕당파

---

50. *op. cit*, vol.3, pp.313,314.
51. *op. cit*, vol.45, p.14.
52. *Letters*, (undated) 1651, vol.2, p. 376.

들에게는 상황이 복잡해졌습니다. 저항자들은 1651년 10월 초에 자신들의 입장을 살피고 공동의 정책을 조직적으로 세우기 위해 에딘버러에서 만났습니다. 인정받는 지도자였던 루터포드는 의장을 맡았습니다.

비록 개인적인 죄의 고백과 함께 고해실에서 시작하기는 했지만 길레스피는 저항을 강력하게 하기 위해 사람들을 모았습니다. 저항자들은 결코 타협하지 않는 자들이었습니다. 따라서 그들이 찰스와의 공식적인 결의, 세인트 앤드루스 회의를 모두 비난한 것은 놀라운 일이 아니었습니다. 세인트 앤드루스 회의는 부당한 것으로 선포되었지만 1650년의 위원단은 여전히 존재했습니다.

더 심도 깊은 전환이 1651년 12월에 일어났습니다. 그때 서쪽 지방의 저항자들이 킬마녹(Kilmarnork)에 모였고 『목회자들의 죄의 조사 결과』(A discovery after some search of the sins of the Ministers)라는 제목의 소책자를 만들었습니다.[53] 밸푸어(Balfour)는 그의 『연대기』(Annals)에서 거스리와 길레스피가 주로 책임을 맡고 있었지만 군주에 대한 저항과 의회의 특권 유지, 장로교 정부의 옹호라는 부분에서 루터포드의 영향력을 찾아 볼 수 있다고 말합니다.

모든 저항자가 루터포드처럼 엄격한 노선을 취한 것은 아니었습니다. 몇몇 사람은 기꺼이 크롬웰과 타협하려고 했습니다. 에딘버러에서 열린 저항자들의 '위원회' 모임에서 크롬웰에 대한 저항파의 태도에 대해 논쟁을 벌였습니다. 그 모임은 평화로운 모임과는 거리가 멀었습니다.

목회자의 명령에 신물이 난 많은 평신도가 크롬웰과 타협하는 것을 옹호했습니다. 이 회의의 결과 그들은 크롬웰에게 편지를 보내기로 했습니다. 그

---

53. Balfour, J., *Annals*, Aitchison, Edinburgh, 1824, vol.4, p.330.

편지는 크롬웰파에게 잘 보이려고 애를 쓰는 것처럼 보였습니다. 그러나 그 시도는 실패로 끝나고 말았습니다. 크롬웰은 그런 시도에 전혀 관심을 보이지 않았습니다.

1654년까지 저항자들 사이의 분열은 모든 사람이 알 정도로 분명해졌습니다. 그것은 그들의 명분에 치명적인 타격을 입혔습니다. 그해 2월에 그들의 분열을 봉합해 보려는 시도가 제기되었습니다. 그러나 그 시도 역시 실패로 끝나고 말았습니다. 결국 워리스턴과 길레스피가 크롬웰과 협상을 벌여야 한다는 제안이 나왔고 그들은 그것을 신중하게 고려하였습니다.

저항파 지도층의 연합이 불가능해지자 저항자와 결의자의 화해는 거의 불가능해 보였습니다. 그러나 한 가지 시도가 이루어졌습니다. 양쪽 진영의 목사들이 1652년 5월에 에딘버러에서 만났습니다. 워리스턴은 루터포드에게 참석하지 말라고 설득했습니다. 루터포드는 화해하는 것이 내키지 않았습니다. 이 시기 그는 비타협적 자세를 견고하게 지키지 않았다는 이유로 점점 더 자신의 당에 환멸을 느끼고 있었습니다.

1652년의 겨울에 저항자들은 멘지스(Menzies), 차터리스(Charteris), 아버딘의 시장인 제프리(Jaffray) 같은 극단주의 청교도들의 지지를 잃었습니다. 10월에 많은 서쪽 지역 사람들이 결의파의 지도층에 합류했습니다. 11월에 두 반대파를 화목시키는 강도 높은 시도가 이루어졌습니다. 그러나 그것도 결국은 실패로 끝나고 말았습니다. 주된 이유는 『던디 회의의 무효와 하나님의 진노의 이유』(Nullity of the Dundee Assembly and Causes of God's Wrath)라는 제목으로 저항자들이 출간한 논문 때문이었습니다.

루터포드는 크롬웰과 타협하는 것을 강력하게 반대했습니다. 루터포드는 크롬웰파와의 타협을 옹호하는 사람은 저항자의 명분을 배신하는 사람이라고 믿었습니다. 루터포드는 『스코틀랜드에서 잉글랜드 법령을 반대하는 증언』(Testimony against English Actings in Scotland)이라는 책에서 크롬웰을 반대하는 자신의 입장을 천명했습니다. 그 책은 그가 거스리의 도움을 받아 집필한 책이었습니다.

1653년 7월 20일에 코터렐(Cotterel) 대령은 에딘버러에 있는 세인트 자일스(St. Giles) 교회에서 모임을 갖고 있던 결의자와 저항자 집회를 해산시켜버렸습니다. 이 일이 있을 무렵에 루터포드는 저항파와는 완전히 결별한 상태였습니다. 그리고 『생명의 언약』(Covenant of Life)과 『은혜로운 삶의 영향력』(The Influences of the Life of Grace)이라는 제목의 책을 쓰고 있었습니다.

크롬웰파는 스코틀랜드를 통치하며 민심을 가장 많이 잃었습니다. 베일리는 국가의 빈곤과 감당하기 어려운 세금의 짐을 불평했습니다.[54] 루터포드는 언제나 저항자를 통렬히 반대했습니다. 크롬웰이 목사의 임명을 규제하려고 했을 때 루터포드는 독립파 신도와 관용 정책을 강하게 공격했습니다.

1654년 5월 8일에 길레스피의 목사 안수[55]가 런던에서 강력한 항의에 부딪혔습니다. 로우는 그의 책 『블레어의 삶』(Life of Blair)에서 다음과 같이 언급했습니다. "일부 개신교인들을 제외하고 그곳에 명단이 올라 있는 사람은 모두 격렬히 그것을 반대하고 비난했다"[56]. 조지 멍크(George Monck)[57]는 목사 안수에 대한 스코틀랜드인들의 반대를 재빨리 간파했습니다. 저항

---

54. Baillie, vol.3, pp.288,318,387.
55. 패트릭 길레스피와 그의 당은 크롬웰에게 1654년 5월 8일에 있을 목사 안수와 관련하여 교회 문제를 해결할 임무를 받았습니다.
56. Row, p.318.
57. 조지 멍크(George Monck, 1608-1670). 앨버말리(Albemarle)의 1대 공작으로 크롬웰 공화정 시기에 스코틀랜드를 다스렸습니다.

자에게 보낸 편지에서 그는 다음과 같이 썼습니다. "이곳의 목사 대부분은 (항변파조차) 겔리스피(Galeaspie)에게 내려진 지침에 불만족을 드러냈습니다. 그 지침에 따르는 자가 있다 해도 극소수에 불과합니다. 그들은 그것에 반대하는 선포를 하려고 합니다."[58] 루터포드는 특별히 회합이 있던 날에 워리스턴의 집에서 그것을 비난했습니다.[59]

크롬웰은 스코틀랜드 교회의 정치적 권력이 내부 분열로 약화되는 것을 보고는 매우 만족했습니다. 루터포드의 지지를 얻으려고 한 열혈당원은 그가 저항자들에게 상당한 공감을 갖고 있었지만 그를 좋은 지위에 올려 놓았습니다. 그는 로버트 블레어, 로버트 더글라스, 제임스 거스리에게 '스코틀랜드의 경건한 사람들과 목사들의 불안한 상황'을 논의하기 위해 편지를 보내기까지 했습니다.

사실 세 사람 가운데 어느 누구도 그 초대를 받아들이지 않았습니다. 블레어는 건강을 이유로 들며 거절했고 거스리는 편지로 가지 않겠다는 의지를 단호하게 표현했습니다. 더글러스도 멍크의 영향을 받아 역시 가지 않겠다는 의사를 표했습니다.[60]

스코틀랜드에서 램버트 장군에게 온 신문이 공화국 반대자를 묘사한 표현인 '엄격한 장로교 신사'의 범주에 들어간 루터포드는 크롬웰이 저항자들을 통치하는 것을 거부했습니다.

멍크는 저항자들과의 협력을 찬성했습니다. 그러나 그것은 워리스턴이 제

---

58. Firth, C.H., *Scotland and the Protectorate*, University of Edinburgh Press, Edinburgh, 1895, November 10, 1654, from Dalkeith, p.33(hereafter, *S. and P.*).
59. Warriston, vol.2, p.305.
60. Baillie, vol.3, pp.243,249,281.

기했던 것보다 더 나은 이유, 즉 결의자들이 자신들의 요구보다 브로길 (Broghill)⁶¹의 간섭 때문에 찰스를 위해 기도하는 것을 그만두었다는 이유 때문이었습니다.⁶² 멍크도 크롬웰처럼 자신의 성향이 어떠하든 목사 안수를 받기로 되어 있는 목사들이 연합을 이루는 것보다 스코틀랜드의 교회 안에서 당파적 투쟁을 하는 것이 자신에게 유리하다고 보았습니다.⁶³

멍크는 목사들의 회합을 위험한 것으로 보았습니다. 그의 명령서는 고우 (Gough) 중령에게 보낸 위임장을 담고 있었습니다. 그 위임장에는 그에게 목사들의 모임 장소에 가서 경고한 후, 여섯 시간 안에 해산하고 마을을 떠나도록 알리라는 명령을 담고 있었습니다.⁶⁴ 그러나 목사 임명은 목사들을 연합시키지 않고 그들을 더 분열하게 만들었습니다.

크롬웰은 1654년 3월에 길레스피와 다른 두 명을 보내 항변파의 지도자들을 이해시키려고 했습니다.⁶⁵ 그러나 그들에게 그는 강탈자에 불과했습니다. 목사 임명에 대한 그들의 답변은 『숙고』(Considerations)와 『불만』 (Grievances)이라는 두 권의 책에 표현되어 있습니다. 사실 저항파과 결의파가 동의한 단 한 가지는 바로 크롬웰을 반대하는 것이었습니다.

그러나 이 모든 불화에도 불구하고 목사 임명은 온건주의자들을 하나로 모았습니다. 제임스 딕슨(James Dickson)과 로버트 블레어는 1655년 6월에 반대파들을 모으기 위해 에딘버러에서 모임을 가졌습니다. 그 모임에 루터

---

61. 브로길 경은 결의파와 저항파들을 크롬웰의 통치하에 평화롭게 살도록 설득하려고 했습니다.
62. Firth, C.H., *Scotland under the Commonwealth*, University of Edinburgh Press Edinburgh, 1985, p.LIX.
63. *S. and P.*, p.280.
64. *ibid*. LVIII.
65. *ibid*. Letters from Lilburne to Cromwell, Dalkeith, March 16, 1654, p.LVII.

포드는 참석하지 않았습니다. 길레스피는 그들의 제안을 환영했습니다. 그는 공화파들에게 더 우호적인 시선을 가졌던 것으로 보입니다.

저항자들의 명분을 확고하게 지켰던 워리스턴과 거스리는 교회의 철저한 개혁이 없다면 저항자들이 주도하는 어떤 연합에 대해서도 거부할 것을 분명히 했습니다. 베일리는 워리스턴과 거스리의 주장이 그 모임의 와해를 가져왔다고 말합니다.[66]

루터포드가 그 모임에 참석하지 않은 것은 하나님의 섭리였습니다. 그는 길레스피가 저항파를 이용하는 것을 철저히 반대했습니다. 그리고 거스리와 워리스턴의 완고한 태도에 전혀 뜻을 같이 하지 않았기 때문에 그가 참석을 했다고 해도 홀로 길을 가야 했을 것입니다.

그 모임은 적어도 저항파와 결의파의 문제를 인간적인 방법으로 해결할 수 없다는 것을 확인시켜 주었습니다. 오직 시간과 변화된 상황만이 그 분열을 치유할 수 있었습니다. 그리고 그것은 사실이었습니다. 그 모임은 스코틀랜드 신앙사에서 분열을 종식시키는 계기가 되었습니다.

1656년 이후에 거스리와 워리스턴이 점차 크롬웰 쪽으로 기울어졌습니다. 그리고 거스리는 마침내 크롬웰 시대에 직책을 받아들였습니다. 워리스턴과 거스리는 여전히 언약에 대한 부담을 안고 있었기 때문에 새로운 언약을 위해 탄원했습니다.

베일리는 거스리가 '1655년 1월에 저항자들의 모임이 있기 전 새로운 언약에 생각을 제안했다'[67]라고 말합니다. 길레스피는 크롬웰을 기쁘게 하고 싶은 열망에 그것을 거부했습니다. 그것이 크롬웰에게 불쾌감을 줄 것을 염

---

66. Baillie, vol.3, p.280.
67. *ibid.* vol.3, p.297.

려했기 때문이었습니다. 거스리는 그것을 작성하는 일로 분주했습니다. 그리고 그해 9월, 마침내 그것을 완성했습니다. 아쉽게도 거스리가 입안한 문건의 사본이 현재 남아 있지 않습니다.

거스리와 워리스턴이 크롬웰에게 변절한 것 때문에 강력하게 비난받은 스코틀랜드 추밀원은 그들에게 출두 명령을 내렸습니다. 그들은 사과를 하는 정도로 그 상황을 모면할 수 있었습니다. 언약 계획은 실패했습니다. 저항자들에게 권력을 주려는 움직임은 분명한 실패로 끝났습니다.

결의파는 크롬웰의 반감을 불러일으켰습니다. 그들이 어린 찰스를 위해 기도하기를 고집했다는 것이 이유였습니다. 1652년 8월 2일과 1655년 3월 26일의 반대 선포에도 불구하고 기도는 계속되었습니다. 그리고 그것은 많은 사람이 투옥되는 결과를 낳았습니다.

다행히도 분열된 스코틀랜드에 여전히 반대파와 화해하기를 열망하는 사람들이 있었습니다. 그리고 1655년 더 심도 깊은 시도가 이루어졌습니다. 길레스피는 에딘버러 목사들의 회의를 주선했습니다. 그러나 베일리의 표현을 빌리면 '그들의 잘못으로 불화는 계속되었습니다.'[68] 그 회의는 1655년 11월 8일에 열렸고 3주 동안 계속되었습니다.

결의파가 한 목소리로 말하는 반면 저항파는 세 무리로 나누어졌습니다. 어떤 이들은 반대파와 연합을 주장했습니다. 다른 이들은 목사 임명을 지지했습니다. 나머지 무리는 저항을 계속하기로 결정했습니다. 불화가 거의 치유된 것은 결의파와 저항파 양쪽 모두에게 매우 명예로운 일이었습니다.

결의자들과의 화해를 반대한 워리스턴과 거스리는 양쪽 파가 여전히 불화 상태로 회의가 끝나는 것을 보고 강한 만족을 나타냈습니다. 양쪽 모두의 논

---

68. *ibid.* vol.3, p.296.

쟁에 지친 루터포드는 참석하지 않았습니다.

워리스턴의 행위는 설명하기 어렵습니다. 브로길(Broghill)과 함께 그는 친 크롬웰파를 만들려고 했습니다. 그러나 친 크롬웰적인 성향인 데다가 재정적 안정이 몹시 필요한 상황이었음에도 그는 크롬웰 밑에서 직책을 누리는 것을 거절했습니다. 그러나 그는 자신이 차지할 수도 있었던 사무관 직책을 루터포드가 추천장을 써서 지지한 제임스 심슨(James Simpson)에게 돌아간 것을 보고 그 직책을 거절한 것을 매우 후회했습니다.

'분할해서 지배하라' (역자주-마키아벨리의 정치에 대한 가르침)라는 크롬웰의 정책은 스코틀랜드인들 사이에 신앙적 반감을 불러일으켰습니다. 크롬웰이 저항자들에게 우호적이기는 했지만 그것은 그에게 매우 잘 맞는 정책이었습니다.

그들은 위원회에 1651년 이전에 만들어진 법령집의 법률에 따라 교회를 다스릴 것을 요구했습니다. 그리고 교회 회의가 선별한 일반 위원의 감독 아래 시찰 위원단을 각각의 교회 회의 안에 세울 것을 요구했습니다.

찰스 1세와 국회가 싸우는 동안 처음 세워진 시찰 위원단은 장로교에 위협적인 에라스투스 운동이었습니다. 장로 회의 위원단이 장로교와는 전혀 무관한 관료 주의를 형성하는 가운데 위원회가 과두 정치를 낳았기 때문에 루터포드가 위원회를 반대한 것은 정당했습니다.

교회는 국가에 영적인 독립성을 양도할 위기에 놓여 있었습니다. 전에도 매우 강한 비난을 받았던 에라스투스설은 그것을 거부해야 할 사람들에 의해 오히려 옹호를 받았습니다.

크롬웰은 스코틀랜드 교회의 개혁 능력을 의심했습니다.[69] 1657년까지 그

---

69. *Consultations of the Ministers of Edinburgh*, 1632-1660, Scottish History Society, Rev.

들의 명분이 성공할 가망성이 거의 없다는 것은 가장 과격한 저항자들조차 명백히 알 수 있을 정도였습니다. 저항파는 교회 안에서 주도권을 장악할 기회를 놓쳤습니다.

스털링에서 결의파의 목사 자리를 저항자가 대신 맡을 것을 요구하며 거스리가 회의에 제기한 탄원은 거부되었습니다. 이것은 워리스턴이 마침내 크롬웰에게서 직분을 받아들였다는 소식과 함께 저항자의 명분에 조종(弔鐘)을 울리는 일이었습니다. 또한 잉글랜드가 전제 군주제로 표류하고 있는 듯 보였습니다.

크롬웰은 '겸손한 탄원과 조언'(Humble Petition and Advice)이라는 조건 아래 국왕이 되려 하고 있었습니다. 그것은 루터포드의 『법과 국왕』을 『시민 정책의 조약』(Treatise of Civil Polity)이라는 제목으로 재출간하게 만든 사건이었습니다.

루터포드는 지도층의 분열과 자기 이익을 추구하는 일부 지도층 때문에 저항파에 환멸을 느끼고 있었지만 결의자들과 동조하지는 않았습니다. 그에게 있어서 그들은 언약을 파기한 자였고 그들 가운데 많은 이는 왕당파와 제휴한 잘못을 범하고 있었기 때문입니다.

교회의 질서에 대한 토마스 후커의 관점에 대한 루터포드의 논문 『고찰에 대한 고찰』(Survey of the Survey)로 그는 결의파를 크게 비난했습니다. 에딘버러에서 1658년 5월 25일에 열린 장로교 서신가들의 모임은 그 책의 교정을 요구했습니다.[70] 결의파는 특히 하급 법원이 상급 법원의 판결에 무조

W. Stephenson, Edinburgh University Press, Edinburgh, vol.1, p.354, 1921(hereafter, Consultations).

70. *ibid.* vol.2, p.140.

건 동의해서는 안 된다는 후커의 주장에 루터포드가 동의한 것에 이의를 제기했습니다. 그러나 루터포드는 저항자들을 비난하는 법정이 너무 자의적으로 행동한다고 응수했습니다.

† 루터포드의 말년

1658년 이후 루터포드는 급속히 대중의 시선에서 물러났습니다. 그는 크롬웰의 죽음과 1660년의 왕정 복고 사이에 일어난 정치적 책략에 전혀 관여하지 않았습니다. 그는 제임스 샤프(James Sharp)[71]를 신뢰하지 않았습니다. 그리고 결의파가 연합 법안에 대한 논쟁에서 워리스턴과 아가일의 조언에 맞서라고 1658년 11월에 샤프를 런던에 보냈을 때, 그는 샤프에 대한 자신의 낮은 평가와 결의파에 대한 적개심이 모두 옳다는 것을 확인했습니다.

그 법안이 완성되기 전 리차드 크롬웰의 의회는 1659년 4월 21일에 해산되었습니다. 의회는 샤프에게 전혀 귀 기울이지 않는 의회의 잔당(殘黨)이 이어받게 되었습니다. 운명의 바퀴는 워리스턴에게 유리하게 굴러갔습니다. 그는 샤프가 찰스와 교통했다는 의심을 받아 심문을 받은 새 국무회의의 일원이 되었습니다.

샤프는 다시는 정치 문제에 관여하지 말라는 명령과 함께 스코틀랜드로 돌아가라는 명령을 받았습니다. 그는 4월 29일에 북쪽으로 돌아갔습니다.[72] 스코틀랜드에서 샤프는 뜻하지 않게 멍크와 연합하게 되었습니다. 그는 저

---

71. 제임스 샤프(James Sharp, 1613-1679). 파이프에 있는 크레일의 목사로 1656년 8월, 결의파의 사절단으로서 크롬웰을 만났습니다. 1660년에 찰스 2세의 복위 후 세인트 앤드루스의 대감독이 된 그는 언약도를 핍박했고 1679년 5월 3일에 언약파의 한 단체에 의해 암살당했습니다.

72. ibid. vol.2, p.192.

항자에서 전향한 사람이었습니다.

멍크는 샤프가 콜드스트림(Coldstream)에서 군대에 선포할 문서를 작성하는 데 유용한 사람이라는 것을 알았습니다. 그는 조언자로 샤프를 런던에 데려간다는 조건을 제시했습니다. 샤프는 멍크를 잘 보필했습니다. 멍크가 장기 의회(Lony Parliament · 찰스 1세가 1640년 소집해 1660년까지 계속된 청교도 혁명 때의 의회)에서 복귀하는 것을 지지했습니다.

장기 의회는 런던 탑 안에 감금되어 있는 스코틀랜드의 정치범들을 자유롭게 해 주었습니다. 그리고 웨스트민스터 신앙 고백에서 공격적인 장들을 모두 제거한 채 승인했습니다. 1660년 3월에 장기 의회가 해산되었을 때 샤프는 왕정 복고를 준비하는 데 자신이 두드러진 역할을 했다는 것을 알고 스코틀랜드로 돌아갔습니다.

왕정 복고는 불가피하게 스코틀랜드인들 사이에 분열을 가져왔습니다. 거스리 같은 사람들은 모든 형태의 전제 군주제를 반대했습니다. 그러나 여전히 '언약의 왕'이라는 개념을 집요하게 붙잡고 있는 많은 저항자는 그것을 받아들일 준비가 되어 있었습니다. 이 일에서 그들은 결의파의 지지를 받았습니다. 그리고 오랜 세월의 반복과 대립에도 불구하고 그들과의 연합이 이 문제로 인해 가능해 보였습니다. 그러나 루터포드는 이들의 연합에 대해 매우 회의적이라고 고백했습니다.[73]

---

73. 『편지』, vol.2, p.405. 1660년 1월 25일에 세인트 앤드루스에서 존 머레이(John Murray)에게 보낸 편지. 존 머레이는 메스벤의 목사이며 저항자였습니다. 그는 다른 사람들과 함께 왕위에 복위된 찰스 2세에게 보낼 축사를 작성했다는 이유로 에딘버러 성에 투옥되었습니다. 그들이 축사를 작성한 목적은 찰스 2세에게 그들의 충성심을 표현하고 그에게 언약을 준수할 것을 상기시키기 위함이었습니다. 그는 반역죄로 기소 당했으나 결국 풀려났고 1672년 경 그는 비밀 집회를 열었다는 이유로 다시 투옥되었습니다. 이번에는 에딘버러의 톨부스에 투옥되었으나 또다시 석방되었지만 곧

스코틀랜드의 상황은 천천히 변화하고 있었지만 런던에서는 많은 사건이 급속하게 일어나고 있었습니다. 멍크는 선별된 위원의 명단을 작성했습니다. 그 명단에는 샤프와 크로포드(Crawford), 로더데일이 포함되어 있었습니다. 샤프는 5월에 브레다(Breda)에서 찰스를 방문하는 대표단의 일원으로 선출되었습니다.

이 무렵에는 완고한 저항자들에게조차 감독 제도가 확실히 복귀될 것으로 보였습니다. 그들은 급속한 사건의 변화로 큰 혼란에 빠졌습니다. 그리고 더글러스에게 국왕에게 그런 행위를 통제하도록 탄원할 것을 요구했습니다. 더글러스는 저항자들을 지지하는 것을 거절했을 뿐만 아니라 그들의 시대가 끝났으며 국왕에게 의지할 수 없을 것이라고 경고했습니다.74

더글러스의 경고는 아가일과 제임스 스티워트(James Stewart) 경, 존 키슬리(John Chiesley) 경의 체포로 입증되었습니다. 워리스턴은 교묘히 체포를 피했습니다. 그러나 결국 체포되어 사형당했습니다. 거스리와 다른 저항자들은 8월 23일에 에딘버러에서 열린 모임에서 체포되었습니다.

그달 마지막 날에 샤프는 찰스가 에딘버러 장로교 노회(Presbytery)에 보내는 편지 한 통을 지니고 런던에서 돌아왔습니다. 그 편지에서 그는 스코틀랜드 교회 운영 체제를 보존하기로 약속했습니다. 그리고 결의자의 집회 법안을 승인하며 더 심도 있는 집회를 소집할 것을 약속했습니다.

그러나 그 약속은 무위로 돌아갔습니다. 집회는 전혀 소집되지 않았습니다. 의회는 1661년 새해 첫날에 모인 회의에서 모든 언약의 법규를 법령집에서 삭제했습니다. 따라서 감독 제도가 9월 6일에 다시 살아나게 된 것은 놀

퀸스페리의 교구에 감금되었고 비밀 집회를 열지 말며 교구 교회에 출석하라는 명령을 받았습니다.
74. *Consultations*, vol.2, p.175.

라운 일이 아니었습니다.

  2년 동안의 공화정 시기에 루터포드는 노환으로 장로교 측에서 조언을 받으러 올 때만 의견을 표현할 뿐, 줄곧 세인트 앤드루스에 머물러 있어야 했습니다. 세인트 앤드루스는 루터포드가 일할 만한 환경이 아니었습니다. 엠워드는 그곳의 환경을 '예배에서는 모든 미신적인 것을, 교리에서는 오류를, 학생들 사이에서는 모든 신성 모독적인 대화를 양성하는 곳' 75이라고 묘사했습니다.

  분명히 그 대학의 직원들은 언약을 받아들였습니다. 그러나 대감독인 배런(Barron) 박사가 공개적으로 감독 제도를 찬성했기 때문에 그가 임명한 일부 사람들을 제외하고는 모두 사임을 하지 않을 수 없었습니다.

  언약도와의 연합을 주장했던 총장 하위 박사는 루터포드가 1647년에 그 자리를 이어 총장이 될 때까지 1608년부터 유지하고 있던 자신의 자리를 지키고 있었습니다. 총장이 되자마자 루터포드는 행정 업무에 온 힘을 기울였습니다. 그는 대학 임대료를 지불할 때 발생하는 오류를 바로잡았습니다. 그것은 하위가 잘못 운영해서 빚어진 것으로 그가 총장 자리를 잃게 된 이유였습니다.

  루터포드가 1643년에 대학의 교목이었다는 증거가 있습니다.76 머레이(Murray)는 그의 전기에서77 그가 이 자리를 1651년에 얻었다고 말합니다. 베일리에 따르면78 그 직책은 1655년에 제임스 우드(James Wood)라는 목사

---

75. Preface to *Joshua Redivivus*.
76. Record of the Kirk Session, St. Andrews, May 3, 1643.
77. Murray, p.247.
78. Baillie, vol.3, p.295.

가 맡게 되었습니다. 루터포드는 1648년에 가르침의 통일된 체제를 계획하기 위해 에딘버러에서 모인 위원회의 일원으로 일했습니다.[79] 그를 위원회의 일원으로 선택한 것은 적절한 일이었습니다.

　루터포드는 신학자일 뿐만 아니라 교육자였습니다. 그러나 학생들은 지식을 전달하는 그의 능력에 대해서는 의견이 달랐습니다. 맥크레오드(McLeod)는 『스코틀랜드의 신학』(Scottish Theology)[80]에서 '루터포드가 독립파 교회 신도를 반대하는 책을 쓰는 일에 매진하는 등 그의 개념과 가르치는 방식에서 매우 혼란스러워했다'라고 반복해서 말했습니다.

　알렉산더 콜빌(Alexander Colville)이 1642년에 시돈에서 와서 도울 때까지 루터포드는 행정과 가르침을 책임지고 있었습니다. 루터포드가 웨스트민스터를 비웠기 때문에 데니노의 목사인 제임스 우드를 1645년 6월에 교수로 임명해야 했습니다.

　장로교 지도층의 분열로 그들은 대학으로 자신들의 길을 찾아갈 수밖에 없었습니다. 직원들과 학생들은 어느 한 쪽에 가담했습니다. 우드와 콜빌은 결의파였습니다. 우드는 학생들과 직원들 사이에 분열이 일어나는 것을 안타깝게 여기며 사임을 청했고 세인트 레오나드(St. Leonard)의 총장이 되었습니다.

　루터포드가 윌리엄 레이트(William Rait)를 자신의 후임자로 추천했지만 제임스 샤프(James Sharp)를 임명해야 한다는 콜빌의 제안으로 거부되었습니다. 그것은 루터포드에게 깊은 안타까움을 안겨 준 임명이었습니다.

---

79. Bower, A., *History of Edinburgh University*, Oliphant, Waugh and Innes, Edinburgh, 1817, vol.1, pp.206-252.
80. McLeod, J., *Scottish Theology*, Edinburgh 1943, p.74.

저항파에 대한 계속된 지지로 루터포드는 많은 친구와 결별해야 했습니다. 성찬식에서 블레어, 우드와 함께 참여하기를 거절한 것이 그에게 더 깊은 반감을 가져왔습니다. 루터포드가 '다른 곳에서는 자비와 긍휼의 설교자이지만 타협하지 않는 자비와 긍휼의 목소리'[81]라고 말한 밸푸어(Balfour)의 언급이 맞는 듯해 보입니다. 그러나 루터포드가 임종 때 우드를 크게 칭찬했다고 말하는 것이 그에게 공정할 것입니다.

루터포드는 세인트 앤드루스의 장로회에서만 아니라 파이프의 장로회에서도 저항자들의 명분을 위해 싸우는 외로운 투사였습니다. 그는 저항자와 결의자의 분열이 끝나기를 바랐습니다.[82] 그러나 반대파들을 신뢰하지 않았고 자기 당의 지도부에도 환멸을 느꼈기 때문에 화해는 불가능했습니다.

국왕에게 탄원서를 쓴 후 거스리가 체포되고 투옥된 사건으로 루터포드는 자신에게 언약에 대한 의무가 있음을 다시 떠올리게 되었습니다.[83] 그 사건은 앞으로 있을 루터포드의 운명을 예시하는 것과 같았습니다. 루터포드는 직접 탄원서를 썼고, 이를 남서쪽에 있는 동역자들에게 보냈습니다. 그 탄원서에 그는 찰스가 왕위에 즉위한 것을 축하하는 마음을 열렬하게 고백했습니다. 그러나 한편으로는 교황 절대주의와 고위 성직자주의에 대한, 다른 한편으로는 독립파에 대한 우려를 표했습니다.

세인트 앤드루스에서 동료 목사에게 보낸 편지를 보면 왕정 복고의 해에 루터포드가 왜 거스리와 함께 에딘버러 성에 투옥된 사람들의 석방을 위한

---

81. Balfour, vol.3, p.413.
82. *Letters*, To John Murray(vide above reference 66) from St. Andrews, June 25, 1660, vol.2, p.405.
83. *ibid*. From St. Andrews, June 25, 1660, vol.2, pp.357,358.

탄원서를 계급 위원단에 제출하지 않았는지를 알 수 있습니다. 주된 이유는 탄원서가 언약을 놓고 타협하는 것이라는 점이었습니다. 그것은 루터포드로서는 생각도 할 수 없는 일이었습니다.84 언약에 대한 고집으로 루터포드는 위험 인물로 간주되었습니다.

거스리와 투옥된 동료들이 석방되었습니다. 그러나 계급 위원단은 9월 15일에 루터포드의 『법과 국왕』에 대해 유죄 판결을 내렸습니다. 모든 사본이 10월 16일 전에 왕실 변호사에게 넘어갔습니다.

10월 16일에 일부 사본은 공개적으로 에딘버러에서 교수형 집행인에 의해 소각되었습니다. 그리고 한 주 후, 나머지 사본도 세인트 앤드루스와 런던에 있는 그의 대학 정문 앞에서 비슷한 운명을 맞았습니다.

루터포드는 목사직을 포함해 모든 직책을 박탈당했습니다. 그의 목사 봉급도 압수당했습니다. 그는 반역죄로 계급 위원단에 출두하라는 명령을 받았습니다.

1661년 2월 15일에 루터포드가 거스리에게 보낸 편지에는 그가 순교를 하기 위한 마음이 준비가 다 되어 있음을 잘 드러내고 있습니다. 그는 그런 상황을 기꺼이 환영했을 것입니다. 그리고 사실 1660년의 겨울, 병으로 인해 나타날 수 없는 상황만 아니었어도 그는 순교를 맞았을 것입니다.

1661년 3월에 의회가 다시 그에게 출두 명령을 내렸습니다. 죽음이 자신들의 희생양을 빼앗아 갈 것이 확실해지자 의회는 대학에서 그가 죽음을 맞는 것을 허락하지 않으려고 했습니다. 그러나 벌리(Burleigh) 경은 항변했습니다. "여러분은 그 정직한 사람을 그의 대학에서 끌어내도록 표를 던졌습니다. 그러나 결코 여러분은 그를 천국에서 끌어내도록 표를 던질 수는 없을

---

84. *ibid.* From St. Andrews(undated), 1660, vol.2, p.412.

것입니다."

　루터포드는 1661년 3월 29일에 눈을 감았습니다. 그가 남긴 마지막 말은 아내에게 한 말이었습니다. 그의 아내는 그보다 14년을 더 살았습니다. 그는 세인트 앤드루스에 있는 세인트 레귤러스(St. Regulus) 교회의 묘지에 묻혔습니다. 그에 대한 깊은 존경심으로 그가 세상을 떠난 후 한동안 그의 묘지 근처에 묻히겠다고 청한 사람이 많았다고 합니다.

제7장

극단의 사람
The Man Of Extremes

이제는 루터포드의 삶과 성품을 평가하는 일만 남아 있습니다. 루터포드는 어떤 사람이었을까요? 그는 대부분의 보통 사람보다 그리스도와 더 친밀한 관계를 누린 신비주의적인 사람이었을까요? 그는 교회 문제와 관련한 민주주의자였을까요, 아니면 독재주의자였을까요? 그는 언약의 용맹스런 옹호자였을까요, 아니면 완고한 지도자였을까요?

그는 우리에게 많은 문제를 제기합니다. 그가 가히 수수께끼 같은 인물이었기 때문입니다. 데이비드 딕슨에게 그는 다음과 같이 썼습니다. "나는 극단으로 이루어진 사람입니다."[1]

그의 가장 절친한 친구 가운데 한 사람인 딕슨에게 그는 다음과 같이 호소하기도 했습니다. "나는 당신이 나를 제대로 알지 못하는 것이 두렵습니다.

---

1. *Letters*, From Aberdeen, May 1, 1637, vol.1, p.393.

만일 당신이 나의 내면을 들여다본다면 분명 나를 불쌍히 여길 것입니다. 하지만 내게 사랑이나 존경은 결코 줄 수 없을 것입니다."2

루터포드가 동시대인들에게 오해받은 것은 이해할 만합니다. 젊은 시절의 추문에 대한 그의 침묵은 그의 중상 모략자들이 그를 마음대로 비난하게 만들었습니다. 3세기 이상의 세월이 흐른 지금도 우리는 그가 왜 에딘버러의 인문학 교수직을 사임했는지를 다만 추측할 뿐입니다. 감독제주의자들이나 잉글랜드의 독립교회주의자들에게서 편견 없는 판단을 기대할 수는 없기 때문입니다.

루터포드가 '독립교회주의자'의 성도다운 삶을 인정하기는 했지만 그가 웨스트민스터에서 경험한 분열, 그들의 교회 구조에 대한 그의 공격, 그들의 교리에 대해 논문에 기재한 그의 비난으로 인해 루터포드의 이름은 17세기 독립교회주의자들에게는 사랑받을 수 없는 이름이 되고 말았습니다.

우리는 또한 어떤 결의자에게서도, 딕슨처럼 가까운 친구라 할지라도 루터포드를 편견 없이 보지 않은 사람을 찾을 수 없습니다. 톰슨 같은 전기 작가들은 루터포드가 앤워스에서 한 사역을 낭만적으로 그리려는 경향이 있었습니다. 아버딘에서의 감금 생활에 대해서도 루터포드의 글에만 의존하고 있을 뿐입니다. 루터포드의 성품에 대한 기록은 웨스트민스터 회의가 있던 동안으로 국한되어 있습니다.

우리는 베일리가 '하나님이 그에게 주신 가장 위대한 부분' 3이라고 묘사한 신학자이자 논쟁가로서의 그의 능력뿐만 아니라 '명확한 지성, 따뜻함, 뜨겁고도 진지한 사랑, 고매함, 헌신적인 영성' 4에 대해 살펴볼 수 있습니다.

---

2. *ibid.*

3. Baillie, vol.1, p.450.

『편지』를 쓴 사람이 『법과 국왕』을 집필한 작가라는 것은 쉽게 믿기지 않습니다. 앤워스에서 소박한 설교를 전한 설교자가 웨스트민스터의 신학자라는 사실도 믿기가 어렵습니다. 그가 세인트 앤드루스에서 블레어와 성찬식을 거부했던 일이나 몇몇 저항자들의 명분에 지나칠 정도로 집착한 그의 공격적인 태도 등으로 루터포드를 경솔하게 판단하려 한다면 그것이야말로 공정하지 못한 일입니다.

그의 삶과 성품을 제대로 평가하려 한다면 그를 포괄적으로 살펴보아야 합니다. 우리는 그를 웨스트민스터의 학식 깊은 신학자와 세인트 앤드루스의 격렬한 논쟁가로서 뿐만 아니라 앤워스의 헌신적인 목사로서도 보아야 합니다.

† 루터포드는 신비주의자였는가?

테일러 인스(Taylor Innes)는 루터포드를 신비주의자로 보았습니다.[5] 그러나 루터포드는 그것에 동의하지 않을 것입니다. 『열린 생명의 언약』[6]에서 그는 "진리는 신비적으로 얻을 수 없다. 인간은 신적인 면을 갖고 있기는 하지만 오류를 범할 수 있다"라고 단언했습니다. 러퍼스 존스(Rufus Jones)[7]는 루터포드가 신비주의를 몹시 반대한 사람이었다고 분명하게 말합니다.

만일 루터포드를 신비주의자로 여기려면 그의 신비주의가 가족주의나 '독

---

4. Hetherington, p.141.
5. Innes, Taylor.A., 'Samuel Rutherford,' *Studies in Scottish History*, London, 1892.
6. *Covenant.* p.140.
7. Jones, R., *Studies in Mystical Religion*, Macmillan, London, 1909, p.447.

일 신학(*Theologia Germanica*)'⁸과 구별되어야 한다는 것을 인정해야 합니다. 가족주의자들에게 연합은 그리스도와의 융합 혹은 동일하게 되는 것을 의미했습니다. 반면 '독일 신학'에서 신비주의는 영혼이 바로 하나님의 본질과 동일하게 되는 것을 뜻했습니다. 『영적인 적그리스도에 대한 고찰』에서 루터포드는 믿는 자들이 믿음과 사랑 안에서 하나님의 존재가 되는 것을 '하나님이 되고', '그리스도가 된다'라고 한 가족주의의 가르침을 강력하게 반대했습니다.⁹

루터포드에게 그리스도와의 연합은 영적인 결혼이었습니다. 따라서 그는 그리스도인의 체험을 결혼의 용어로 표현했습니다. 루터포드의 비유적 표현은 분명 감각적이고 심미적입니다. 어떤 것도 그의 언급보다 더 감각적일 수 없을 것입니다. "나는 그리스도와 나를 위해 마련된 침상이 있다고 자신 있게 믿는다. 그리고 우리가 우리의 사랑으로 그 침상을 충만하게 채울 것이라고 믿는다."¹⁰

그는 데이비드 딕슨에게 다음과 같은 말을 했습니다. "때때로 내 품 안에 그리스도를 안고 있을 때 나는 그분의 임재의 달콤함 속에서 잠에 빠져 듭니다. 그리고 그분은 내가 잠에 빠져 있을 때 내 품을 빠져 나갑니다. 나는 잠에서 깨어 그분을 그리워합니다."¹¹

---

8. 가족주의자는 헨리 니콜스(Henry Nichols)가 세운 '사랑의 가족'이라고 불린 종파의 일원을 말합니다. 이 종파는 모호한 범신론적 관점을 주장했습니다. '독일 신학'(*Theologia Germanica*)은 14세기 후반에 나온 신비주의적 논문입니다. 둘 다 영혼이 하나님의 존재에 흡수될 수 있는 방법을 제시했습니다.
9. Rutherford, S. *Survey of the Spiritual Antichrist*, p.13.
10. 『편지』vol.1, p.386. 1637년에 아버딘에서 토마스 가벤(Thomas Garven)에게 보낸 편지(날짜는 기록되지 않음). 토마스 가벤은 에딘버러의 목사였습니다. 1662년에 국왕은 그를 장로교 원칙을 주장했다는 이유로 그 도시에서 추방했습니다.

루터포드의 글 속에서 신부는 다양한 의미로 나타납니다. 때때로 신부는 남편을 잃은 켄머 부인에게 보낸 편지에서처럼 개인적인 개념이 되기도 합니다.12 그리고 윔프리의 목사의 어머니인 진 브라운(Jean Brown)에게 그는 그리스도를 그녀의 '영원히 사시는 남편' 으로 말하기도 했습니다.13

또 다른 경우에 '신부'는 교회로 정의되기도 합니다. 기도서의 도입이라는 위협적인 상황에서 메리언 맥너트에게 보낸 편지의 대부분은 이런 의미로 표현되었습니다. 그 편지에서 그는 그리스도에 대해 '자기의 교회에게 구애하는 남편' 이라고 썼습니다. 켄머 부인에게 쓴 편지에도 여러 번 교회가 '자신의 연인을 구하러 로마의 매음굴로 가고 자신의 남편인 그리스도를 포기하고 있다' 며 두려움을 표현했습니다.14

루터포드에게 있어서의 신부는 단 한 사람의 회중일 수도 있었습니다. 교구민들에게 보낸 편지에서 그는 다음과 같이 부르짖었습니다. "여러분 가운데서 행한 내 사역이 이곳의 작은 신부와 그리스도라는 신랑 사이에 결혼식을 올리게 해 주는 일이라면 내가 다른 무엇을 원할 수 있겠습니까?"15 그는 켄머 부인에게 다음과 같이 호소했습니다. "우리 주님께서 오물을 제거하시고 지옥에서 끌어내시어 아름다운 신부로 만드신, 그릇되고 쇠퇴하는 스코틀랜드가 아름다운 신랑에게서 자기의 믿음을 저버리고 매춘부의 얼굴을 하고 있습니다."16

---

11. *ibid*. From Aberdeen, September 11, 1637, vol.2, p.176.
12. *ibid*. From Anwoth, September 14, 1634, vol.1, p.118.
13. *ibid*. From Aberdeen, March 13, 1637, vol.1, p.318.
14. *ibid*. From Aberdeen, 1637(undated), vol.1, p.242.
15. *ibid*. From Aberdeen, July 13, 1637, vol.2, p.88.
16. *ibid*. vol.1, p.102. 1633년 4월 1일에 앤워스에서 존 리빙스턴에게 보낸 편지. 1637년 2월 7일에

우리는 루터포드의 감각적인 언어를 축소시키지 말아야 합니다. 그는 신비주의자는 아니었지만 신비스러운 언어를 사용했습니다. 영적인 삶이 그에게는 낭만 그 자체였습니다. 연합에 대한 그의 개념은 영적인 공감의 개념이었습니다.

이것은 켄머 부인이 잉글랜드로 가기 전에 그가 보낸 편지에서 더 잘 나타납니다. "나는 부인이 진정한 그리스도와 결혼으로 맺어져 있다고 믿습니다. 그래서 부인이 가짜 그리스도에게 부인의 사랑을 주지 않으리라고 믿습니다. 부인은 부인의 결혼식 날이 얼마나 빨리 오게 될지 모릅니다. 영원함은 부인에게 힘든 것이 결코 아닙니다."17

켄머 경의 죽음에 대해 그가 켄머 부인에게 쓴 편지에서 이와 같은 표현은 더 두드러져 보입니다. "부인의 사랑하는 남편인 켄머 경은 부인을 그리스도를 위한 미망인으로 남겨 놓았습니다. 그러하기에 부인이 홀로 침상에 누워 있다면 몰약을 바르고 그리스도를 맞이하십시오. 밤사이 함께 누워 잠잘 수 있도록 말입니다. 그러면 당신의 침상은 이전보다 더 아름다운 것으로 충만하게 채워질 것입니다."18

아버딘에서 존 리빙스턴에게 보낸 편지. 1권 234쪽 참조. 존 리빙스턴은 킬시스의 초대 목사이자 후에 래나크의 목사였던 알렉산더 리빙스턴의 아들이었습니다. 존은 1630년에 아일랜드에 있는 킬린치의 초대 목사를 지냈습니다. 그가 목사직을 시작한 지 채 1년도 못 되어 비국교도의 다운 감독은 그의 목사 직분을 일시 정지시켰습니다. 그리고 나중에는 그를 출교시켰습니다. 그러나 그는 1638년부터 1648년까지 스트랜래어의 목사로 섬겼고 총회는 그를 앤크럼으로 옮겼습니다. 1649년에는 헤이그로 가게 되었으며 나중에는 찰스 2세의 문제를 해결하기 위해 위원 자격으로 브레다로 갔습니다. 결의파 대 저항파의 논쟁에서 그는 저항파에 속해 있었습니다. 1660년 왕정 복고 때 스코틀랜드에서 추방당하여 로테르담으로 망명한 그는 그곳에서 1672년, 세상을 떠날 때까지 살았습니다.

17. ibid. From Anwoth, September 14, 1629, vol.1, p.47.
18. ibid. From Anwoth, September 14, 1634, vol.1, pp.317,318.

심리학자 로바(Leuba)는 『종교적 신비주의의 심리학』(Psychology of Religious Mysticism)에서 이성과의 신비스런 관계를 매우 중요하게 여겼습니다.

루터포드의 편지는 여성과의 친밀한 우정은 아니지만 특별히 메리언 맥너트와의 관계에서 가까운 관계임을 나타내는 충분한 증거를 보여 줍니다. 루터포드와 메리언 맥너트 사이에는 깊은 영적 공감대가 있었습니다. 그는 그녀를 '자신의 마음보다 예수님을 더 소중히 여기는 여성'[19]이라고 묘사했습니다. 그들의 관계는 상당히 친밀했습니다. "루터포드가 그토록 훌륭한 경청자를 사랑한 것은 전혀 비난받을 만한 일이 아니다"라고 알렉산더 와이트(Alexander Whyte)는 썼습니다. "사무엘 루터포드와 메리언 맥너트같이 열정으로 가득한 두 사람이 만났을 때 그들은 밤낮 황홀한 언어로 편지를 주고받았습니다."[20]

그의 젊은 시절의 추문과 젊은이들에게 했던 정욕에 대한 많은 경고를 통해 루터포드가 성적 유혹에 민감했다는 것을 알 수 있습니다. 그러나 메리언 맥너트나 그와 편지를 주고받은 다른 여성들과 연인의 감정을 나누었다는 증거는 없습니다. 그들이 누렸던 친밀한 교제는 다만 편지를 통해 이루어졌습니다.

'루터포드가 신비주의자였는가?' 라는 질문에 대한 답을 그의 놀라운 영적 성장에서 발견할 수는 없을까요? 1637년 1월 1일, 그는 다음과 같이 썼습니다. "나는 내 영혼이 사랑하는 그분을 찾기 위해 아무 수고도 하지 않았음을

---

19. ibid. To John Kennedy from Anwoth, February 2, 1632, (vide chapter 4, reference 18) vol.1, p.89.
20. S.R.C. pp.26 and 28.

고백합니다. 그리스도를 발견하는 문 가운데 내가 한 번도 빛을 비춰보지 않은 문이 없었습니다."[21]

그해까지 그는 한껏 고양되어 있었던 것으로 보입니다. 그는 반복해서 자신이 어떤 특별한 곳에 이른 것에 대해 언급합니다. "나는 그리스도께서 내가 한 번도 가 본 적이 없는 곳으로 인도하셨다고 생각합니다"라고 그는 알렉산더 고든에게 편지를 썼습니다. "나는 이전의 모든 것이 단지 어린아이 시절의 소꿉놀이에 불과했다고 생각합니다."[22]

3일 후 그는 비슷한 편지를 블레어의 알렉산더 콜빌에게 보냈습니다. "그분은 말할 수 없이 깊은 웅덩이로 나를 끌고 가셨습니다. 그리고 내가 전에는 전혀 알지 못했던 그분과 함께 기쁨의 교제를 누리는 골짜기로 나를 데려 가셨습니다. 지난 날들을 뒤돌아볼 때 나는 내 자신이 그리스도와 알파벳을 배우는 어린아이였던 것 같습니다."[23]

다음 날 그는 소(少) 얼스턴에게 편지를 썼습니다. "나는 그리스도 안에서 새로운 신비를 배우기 위하여 아버딘으로 와야만 했습니다. 나는 전에는 어린아이에 불과했었고 내가 겪었던 지난 모든 일들은 어린아이의 놀이에 불과했다는 사실을 깨달았습니다. 나는 새로운 것을 그분의 아름다움 속에서 듣고 보았습니다. 내가 새롭게 알게 된 그분은 내가 그동안 그려 왔었던 분과는 아주 많이 달랐습니다. 그분은 더 유쾌하게 웃으십니다. 그분의 입맞춤은 내가 전에 보았던 그리스도의 입맞춤보다 더 달콤하고 영혼을 소생시키는 능력까지도 있습니다. 왕이신 그분은 한량 없는 기쁨 속으로 나를 인도

---

21. *Letters*, To John Kennedy, from Aberdeen, vol.1, pp.192,193.(*vide* chapter 4, reference 18).
22. *ibid*. From Aberdeen, February 16, 1637, vol.1, p.247(*vide* chapter 2, reference 50).
23. *ibid*. From Aberdeen, February 19, 1637, vol.1, p.250.

하셨고 내가 전에는 결코 누려보지 못한 신랑과의 교제를 누리게 하셨습니다."24

데이비드 딕슨에게 그는 같은 희열 속에서 간증했습니다. "나로 말하고 글 쓰게 하는 것은 장난도 재미도 아닙니다. 나는 전에는 그리스도와의 교제에서 그런 깊은 곳까지 간 적이 없었습니다."25

루터포드가 하나님의 임재를 강하게 느꼈던 것은 분명합니다. 그의 영혼이 그토록 깊은 황홀경을 체험했기 때문에 그는 그것을 비유로 표현할 수밖에 없었습니다. 그의 비유에는 그리스도와의 연합이 있었습니다. 그러나 그것은 신비주의자가 말하는 연합이 아니었습니다.

그는 결혼과 더불어 원예 용어를 사용해 뿌리와 연합된 장미의 비유를 많이 사용했습니다. "장미는 줄기, 뿌리와 이어져 있을 때 가장 빛나는 아름다움을 발산한다."26 그는 자신을 주님을 위해 갈아 놓은 휴한지(休閑地)에 비유하며 그분을 위해 열매를 맺어야 할 땅으로 보았습니다. 그는 로버트 고든에게 편지를 썼습니다. "오, 이 마른 풀밭이 그분을 위해 수확을 거두는 비옥한 땅이 되기를!"27

그의 민감한 영혼에 강한 죄의식을 일깨운 것은 그가 그리스도와 나눈 친밀함이었습니다. 그는 자신이 '바보처럼 그리스도를 원망했던 것'을 후회했습니다. 그리고 자신의 '변덕스러움과 일관성 없음'28을 한탄했습니다.

---

24. ibid. From Aberdeen, February 20, 1637, vol.1, p.253.
25. ibid. From Aberdeen, March 7, 1637, vol.2, p.276.
26. Tryal and Triumph of Faith and Prayer: p.6.
27. Letters, From Aberdeen, January 1, 1637, vol.1, pp.195,196.
28. ibid. vol.1, p.193. 1637년 6월 3일에 존 케네디에게 보낸 편지. 존 케네디는 에이어의 시장 아들이었습니다.

아버딘에 추방당해 있던 동안 그는 다음의 글을 썼습니다. "사탄이 내 안에서 논쟁했다. 나는 내 마음이 비난으로 가득 채워진 것을 그리스도의 탓으로 돌렸다. 나는 내가 버림받은 사람이 될까 봐 두려웠다. 내가 포도원의 시든 나무가 될까 봐 두려웠다."[29]

루터포드에게는 바울과 닮은 점이 있었습니다. 사도는 자신에게 선한 것이 아무것도 없음을 한탄했습니다. 그러했기에 "오호라, 나는 곤고한 사람이로다. 이 사망의 몸에서 누가 나를 건져 내랴!"[30]라고 부르짖었습니다. 바울을 통해 우리는 루터포드를 이해할 수 있습니다. 바울은 자신을 위해 어떤 종교적 감정이나 황홀경을 구하지 않았습니다. 그것은 루터포드도 마찬가지였습니다.

두 사람 모두 간헐적으로 그리스도를 만난 것이 아니라 그리스도의 충만한 임재 가운데 거했습니다. 두 사람 모두에게 그리스도와 연합된 감정은 영적인 행위가 아닌 계시를 통해서 왔습니다. 루터포드에게도 연합은 바울과 마찬가지로 범신론적 연합이 아니었습니다.

루터포드는 모든 신비주의적인 경향에도 불구하고 결코 자신의 정체성을 잃어버린 적이 없습니다. 분명 그는 언제나 그리스도 안에서 그분과 연합되었습니다. 루터포드의 신비주의는 보통 신비주의라는 용어로 연상되는 체험이나 개인적인 체험 안에 빠져 있는 자기 도취가 아니라, 모든 그리스도인의 권리인 그리스도와의 연합이라고 결론지어야 합니다.

---

29. ibid. vol.1, p.354. 1637년 3월 14일에 아버딘에서 베스사이다 에어드에게 보낸 편지. 베스사이다 에어드는 앤워스의 교구민이었습니다.

30. 롬 7:24.

† 전제 군주주의자인가, 민주주의자인가?

지역 교회에 스스로 목사를 선택할 자유가 있어야 한다고 주장한 루터포드는 그 권리가 가장에게만 국한되어서는 안 되며 여성도 포함시켜야 한다고 주장했습니다. 그리고 그것은 감독제주의자나 독립파들에 대한 관용을 거부한 것과 일치하는 입장입니다.

그가 고위 성직자를 비난한 것이 너무 지나치다고 느낀다면, 자신들의 목적을 이루기 위해서라면 스코틀랜드 교회에 폭력도 불사할 준비가 되어 있는 왕실과 고위 성직자들이 고위 성직자 제도와 그와 관련된 관행들을 강요했다는 사실을 기억해야 합니다.

찰스 1세를 가톨릭을 복구하려는 의도가 전혀 없는 충실한 국교도이자 순교자로 보는 사람들은 3세기 이상 흐른 지금 그를 평가하는 기준이 그렇다는 점을 생각해야 합니다. 당시 루터포드에게 종교 개혁은 아직 완성되지 않았습니다. 가톨릭과의 분리가 아직 보장되지 않은 시대였던 것입니다. 17세기의 잉글랜드의 청교도들과 스코틀랜드의 장로교인들은 찰스가 고위 성직자 제도를 고집하고 기도서를 사용하며 그와 관련된 의식들을 고집하는 것이 가톨릭으로 복귀하려는 것이라고 의심할 수밖에 없었습니다.

우리는 크리스마스와 부활절을 기독교의 대표적인 축일로 기념하는 것을 쉽게 받아들입니다. 그러나 루터포드에게 있어서는 주일이 아닌 다른 날을 지키는 것은 '하나님의 말씀으로 보장되지 않은 불법적인 예배'를 뜻했습니다. 그는 교구민들에게 다음과 같이 썼습니다. "그리스도의 탄생과 죽음, 부활, 승천을 기념하기 위해 주일이 아닌 그 어떤 날도 설교와 하나님께 드리는 공적인 예배로 거룩하게 되어서는 안 됩니다."[31]

잉글랜드의 자유교회파 교인들과 스코틀랜드의 장로교인들은 중백의나 소백의를 입는 것을 반대했지만 검은 예식복32을 입음으로써 사역의 대언적인 성격을 표현했습니다. 그러나 루터포드처럼 그것을 '가톨릭 사제의 복장', '바알 제사장의 복장'33이라고 묘사한 사람은 거의 없었습니다.

자유교회파 신도들과 장로교인 가운데 대부분은 성찬식에서 무릎을 꿇는 것을 좋아하지 않았습니다. 그러나 루터포드처럼 그 관습을 '미신과 우상 숭배'라고 묘사한 사람은 거의 없었습니다. 루터포드의 언어에는 관용과 은혜가 부족했습니다. 그러나 그가 편협과 종교 분쟁의 시대에 살았다는 것을 우리는 기억해야 합니다.

루터포드는 독립교회파의 경건한 삶을 인정하기는 했지만 그들에게 결코 우호적이지는 않았습니다. 그는 켄머 부인에게 다음과 같은 편지를 썼습니다. "하나님께 가장 가까이 나와서 그분과 동행하는 사람이 되십시오."34

그는 '목사의 안수권이 지교회에 있는 것이 아니라 노회에 있다'라고 주장했습니다. 그리고 '출교권도 지교회에는 없다'35라는 문제로 독립교회파와 논쟁했습니다. 루터포드는 독립교회파를 '하나님의 말씀에 반하는 자들'36이라고 가차없이 비난했습니다.

루터포드에게 재침례파들은 자유사상가나 도덕률 폐기론자같이 문제가 되는 종파였습니다. 오늘날의 퀘이커교와 비슷한 '구도자들'도 같은 범주에

---

31. *Letters*, From Aberdeen, September 23, 1637, vol.2, p.193.
32. 역자주 - 개신교 목사가 설교할 때 입는 옷으로 원래는 칼빈파 목사가 입었습니다.
33. *ibid*. To Rutherford's parishioners, from Aberdeen, July 13, 1637, vol.2, p.89.
34. *ibid*. March 4, 1644, vol.2, p.311.
35. *ibid*. To Lady Boyd, from London, May 25, 1644, vol.2, p.313(*vide* chapter 3, reference 8).
36. *ibid*. To Lady Boyd, from St. Andrews, 1640(undated), vol.2, p.304.

포함되었습니다. 루터포드는 독립교회파 신도들과 고난을 함께 했지만 그들과 뜻을 같이 하지는 않았습니다.

17세기 스코틀랜드에서 장로교와 감독 제도 사이에 문제가 있었다는 것을 기억해야 합니다. 종교 개혁을 통해 스코틀랜드는 가톨릭의 멍에를 벗어던지고 제네바의 새로운 물결을 받아들였습니다. 스코틀랜드에서 감독 제도의 복귀는 민중에게서 나온 것이 아니었습니다. 오히려 원하지도 않는 민중에게 그것을 강요하려는 스튜어트 왕조의 시도에서 온 것이었습니다.

18세기까지 장로교는 다른 종교 단체들과 비교할 필요가 없을 만큼 막강했습니다. 스코틀랜드에서 독립교회파는 극소수에 불과했습니다. '독립교회파의 아버지'라고 불리는 로버트 브라운(Robert Browne)은 박해로 잉글랜드에서 쫓겨나 플랜더스를 방문한 후 1583년에 스코틀랜드로 와서 던디에 정착했습니다.

그는 1584년 1월 20일에 에든버러 장로회 앞에 소환되어 심문을 받았습니다. 그러나 국왕은 그가 담대하게 스코틀랜드 교회에 맞서는 것을 호의적으로 보았던 것 같습니다. 왕은 그를 더 심한 박해에서 보호해 주었습니다. 스코틀랜드 전역을 여행하고 다녔지만 브라운은 그곳에 독립교회를 세우지는 않았습니다.

1589년에 또 다른 철저한 독립교회파 신도인 펜리(Penry)가 브라운의 뒤를 이었습니다. 그는 독립교회파의 명분을 지키기 위해 순교자가 되었습니다. 그는 1593년에 타이번(Tyburn)에서 사형을 당했습니다. 브라운처럼 그도 스코틀랜드에 독립교회를 세우지 않았습니다. 브라운이 스코틀랜드 장로교인들에게 거의 인정도 받지 못했고 그나 펜리가 독립교회파에 대한 호의적인 움직임을 일으키지 못했기 때문에 스코틀랜드인들은 독립교회파가 잉글랜드에 남아 있는 것에 만족했습니다. 그리고 그것이 스코틀랜드에 발판을 마련하지 않기를 기도했습니다.

총회가 이 목적을 위해 조치를 취했습니다. 독립교회파를 반대하는 총회의 가장 빠르고 직접적인 선포는 잉글랜드의 몇몇 목사에게 보낸 편지에서 찾을 수 있습니다. 그들은 남쪽 국경 지역에서 장로교 교회에 침입한 독립교회파를 보고 매우 놀랐습니다. 독립교회파가 스코틀랜드에서 길을 열어가고 있는 것에 대해 우려를 표하는 '1647년 회의 조항'이 총회가 취한 첫 번째 조치였습니다.

장로교가 독립교회파를 반대하는 이유는 두 가지가 있었습니다. 첫째는 지교회를 노회의 통제에서 벗어나게 하려 한다는 것이었고, 둘째는 양심의 자유를 주장한다는 것이었습니다. 이미 보았듯이 루터포드는 스스로 목사를 선택할 수 있고 특별한 회중에게 책망과 통제의 권한을 부여하는 지교회의 권리를 주장했습니다.[37] 그러나 그의 주장은 그 이상을 벗어나지는 않았습니다. 장로교의 지도자로 그는 목사를 안수하는 것이 노회의 권리라고 주장했습니다.

양심의 자유에 대해 그는 강력하게 그의 책 『위선적인 양심의 자유에 대한 자유로운 논박』(Against the Pretended Liberty of Conscience)에서 논제를 제시했습니다. 만일 양심의 자유가 모든 사람이 자기가 옳다고 생각하는 대로 무엇이든 할 수 있는 것을 뜻한다면 루터포드는 결코 그런 양심을 가지려고 하지 않았을 것입니다.

비록 아버딘의 시장인 알렉산더 제프리 같은 몇몇 사람이 영향을 받기는 했지만 크롬웰이 독립교회파를 옹호한 일은 스코틀랜드에서의 그에 대한 반

---

37. Ordination debate at Westminster, March 18, 1644. Lightfoot, p.231: debate of April, 16th, 1644, pp.255,256.

감을 더욱 부추기는 결과를 낳았습니다.38 아버딘 장로교 대회(Synod)에 소환당하기는 했지만, 1652년에 몇몇 사람이 스스로 스코틀랜드 교회와 결별했습니다.

지역 교회가 자신의 문제를 해결할 자유가 있다는 독립교회파의 주장은 루터포드에게는 매우 불쾌하고 모순된 것이었습니다. 그는 독립교회파를 방관할 수 없었습니다. 동료 장로교인들처럼 그에게 그것은 '타락의 근원'39이었습니다.

가족주의자들은 헨리 니콜스(Henry Nichols, 혹은 니콜라스)의 인도 아래 성경의 기록된 말씀을 죽어 있는 글자들의 나열에 불과하다고 여겼습니다. 그들은 성령의 뜻 아래서 자신의 개념과 상상을 세워 나갔습니다. 루터포드는 그들을 시기적절하게, 성공적으로 반박했습니다.

루터포드의 고난은 정치적, 행정적 권력보다는 고위 성직자에게서 온 것이 더 많았습니다. 잉글랜드 청교도의 내분이 심각해지자 그는 충격과 놀라움을 금할 수 없었습니다. 웨스트민스터에서 그는 다음의 글을 썼습니다. "이곳에는 아무것도 없습니다. 교회와 회의 안에는 오직 분열 밖에 없습니다. 브라운주의40자와 독립교회주의자들 외에도 이곳에는 많은 다른 교파가 있습니다."41

루터포드는 독립교회파가 말씀이 있어야 할 자리에 양심을 놓았다고 비난했습니다. 길모어는 그것이 '인간에게 무한한 오류를 범할 자유'42를 주는

---

38. Ross, J. *A History of Congregational Independency in Scotland*, Maclehose, Glasgow, 1900, p.21.
39. Peterkin. Act of the Assembly of 1647, p.476.
40. 영국의 로버트 브라운이 주창한 교회 조합주의.
41. *Letters*. To Lady Kenmure, March 4, 1644. vol.2, p.311.

것이라고 썼습니다. 루터포드는 양심이란 지나치게 주관적인 지침에 불과한 것이라고 생각했습니다. 양심은 성령에 의해 깨달음을 얻고 움직일 때조차도 매우 섬세하고 연약하기 때문입니다.

양심은 사회적 압박에 쉽게 무너집니다. 그리고 양심이 속해 있는 시대의 사고와 감정에 쉽게 영향을 받습니다. 양심은 쉽게 상처를 입고 침묵합니다. 양심은 결코 오류 없는 지침이 아니라고 한 루터포드의 주장은 옳았습니다. 그는 말씀을 해석하고 그것을 양심의 지침으로 삼는 것이 교회의 임무라고 주장했습니다.

물론 그것이 루터포드가 오류 없는 교회를 믿었다는 말은 아닙니다. 그는 오류 없는 교회의 교리는 가톨릭이 만들어 낸 거짓이라고 주장했습니다. 잉글랜드의 독립교회주의자에게 양심의 자유는 가톨릭의 모든 흔적에서 벗어나 진정한 종교 개혁이 이루어진 개신 교회를 세우는 수단이었습니다.

역사를 통해 우리는 양심이 적뿐만 아니라 친구를 향해서도 가리지 않고 사용될 수 있다는 점에서 양심의 자유가 극단적이고 위험한 무기라는 것을 알고 있습니다. 그리고 그런 상황이 바로 잉글랜드에서 일어났습니다. 독립교회주의는 광범위한 주장을 수렴하고 있었습니다.

어떤 이들은 기꺼이 교구 체제를 유지하려고 했습니다. 반면 다른 이들은 '조합 교회'를 고집했습니다. 어떤 이들은 세속의 행정관이 교회에 양아버지의 역할을 해야 한다고 주장하기까지 했습니다. 더 큰 자유를 촉구한 사람들은 오히려 무신론자, 시니안파, 로마 가톨릭, 초기 메소디스트 교파 같은 극단적인 교파들을 허용하는 것을 반대했습니다.

자신을 위해서는 양심의 자유를 요구한 사람들이 다른 교파에 대해서는

---

42. Gilmour, p.204.

관용을 베풀지 않는 태도는 새로 세워진 북미 국가들에서 더 잘 드러났습니다. 피셔(Fisher)가 지적하고 있듯이 '청교도 창설자들은 보편적 관용의 옹호자가 아니었으며 그렇게 가장(假裝)한 적도 없었습니다. 당시에는 종교적 자유를 인정하는 정치적 공동체가 존재하지 않았습니다. 또한 그런 공동체를 세우는 것이 청교도들의 역할도 아니었습니다.' 43

매사추세츠의 청교도들은 퀘이커 교도 이민자들을 반기지 않았습니다. 1657년에 식민지 주 의회에서 통과된 법은 퀘이커 교도를 다음과 같이 묘사했습니다. "최근 세상에서 일어난 저주받은 이단 교파로 스스로를 하나님이 직접 보내신 자들이며 성령의 도움을 받아 오류가 없는 자들이라고 주장하는 자들. 그러나 신성 모독적인 주장을 말하고 글을 쓰며, 교회와 공화국의 질서를 무시하고 고위 성직자를 비방하며, 행정관과 목사들을 비난하고 사람들을 믿음에서 떠나게 하며, 자신들의 파괴적인 길로 변절하도록 만드는 자들." 법률은 추방당한 퀘이커 교도들이 식민지로 돌아오는 것을 금했습니다. 그러나 이런 불리한 입법에도 불구하고 퀘이커 교도들은 돌아왔고 그들 가운데 몇몇은 교수형을 당했습니다.

녹스는 스코틀랜드에 철저한 종교 개혁의 개신 교회를 세웠습니다. 양심의 자유는 더 심도 깊은 개혁이나 이미 얻은 국가의 자유를 옹호하기 위해서 사용하는 무기가 아니었습니다. 루터포드와 동료 저항자들은 결의파가 왕당파와의 타협으로 위기에 처하게 한 양심의 자유를 지키는 것이 자신들의 목표라고 주장했습니다. 그것은 그 뒤에 이어진 언약을 위한 투쟁으로 지켜졌습니다.

루터포드가 결의파에 대해 부인했던 양심의 자유는 신기루 같은 것이었습

---

43. Fisher, H.A.L., *History of the Church*, Hodder and Stoughton, London, 1887, p.466.

니다. 그것은 궁극적으로 속박과 유혈을 가져온 자유였기 때문입니다. 데이비드 딕슨조차 임종을 앞두었을 때는 저항파가 취했던 입장이 옳았음을 인정했습니다. 그리고 로버트 더글러스는 특별히 동료 결의자인 제임스 샤프가 취하고 있는 노선을 보고 루터포드에게 동조하는 것이 더 지혜로웠을 것이라고 고백했습니다.

루터포드가 블레어와 '성찬식'에 동참하는 것을 거부한 일은 분명 후회하고 비난받아야 할 일이었습니다. 그러나 당시는 감정적으로 격한 분열과 증오의 시대였습니다.

루터포드는 지교회 회중이 스스로 목사를 선택할 권리가 있다고 주장했지만 종교적 문제에 세속적인 행정관이라는 무기를 사용하는 것을 반대하지 않았습니다. 오늘날에는 그것을 매우 위험한 관습으로 여기지만 17세기 스코틀랜드의 상황은 지금과는 달랐습니다. 교회 문제에 세속적 행정관의 간섭을 거부해야 했던 철저한 '독립교회주의자'인 크롬웰조차도 고위 성직자들과 교황 절대주의자들뿐만 아니라 필요할 경우에는 자신의 교파를 향해서도 무력을 행사할 준비가 되어 있었습니다.

루터포드에게 스코틀랜드 교회와 국가는 같은 의미였습니다. 사실 스코틀랜드 교회의 총회는 의회보다 더 국가를 대표하는 성격을 갖고 있었습니다. 루터포드는 교회와 국가를 다르게 보지 않았습니다. 교회와 국가를 다르게 보는 것은 잉글랜드 자유 교회파의 근본적인 원칙이었습니다.

스코틀랜드의 상황은 잉글랜드의 상황과 많이 달랐습니다. 스코틀랜드에서는 교회와 연결되어 통치권이 합당한 자에게 주어진 반면 녹스는 처음부터 세상의 어떤 주권과 자격도 구속자의 왕권을 축소시킬 수 없다는 것을 분명히 했습니다. 멜빌은 제임스에게 단지 '하나님의 어리석은 신하'에 불과하다는 것을 주저함 없이 상기시켰습니다.

루터포드에게 있어서 스코틀랜드는 시온과 같았습니다. 스코틀랜드인들은 하나님의 이스라엘이었습니다. 그것은 고매한 이상주의(理想主義)였습니다. 그러나 결코 실현이 불가능한 이상이었습니다. 그가 세속의 행정관을 하나님의 법을 백성들에게 시행하도록 임명받은 하나님의 종으로 본 것은 이해할 만합니다.

우리는 국가라는 매개체를 통해 하나님의 나라를 세우는 목적을 포기한 지 이미 오래입니다. 그러나 루터포드의 시대에 그 이상은 여전히 소중했습니다. 그리고 스코틀랜드보다 그 일이 실현될 가능성이 더 많은 곳은 아무 데도 없었습니다. 따라서 루터포드는 '모든 영혼이 더 높은 권력 아래 종속되어야 하지 않겠는가?' 라고 주장했습니다.

루터포드를 그 시대의 기준이 아닌 다른 기준으로 판단하려 한다면 17세기 신학을 공정하게 평가하는 것이 아닙니다.

루터포드의 삶과 사역을 연구하는 모든 사람에게 그는 여전히 수수께끼 같은 인물로 남아 있습니다.

『편지』(Letters)는 그를 거룩한 성도로 그립니다. 그러나 그는 스스로를 죄인이라고 고백했습니다.

그는 천국을 확신했습니다. 그러나 절망의 순간에 그는 회의(懷疑)와 불안에 싸여 공격당하며 괴로워했습니다.

그는 천국과 같은 마음을 소유한 자였습니다. 그러나 세상 정치에도 깊이 관련되어 있었습니다.

그는 민주주의자였지만 전제 군주주의자적인 면도 있었습니다.

그는 스스로를 위해 양심의 자유를 요구했지만 그것을 다른 사람에게 적용하기를 주저했습니다.

세인트 앤드루스의 그의 묘비에 새겨진 다음 구절은 그의 삶과 사역을 잘 요약하고 있습니다.

"시온의 왕과 시온의 뜻을 위해,
그리고 스코틀랜드의 언약을 위해
쉼 없이 그는 헌신했다.
생이 다할 때까지.
이제 그는 풍성한 열매 속에서 승리를 거두었다.
그가 환상 속에서 보았던 바로 그 열매 속에서."

부록

1. 루터포드의 주요 저작
2. 참고 문헌
3. 인명 색인

부록 I 루터포드의 주요 저작

루터포드의 편지글

『다시 살아난 여호수아』(Joshua Redivivus) 혹은 『루터포드 목사의 편지』(Mr. Rutherford's Letters)는 두 부분으로 나누어진다. 1664년에 처음 출간되었으며 1671, 1675, 1692, 1709, 1724, 1738, 1761, 1765, 1783, 1796, 1802, 1809, 1818, 1821, 1824, 1825, 1830, 1834, 1836, 1846, 1848, 1857, 1836, 1846, 1848, 1857, 1863, 1867, 1875, 1891(보나르 목사 · A.A. Bonar가 편집함), 1899(보나르 목사가 편지를 선별해 편집함), 1973년에 계속 재판되었다.

루터포드의 편지 모음집은 에딘버러에 있는 스코틀랜드 국립 도서관과 세인트 앤드루스 대학 도서관에 소장되어 있다.

루터포드의 설교집

『성찬식 때 런던의 스코틀랜드인 회중에게 전한 설교』(An Exhortation at a Communion to a Scots Congregation in London). 아가서 5장 2-6절을 본문으로 한 설교이다(이 설교는 '죽음 속에서 죄인들을 이끄시는 그리스도' 의 1727년 판 일부에 첨가되었다). 또한 1876년과 1877년에 보나르가 불완전하게 재출간한 책에서도 찾을 수 있다. 보나르는 이 설교가 1637년 4월 5일에 앤워스에서 전한 설교라고 믿었다. 그러나 그것은 잘못된 것이다. 그 시기 루터포드는 아버딘에 있었기 때문이다. 아가서 5장 3-6절을 본문으로 한 설교는 1885년의 『독특한 설교 속에 나타난 그리스도를 향한 배우자의 갈망』(The Spouse's Longing for Christ in Quaint Sermons, 아래 참조)이라는 제목으로 출간되었다. '독특한 설교' 에서 보나르는 '1647년 4월 5일, 앤워스'라고 날짜와 장소를 기록하고 있다. 그러나 이 것도 잘못된 기록이다. 당시 루터포드는 웨스트민스터 회의에 참석하기 위해 런던에 있었기 때문이다. 이것이 메리언 맥너트(vol.1, p.147)에게 보낸 편지에서 말한 성찬식 예배 때 전한 설교라면 그 날짜는 1635년 4월 5일이 맞다.

『친애하는 하원 의원들에게 전한 설교』(A Sermon preached to the Honor-ourable House of Commons). 이것은 엄숙한 금식일이었던 1643년 1월 31일, 수요일에 전한 설교로 본문은 출애굽기 3장 2절이었다. 이 설교는 하원의 명령으로 출간되었다.

『친애하는 상원 의원들에게 전한 설교』(A Sermon preached to the Honor-ourable House of Lords). 이것은 1645년 6월 25일, 수요일에 웨스트민스터 사원에서 전한 설교로 본문은 이사야서 8장 17절이었다.

『유쾌한 대화와 함께 나누는 그리스도와 성령의 천상의 인사』(Christ and the Dove's Heavenly Salutations, with pleasant conference together). 1630년, 성찬식 전에 앤워스에서 전한 설교로 아가서 2장 1-17절을 본문으로 했으며 1725년에 첫 출간되었다. 존 브라이스(John Bryce)가 『유쾌한 대화와 함께 그리스도와 그분의 백성이 나누는 천상의 인사』(Heavenly Salutations with pleasant conferences between Christ and His People)라는 제목으로 재출간했다. 1778년, 글래스고(Glasgow)에 있는 솔트마켓(Saltmarket)의 기브슨의 윈드(Gibson's Wynd) 반대편에 있는 그의 상점에서 판매했다.

『그리스도의 수건』(Christ's Napkin) 혹은 『하나님의 백성을 향한 기쁜 소식』(Glad Tidings to the People of God) 혹은 『죽음을 바라보며 받는 위로』(Comfort afforded in the views of Death). 1633년 5월 12일, 커크커드브라이트의 성찬식 예배에서 전한 설교로 계시록 21장 4-8절을 본문으로 하고 있다.

『죽음 속에서 죄인들을 이끄시는 그리스도』(Christ Dying and Drawing Sinners to Himself) 혹은 『우리 구주의 죽음과 그 결과 속에서 바라본 그분의 영혼의 고통과 아름다움에 대한 고찰』(A Survey of Our Saviour in His Soule Suffering and His Lovelyness in his death and the efficacie thereof). 요한복음 12장 27,33절을 본문으로 한 설교이다.

『잔인한 파수꾼』(The Cruel Watchmen). 아가서 5장 7-9절에 대한 설교이다. 1728년에 제임스 오미스턴(James Ormiston)이 에딘버러에서 처음으로 출간했다. 그리고나서 1784년에 존 브라이스가 글래스고에서 개정판을 출간했다. 처음에 보나르는 이것이 러퍼퍼드의 설교가 아니라고 생각했기 때문에 1877년에 그가 출간한 『열네 편의 성찬식 설교』(Fourteen Communion Sermons)에 포함시키지 않았다. 그러나 그는 후에 이 설교를 『주를 찾는 교회』(The Church Seeking her Lord)라는 제목으로 1885년의 『독특한 설교』에 포함시켰다.

『열린 구원의 문』(The Door of Salvation Opened) 혹은 『이 땅 위의 회심하지 않은 죄인들을 향해 천국에서 들려오는 큰 음성』(A loud and chirl voice from Heaven to unregenerate sinners on earth). 1635년에 전한 데살로니가후서 1장 8절에 대한 설교이다. 1735년, 크로스(Cross) 반대편에 있는 에딘버러의 기브슨의 클로즈(Gibson's Close)에서 인쇄하고 판매했다.

『어린 양의 결혼』(The Lamb's Marriage). 1634년, 커크커드브라이트에서 성찬식 예배 때 전한 설교로 계시록 14장 7-14절이 본문이다. 1732년에 에딘버러에서 덩컨 퍼거슨(Duncan Ferguson)이 인쇄하고 판매했다. 1776년 글래스고에 있는 솔트마켓의 기브슨의 윈드 반대편에서 존 브라이스가 재출간하고 판매했다.

『믿음과 기도의 능력과 권세』(The Power and Prevalency of Faith and Prayer). 마태복음 9장 27-31절에 대한 설교이다. 1713년에 인쇄했다.

『믿음의 시련과 승리』(The Trial and Triumph of Faith) 혹은 『가나안 여인의 귀신 들린 딸을 고치신 그리스도의 이야기』(An exposition of the History of Christ's Dispossession of the Daughter of the Woman of Canaan). 마태복음 15장 21-28절, 마가복음 7장 24-30절을 본문으로 한 설교이다.

『앤워스 설교』(Anwoth Sermons). 스가랴서 13장 9절에 대한 설교이다. 1634년에 인쇄했다.

『두 편의 성찬식 설교』(Two Communion Sermons). 히브리서 12장 1-5절, 이사야서 49장 1-4절을 본문으로 한 설교이다. 1886년에 오리지널 시세션 매거진(the Original Secession Magazine)에 헤이 플레밍(D. Hay Fleming)의 서문과 함께 18세기 사본으로 인쇄했다.

19세기에 출간된 설교 모음집

1. 『1630, 1634, 1637년에 각기 다른 장소에서 몇몇 주제에 대해 성찬식 때 전한 귀중한 설교 모음집』(A Collection of Valuable Sermons At Sacramental occasions, on several Subjects and in different places, in the years 1630, 1634 and 1637). 세인트 앤드루스에서 신학과 교수를 지냈으며 탁월한 학문과 신앙심을 지닌 사무엘 루터포드 목사의 설교집이다. 초판은 글래스고에서 스티븐 영이 인쇄했다. 이 모음집은 루터포드의 설교를 엮은 첫 번째 모음집이다. 편집자는 서문에서 이 설교집이 오래된 사본을 기초로 한 것이라고 썼다. 그러나 그것이 저자가 설교한 내용을 즉시 기록한 것인지, 아니면 원본의 사본인지는 분명하지 않다고 썼다. 설교 본문은 다음과 같다. 〈계 19:11-14, 사 49:1, 슥 13:7, 슥 11:9-13, 슥 13:8, 요 20:13-18, 눅 14:16, 아 5:1, 히 12:1, 아 2:8-12〉. 마지막 설교는 성찬식 때 전한 것이다.

2. 앤드류 보나르 목사의 서문 및 각주와 함께 사무엘 루터포드가 전한 『열두 편

의 성찬식 설교』(*Twelve Communion Sermons*). 글래스고에서 1876년에 인쇄되었다. 서문에서 보나르는 이 설교가 설교를 들은 사람들의 기록을 토대로 하여서 편집한 것이라고 언급했다. 설교의 본문은 다음과 같다. 〈계 19:11-14, 슥 11:9-12, 슥 13:7-9, 요 20:13-14, 아 5:1, 2, 눅 14:16,17, 계 21:4-7, 아 2:14-17, 사 49:1-4〉.

3. 앤드류 보나르 목사의 서문 및 각주와 함께 사무엘 루터포드 목사의 『열네 편의 성찬식 설교』(*Fourteen Communion Sermons*). 글래스고에서 1876년에 인쇄되었다. 이 모음집은 위 목록에 나와 있는 12편의 설교에 계시록 14장 7-11절('어린 양의 혼인' 참조), 아가서 2장 8-12절을 본문으로 한, 두 편의 설교가 추가되었다. 스가랴서 13장 7-9절을 본문으로 한, 두 편의 설교는 앤워스에서 전한 것으로 1738년에 덩컨 퍼거슨 채프먼(Duncan Ferguson Chapman)에서 인쇄했다.

4. 『사무엘 루터포드의 독특한 설교』(*Quaint Sermons of Samuel Rutherford*). 런던에서 1885년에 인쇄되었다. 이 설교집은 전에 출간되지 않은 다른 설교들을 일부 포함시켰다. 보나르는 서문에서 다음과 같이 언급한다. "당시 이 설교를 받아 적은 사람이 누구인지, 그 모든 설교를 한데 모은 사람이 누구인지는 전혀 알 수가 없다. 다만 한 가지는 분명하다. 그가 루터포드 목사의 설교를 가장 주의 깊게 들은 경청자였으며 신실한 참석자였다는 것이다." 설교의 본문은 다음과 같다. 〈사 41:14-16, 눅 15:11-13, 사 49:14-16, 눅 15:14-19, 호 8:1-3, 눅 15:20-21, 요 20:9-13, 눅 15:22,23, 아 5:3-6, 눅 15:24-28, 아 5:7-10, 눅 15:29-32, 렘 50:4,5, 고후 10:4,5, 렘 50:4,5, 빌 3:7,8, 눅 15:11,12, 빌 3:8〉.

루터포드의 작품

『두 번째 종교 개혁의 교리 문답』(*Catechisms of the Second Reformation*). 니스벳, 런던, 1886년에 인쇄되었다.

『위선적인 양심의 자유에 대한 자유로운 논박』(A Free Disputation against pretended Liberty of Conscience). 교파와 이단에 대한 비합법적인 자유 혹은 방종한 관용을 주장한 아르미니우스설 신봉자들과 소시니파, 그 밖의 다른 저자들, 테일러(Dr Jer. Taylor), 존 굿윈(John Goodwin) 등이 주장한 문제를 해결하기 위해 집필했다. 런던에서 앤드루 크룩사의 R. I.가 인쇄했으며 세인트 폴 교회 마당의 그린 드래건에 있는 그의 상점에서 판매했다.

『스코틀랜드에서 바울의 장로교를 위한 평화롭고 온건한 탄원』(A Peaceable and Temperate Plea for Paul's Presbyterie in Scotland). 이 책은 스코틀랜드의 교회 운영 체제에 대한 온건하고 형제애적인 논쟁을 통해 교회 운영 체제에서 스코틀랜드 교회의 질서가 하나님의 진리에 대한 진정한 사도적 방법임을 입증했다. 또한 반대 주장을 우호적으로 해결했을 뿐만 아니라 노회, 대회, 총회라는 교회 체제를 옹호하며 특별히 회중의 분리와 독립의 근거를 검증했다. 런던. 1642년에 세인트 어프스탄스 게이트 근처의 길트 컵에서 존 바틀릿(John Bartlett)이 인쇄했다.

『도전 속에서 낭비한 인간의 삶에 대한 회고』(A Reflex(or Reflect) upon a Man's Mis-spent Life backed with Challenges). 17세기 사본에서 발췌한 원고이다. 한때는 로버트 워드로(Rob. Wodrow)가 소장하고 있던 것을 숙독을 위해 스터록(J. Sturrock)이 소유하게 되었다. 후에는 오질비(Dr J. D. Ogilvie)가 소유했다. 이 책은 훈령집의 양식으로 앤워스에서 루터포드가 기록했다. 그는 그것을 아버딘으로 가져갔다. 1925년에 오리지널 시세션 매거진(Original Secession Magazine)이 출간했다.

『영적 적그리스도에 대한 고찰』(A Survey of the Spiritual Antichrist Opening). 영국군에서 현재 설교자로 있는 존 솔트마쉬(John Saltmarsh), 윌 델(Will. Del)과 로버트 타운(Robert Town), 톱 크리스프(Tob Crisp), 덴(H.

Denne), 이턴(Eaton)을 비롯해 다른 사람들이 주장한 적그리스도 교리에 들어 있는 가족주의와 도덕률 초월론의 비밀이다. 이 책은 도덕률 초월론, 가족주의, 자유사상가 등의 근원과 유행을 보여 준다. 또한 도덕률 초월론을 주장한 루터의 생각을 분명히 규정하고 율법과 복음, 성령과 서신, 두 개의 언약, 값없이 주신 은혜의 본질, 유혹에 대한 훈련, 금욕, 칭의, 성화 등에 대한 다양하고 중요한 요점들을 밝히고 있다. 1, 2부로 이루어져 있는 이 책은 런던에서 J. D.와 R. I.가 앤드루 크룩(Andrew Crooke)을 위해 출간했으며 세인트 폴 교회 마당의 그린 드래건에 있는 그의 상점에서 판매될 예정이었던 1648년 작품이다.

『토마스 후커(Tomas Hooker)가 집필한 교회 훈육의 요약본에 대한 재고찰』(*A Survey of the Survey of the Summe of Church-Difcipline Penned by Mr Tomas Hooker*). 그는 뉴잉글랜드, 코네티컷의 하트퍼드에 있는 교회의 전 목사로 이 책에서 뉴잉글랜드 교회들의 방법을 재검검하고 있다. 교회의 방법을 찬성하는 논쟁을 분석, 검토하고 그 원칙을 논의한다. 런던. 세인트 폴 교회의 마당에 있는 그린 드래건에서 J. G.가 앤드루 크룩을 위해 출간했다.

『영국과 아일랜드에서 일어난 종교 개혁사에 대한 간증』(*A Testimony to the Work of Reformation in Britain and Ireland*). 이 책에는 루터포드의 삶을 다룬 짧은 이야기가 그가 남긴 마지막 말과 함께 덧붙여져 있다. 글래스고. J.와 로버트슨(M. Robertson)이 출간했다.

『죽음 속에서 죄인들을 이끄시는 그리스도』 혹은 『우리 구주의 죽음과 그 결과 속에서 바라본 그분의 영혼의 고통과 아름다움에 대한 고찰』(*A Survey of our Saviour in His Soul-Suffering, His loveliness in His Death and the Efficacy thereof*). 연약한 신자들이 겪는 영혼의 고통의 사례들을 다루고 있다. 이 책은 또한 요한복음 12장 27-33절을 근거로 복음에 대한 설교를 전한다. 당시 도덕률 폐기론자들의 다양한 오류를 다루며 일부 필요한 여담을 덧붙이고 있는 이 책은 그리스도의 죽음이 모든 인류를 위한 것이라는 아르미니우스설 신봉자들의 위선적인 보편 구제설로부터 개신교 교리에 대한 짧은 옹호를 첨가하고 있다. 에딘버러에서 루미스덴(T. Lumisden)과 로버트슨이 세스퍼드에서 출간했다.

『하나님의 섭리에 대한 신학적 논쟁』(Disputatio Scholastica De Divina Providentia). 이것에 대한 다양한 강론들에 의해서 안드레아폴리타나(Andreapolitana)의 유명한 아카데미 안에서 그 빈도수와 가치가 중대한 대상으로서 전래되어온 신학의 최고 핵심 주제가 되었다. 이의 내용으로서는 제수이트파, 아르미니우스주의자들, 그리고 소시누스주의자들에 대항하여 하나님의 권세를 언급하였는데 인간의 범죄함을 두고는 하나님의 효력 있는 역사, 그것은 역사와 제1 원인에 의거한 것으로 이해되고 결국 예정론에 의해 논의가 성립되며 결정되었음을 주지하였다. 이와 관련된 것으로는 실체적인 것에 있어서, 그리고 비실체적인 것에 있어서 하나님의 존재, 능력, 그리고 권세의 형이상학적 탐구들, 하나님의 섭리에 관한 더 풍요롭고 더 정밀한 교의적 인식에 대한 다양한 질문들로 특별히 모아졌다. 여기에는 에딘버러의 유명한 안드레아폴리타나 아카데미의 신학 교수인 사무엘 루터포드의 노력과 열심이 담겨 있다. 이는 헤레데스 게오르기 안데르소니(Haeredes Georgii Anderfoni)에 의해 편집되었다. 로베르토 브루노(Roberto Brouno)에 의하면 보레알루스(Boreali) 지역에서 주후 1650년의 유일한 인장이 찍힌 저서로 팔리되, 그렇게 많이 팔리지는 않았다.

『아르미니우스의 저작에 대한 탐구』(Examen Arminianismi). 사무엘 루터포드의 가장 지적이고 정밀한 능력에 의하여 제자들에게 언급되었다. 그는 스코틀랜드 성 안드레아나(Scotiae Sanctandreana) 아카데미의 신학 분야에서 박사이며 교수였는데, 이 저서를 설명하고 편집하는 일에는 마티아 네테노(Matthia Netheno) 박사가 참여하였고 올트라젝티(Ultrajecti) 교수, 그리고 서적상인 안토니 쉬미테겔트(Antonii Smytegelt)의 도움으로 1668년에 출판되었다.

『하나님의 은혜에 대한 변호』(Exercitationes Apologeticae Pro Divina Gratia). 하나님의 예정에 대한 정통교리가 제시되었고 동시에 하나님의 영원한 섭리 및 효력 있는 역사를 통한 은혜 -여기에는 인간 자유의 호의적인 일체성(여러 성격이 아닌)과 종속성이 동반되었는데- 가 언급되었다. 야코부스 아르미니우스와 그의 열정, 그리고 특별한 성격으로서의 제수이트 파에 항거하여 프란시스 수아레지움, 가브리엘 포스케지움, 로드브 몰리남, 레오나드 네시움, 페터 폰세움, 그리고 로베르토 벨라리민의 힘이 더해졌다. 이에는 사무엘 루터포드의 노력과 열심이 있었다. 사무엘의 신분은 이 당시 스코틀랜드 갈로비디아 지방의 안베토리시스 교회의 목사였다. 특별히 서적상 요하니스 두링에(Johannnis Dhuringe)의 수고로 1651년에 출판되었다.

『은혜로운 삶의 영향력』(Influences of the Life of Grace). 영적 기질을 소유하고 개발하는 방법과 그에 관한 방식, 그리고 수단에 대한 실제적인 논문으로써 부활과 생명이신 그리스도에게서 나오는 소생시키는 영향에 대해서 표현하고 있다. 런던에서 앤드루 크룩이 출간했다. 1659년 세인트 폴 교회 마당에 있는 작은 북문 근처의 에이컨(Acorn)에서 제임스 데이비스(James Davies)가 판매했다.

『법과 국왕』(Lex Rex). 국왕과 국민의 정당한 권한에 대한 논의인데, 스코틀랜드 왕국의 가장 필수적이고 방어적인 전쟁의 이유와 원인들, 그리고 그들의 형제인 잉글랜드에 대한 원정 지원과 원조의 이유를 담고 있으며, 그 안에는 그들의 무죄가 주장되고 있고, 이것은 '숭고한 위엄에 대하여'(Sancro-fancta Regum Mageftas) J.A의 이름 아래 있는 기독교 국왕들의 거룩하고 고귀한 특권(The Sacred and Royall Prerogativ of Christian Kings Under the Name of J.A)이라는 제목이 붙여진 선동적인 팜플렛에 대한 완벽한 답변이다. 그러나 조(Jo)에 의해 쓰여진 것으로: 파문당한 고위 성직자 맥스웰(Maxwell)이 바클레이(W. Baclay), 그로티우스(H. Grotius), 아니새우스(H. Arnifaeus), 스팔라토의 비숍(P. Bishop of Spalato) 안트 드 도미(Ant de Domi)와 다른 반 관원적 왕정 주의자들 (Anti-Magistratical Royalists)의 황폐한 근거의 성경적인 논박을 가지고; Ossorianium의 저자로서, 페른(D. Fern), 시몬스(E. Symmons), 44개의 질문들을 제기한 아버딘의 박사들(the Doctors of Aberdeen). 권위자에 의해 출판되었다. 런던에서 존 필드(John Field)가 인쇄하고, 1664년 10월7일에 베이나드 캐슬(Baynard-Castle) 근처에 있는 애들 힐(Addle-Hill)의 서점에서 판매되었다.

『열린 생명의 언약』 혹은 『은혜의 언약에 대한 논문』(A Treatise of the Covenant of Grace). 언약의 본질과 하나님의 주권, 그리스도의 죽음의 한도, 은혜의 언약의 성격과 속성에 대한 것을 담고 있다. 특별히 하나님과 아들 예수 그리스도 사이의 보증의 언약 혹은 구속의 언약, 예수 그리스도에 대한 유아의 권리, 세례의 인침을 몇몇 실질적인 질문과 함께 다루고 있다. 에딘버러에서 앤드로 앤더슨(Andro Anderson)이 출간했다.

『하나님이 부여하신 교회 운영 체제와 출교에 대한 권한』(The Divine Right of Church Government and Excommunication) 혹은 『교회 의식과 교회 운영 체제에 있어서 성경의 완벽함에 대한 평화로운 논쟁』(A Peaceable Dispute for the Perfection of the Holy Scripture in Point of Ceremonies and Church Government). 이 책은 기도서를 철폐하는 것을 정당화하고 있다. 출교를 반대하는 에라스투스의 여섯 권의 책을 그의 비난을 반대하는 유명한 신학자 베자(Beza)의 주장과 함께 간략히 살펴본다. 또한 윌리엄 프린(William Prynne)의 주장과 함께 후커(Hooker), 모턴(Dr. Morton), 잭슨(Dr. Jackson), 존 포브스(Dr. John Forbes), 그리고 아버딘의 학자들의 의견을 싣고 있다. 이 책은 예배와 의식, 형상, 우상, 임시 운영 체제, 종교의 문제에 있어서 행정관의 합당하고 정당한 권한, 프린의 주장 가운데 에라스투스의 주장에 동조하는 부분 등을 싣고 있다. 또한 추문에 대한 언급과 함께 아버딘 학자들의 새로운 교리에 대한 답변을 싣고 있다. '추문에 대한 짧은 평론' (A brief Tractate of Scandal)이 덧붙여져 있다. 세인트 폴 교회 마당에 있는 크레인에서 크리스토퍼 메리디스(Christopher Meredith)를 위해 존 필드(John Field)가 인쇄하고 런던에서 출간했다.

『장로회의 정당한 권한』(The Due Right of Presbyteries) 혹은 『스코틀랜드 교회의 운영 체제를 위한 평화로운 탄원』(A Peaceable Plea for the Government of the Church of Scotland). 이 책에서는 (1) 뉴잉글랜드에서 형제애적인 동등함과 독립성을 이루는 가운데 혹은 다른 교회에 대한 복종이나 종속이 없이 공동 협력을 이루는 가운데 그리스도의 교회가 나갈 수 있는 방법을 검토한다. (2) 장로교 체제에 대한 옹호와 서른두 가지 질문에 대한 답변을 고려한다. (3) 교회 언약에 대한 논문을 논의한다. (4) 교회의 독립을 정당화하는 로빈슨의 주장을 살펴본다. (5) '예언을 갈망하는 백성들의 탄원'(The people Plea for the exercise of prophecy)이라는 로빈슨의 논문을 살펴본다. (6) 장로 체제와 노회의 권한을 반대하는 최근의 다양한 주장을 살펴본다. 교회 문제에 대한 왕자의 권한을 논의하며 다양한 쟁점들을 해결한다. 런던에서 그리핀(E. Griffin)이 리차드 휘터커(Richard Whitterker)와 앤드루 크룩(Andrew Crook)을 위해 출간했다. 1644년, 세인트 폴 교회의 마당에 있는 그들의 상점에서 판매했다.

『켄머 자작이 마지막으로 남긴 천국의 말과 영광스런 죽음』(The Last and Heavenly Speeches and Glorious Departure of John Viscount Kenmure). 1649년, 에딘버러에서 에번 타일러(Evan Tyler)가 출간했다.

그 밖의 참고 서적

『갤러웨이의 존경 받는 켄머 자작이 마지막으로 남긴 천국의 말』(The Last Speech and Dying Words of the Right Honourable John Viscount of Kenmure in Galloway). 그는 1634년 9월 12일에 세상을 떠났다. 윌리엄 그레이(William Gray)가 인쇄하고 1749년에 에딘버러, 코우게이트 내의 맥덜린 교회에 있는 그의 집에서 판매했다(1749년 1월 1일, 토머스 클라크(Thomas Clark)가 서문을 썼다).

『켄머 자작이 마지막으로 남긴 천국의 말과 영광스런 죽음』(The Last and Heaven Speechs? and Glorious Departure of John Viscount Kenmure). 1827년, 런던에서 『갤러웨이의 문학사』(The Literary History of Galloway)의

저자 토마스 머레이(Thomas Murray)가 서문을 썼다.

『스코틀랜드 교회의 전 위원회의 의사 과정과 현 총회의 합법성을 비난하는 여러 목사의 항변』(The Protestation of viverse Ministers Against The Proceedings of the late Commission of the Church of Scotland as Also Against the lawfulness of the prefesnt pretended Assembly). 1651년, 리스에서 에번 타일러(Evan Tyler)가 출간했다.

부록 2 **참고문헌**

주요 자료 출처

Baillie, R. *Letters and Journals*, 3 vols., Alex. Laurie, Edinburgh, 1841.

Balfour, J. *Annals*, 3 Vols., W. Aitchison, Edinburgh, 1824.

Carruthers, S.W.(ed). *Everyday Work of the Westminster Assembly*, Presbyterian Soc. of America and Pres. Hist. Soc. of England, Philadelphia, 1943.

Donne, J. *Sermons*, Nonesuch Press, 1967.

Dickinson, C., Donaldson, G. and Milne, I.(eds). *A Source Book of Scottish History*, 2 Vols. Nelson and Sons, Edinburgh and New York, 1958.

Edinburgh Town Council Records, 1636 and 1638.

Gillespie, G. *Assembly of Divines*, February, 1644-January, 1645. Ogle, Oliver and Boyd, Edinburgh, 1846.

Guthrie, J. *Memoirs*, Oliphant, Edinburgh, 1748.

Hobbes, T. *Leviathan*,(ed.Lindsay, A.D.), Dent and Sons, London, 1928.

James, I. *Basilikon Doron*,(ed, Craigie, J.), Blackwood, London, 1944.

James, I. *Political Works*,(ed. McIlwain, C.H.), Harvard Univ. Press, Cambridge, Mass., 1918.

Lightfoot, R. *Letters*, (ed. J.R. Pitman), Dove, London, 1824.

Livingstone, J. *Autobiography*, Duncan, Glasgow, 1754.

Melville, J. *Autobiography and Diary*, (ed. Pitcairn, R) Wordrow Soc. Edinburgh, 1842.

Mitchell, G.A.F. and Christie, C. (eds). *Records of the Commissioners of the General Assemblies of the C. of S.*, 1646-1652, Edin. Univ. Press, Edinburgh, 1907.

Mitchell, G.A.F. & Struthers, J. *Minutes of the Westminster Assembly*, Blackwood, London. 1874.

Patrick, D.(ed.). *Statuta Ecclesiae*, Edin. Univ. Press, Edinburgh, 1907.

Peterkin, A.(ed). *Records of the Church of Scotland* 1638-1649, John Sutherland Edinburgh, 1838.

Peterkin, A.(ed). *The Booke of the Universall Kirk of Scotland*, Edinburgh, Printing and Publishing Coy., Edinburgh, 1839.

Pitman, J.R.(ed). *Journal of the Westminster Assembly*, Jan 1, 1643-Decr.31, 1644, Dove, London, 1824.

Records of the Commission of the Assembly of the Church of Scotland, Scottish History Society Edinburgh, 1892.

St. Andrew and Cupar Presbytery Records, 1637.

Scottish Historical Society, (ed.). *Consultations of the Ministers of Edinburgh*, 1632-1660, Edin. Univ. Press. Edinburgh.

Thomas, E. *Gangraena*, (3rd. ed.), London, 1646.

Warriston, A. *Diary*, 1632-1639(ed. Johnston, A.), Edin. Univ. Press, Edinburgh, 1911.

Wodrow, R. *Analecta*,(ed.J.Sashman), Edin. Univ. Printing Club, Edinburgh, 1842.

전기물

Black, G. *Surnames of Scotland*, New York Public Library, New York, 1965.

Gilmour, R. *Samuel Rutherford*, Oliphant, Anderson and Ferrier, Edin. 1904.

Hanna, W. *Memoirs of Dr. Chalmers*, Sutherland & Knox, Edinburgh, 1851.

Innes, T. *Samuel Rutherford*, Studies in Scottish History, London, 1892.

Lee, S. (ed.). *Dictionary of National Biography*, Smith-Elder, London, 1897.

McCrie, T. *Life of Andrew Melville*, Blackwood, Edinburgh, 1827.

Meek, D.(ed). *George Gillespie*, Ogle, Oliver and Boyd, Edinburgh, 1846.

Murray T. *Life of Rutherford*, W. Oliphant Edinburgh, 1827.

Pedigree of Rutherford, Edgeston, Hunthill and Hundalee, (in the possession of the Rutherford Family, Rutherford Lodge, Rutherford).

Reid, J. *Memoirs of the Lives and Writings of those Eminent Divines*, who convened the famous Assembly at Westminster, Stephen and Andrew Young, Paisley, 1815.

Row, W. *Life of Blair* (ed. McCrie, T.), Blackwood, Edinburgh, 1848.

Rutherford, J. *Rutherford of that Ilk*, Scott and Ferguson, Edinburgh, 1884.

Thomson, A. *Samuel Rutherford* (4th Edition), Hodder and Stoughton, London, 1889.

Whyte, A. *Samuel Rutherford and some of his Correspondents*, Oliphant, Anderson and Ferrier, Edinburgh, 1894.

Wylie, J.A. *Scottish Worthies*, Mackenzie, London, (undated).

교회사

Alexander, H.G. *Religion in England*, 1558-1602, Univ. of London Press, London, 1968.

Burleigh, J.H.S. *A Church History of Scotland*, O.U.P., London, 1960.
Calderwood, D. *History of the Kirk of Scotland*, Wodrow Society, Edinburgh, 1849.
Donaldson, G. *Church and Nation through Sixteen Centuries*, S.C.M., London, 1960.
Donaldson, G. *The Scottish Reformation*, C.U.P., Cambridge, 1960.
Fisher, H.A.L. *History of the Church*, Hodder & Stoughton, London.
Henderson, G.D. *The Claims of the Church of Scotland*, Hodder & Stoughton, London, 1951.
Hetherington, W.M. *History of the Westminster Assembly of Divines*, Gemmel, Edinburgh, 1878.
Mitchell, G.A.F. *The Westminster Assembly*, Its History and Standards, Nitsbet, London, 1883.
Moffatt, J. *The Presbyterian Churches*, Methuen, London, 1928.
Ogilvie, J.D. *Resolutioner-Protester Controversy, Transactions of the Edinburgh Bibliographical Society*, Vol. XIV, 1930.
Ross, J. *History of Congregational Independency in Scotland*, MacLehose, Glasgow, 1900.
Taylor, M.C. *Historical Account of the Union between Church and State*, (St. Giles Lectures), McNiven and Wallace, Edinburgh, 1886.

사회 · 정치사

Bower, A. *History of Edinburgh University*, Oliphant, Waugh and Innes, Edinburgh, 1817.
Crawford, T. *History of Edinburgh University*, McNeill, Edinburgh, 1808.
Dalzel, A. *History of Edinburgh University*, Edmaston and Douglas, Edinburgh, 1862.

Davies, G. *Early Stuarts*, Clarendon Press, Oxford, 1936.

Dickinson, C. *Scotland from the Earliest Times to 1603*, Nelson, Edinburgh, 1961.

Firth, C.H.(ed.). *Scotland and the Protectorate*, Univ. of Edin. Press, Edinburgh, 1899.

Firth, C.H.(ed.). *Scotland under the Commonwealth*, Univ. of Edin. Press, Edinburgh, 1895.

Gardiner, S.R.(ed). *Charles II and Scotland*, 1650, Scottish Hist. Society, Edinburgh, 1894.

Major, J. *History of Greater Britain*, Scottish History Society, Edinburgh, 1892.

Smout, T.C. *A History of the Scottish People*, 1560-1830, Collins, Glasgow, 1973.

그 외의 다른 문헌들

Bush, D. *English Literature in the Earlier Seventeenth Century*, (2nd Ed.) O.U.P. Oxford, 1962.

Chambers, W. and R. *Encyclopaedia of English Literature*, 3 Vols. London and Edinburgh, 1903.

Jones, R. *Studies in Mystical Religion*, Macmillan, London, 1909.

Leuba, J.M. *Psychology of Religious Mysticism*, Kegan-Paul, London, 1925.

McLeod, J. *Scottish Theology*, Edinburgh, 1943.

부록 3 인명 색인

ㄱ
갇프레이 데이비스(Godfrey Davies) 91, 160
갤러웨이(Galloway) 48, 52, 83, 93
게이트거스(Gaitgirth) 부인 175
겔리스피(Galeaspie) 208
고우 (Gough) 209
길버트 커(Gilbert Ker) 196, 197, 198

ㄴ
니데누스(Nethenus) 136, 137

ㄷ
달젤(Dalzel) 38
더글러스 부시(Douglas Bush) 180
던궤이(Dungueigh) 175
데이비드 딕슨(David Dickson) 58, 80, 96, 176, 189, 204, 223, 224, 226, 231, 240
데이비드 린지(David Lindsay) 25, 29
데이비드 에이켄헤드(David Aikenhead) 38
데이비드 윌(David Will) 35
데이비드 캘더우드(David Calderwood) 148

ㄹ
라우드(Laud) 13, 90, 107, 109, 112, 156
라이트푸트(Lightfoot) 116, 117, 118, 127
라지리 (Largirie) 부인 175
래나크(Lanark) 188, 189, 190
램버트(Lambert) 196, 199, 208
랭킨(Rankin) 37, 38
러퍼스 존스(Rufus Jones) 225
레키(Leckie) 103
렌(Wren) 109
렌윅(Renwick) 17
로더데일(Lauderdale) 188, 189, 190, 216
로던(Loudon) 94, 118, 169, 170, 189, 190
로디안(Lothian) 169

로바(Leuba) 229
로버트 고든(Robert Gordon) 62, 79,
　　80, 83, 169, 231
로버트 글렌디닝(Robert Glendinning)
　　72, 73, 83, 100
로버트 길모어(Robert Gilmour) 18, 33,
　　36, 43, 47, 51, 60, 91, 237
로버트 더글러스(Robert Douglas) 96,
　　97, 118, 204, 208, 240
로버트 레이턴(Robert Leighton) 180
로버트 롤락(Robert Rollock) 34
로버트 베일리(Robert Baillie) 89, 103,
　　108, 113, 115, 116, 118, 122, 125,
　　132, 149, 157, 197, 201, 204, 207,
　　210, 211, 217, 224
로버트 브라운(Robert Browne) 103,
　　235, 237
로버트 블레어(Robert Blair) 58, 82,
　　87, 102, 103, 161, 175, 189, 208,
　　209, 219, 225, 230, 240
로버트 에이턴(Robert Aytoun) 180
로왈란(Rowallan) 부인 175
로저 윌리엄스(Roger Williams) 158
론(Lorne) 77
리차드 루터포드(Richard Rutherford)
　　31
리차드 백스터(Richard Baxter) 143
린지(Lindsay) 82, 169

마(Mar) 부인 175
마가렛 볼랜틴(Margaret Ballantyne)
　　64, 176
말콤 테일러(Malcolm Taylor) 22
매튜 모와트(Matthew Mowat) 181
맥러랜드(McLelland) 100
맥크레오드(McLeod) 218
머레이(Murray) 50, 217
메리 스튜어트(Mary Stuart) 159
메리언 맥너트(Marion McNaught) 49,
　　50, 61, 63, 64, 67, 69, 72, 74, 75,
　　79, 83, 89, 90, 107, 108, 172, 173,
　　174, 175, 178, 182, 227, 229
메이트랜드(Maitland) 118
멘지스(Menzies) 206
모턴(Morton) 23, 24, 254
몬트로즈(Montrose) 194, 195

바인스(Vines) 127
발렌던(Ballenden) 109, 112
발메리노(Balmerino) 118, 169
배런(Barron) 87, 88, 217
밸푸어(Balfour) 205, 219
버로우스(Burrowes) 128
버스비(Busbie) 부인 175
버턴(Burton) 74

벌리(Burleigh) 18, 220
베스사이다 에어드(Bethsaida Aird) 40, 95, 176, 232
베자(Beza) 24, 149, 167, 254
보댕(Bodin) 163
보스티우스(Vorstius) 140
보에티우스(Voetius) 137, 138
보이드(Boyd, Lord) 34, 82, 169, 171
보이드(Boyd) 부인 82, 158, 174
브로길(Broghill) 209, 212
브루스(Bruce) 160

ㅅ

세인트 존(St. John) 118
수아레스(Suarez) 163
스마우트(T.C. Smout) 19, 20, 27
스미스(Smith) 127
스털링의 백작(Earl of Stirling) 180
스트랭(Strang) 101
스포티스우드(Spottiswoode) 76
시드세프(Sydserff) 49, 50, 73, 75, 77, 84, 102, 109, 112, 156, 183
시맨(Seaman) 122
심슨(Simpson) 116, 203

ㅇ

아가일(Argyll) 48, 118, 151, 162, 163, 170, 173, 193, 194, 195, 196, 214, 216
아미러트(Amyraut) 121, 143
아키발드 존스턴(Archibard Johnston) 118
아키발드 캠벨(Archibald Cambell) 173
알렉산더 고든(Alexander Gorden) 80, 84, 88, 169, 230
알렉산더 레슬리(Alexander Leslie) 196
알렉산더 레이턴(Alexander Leighton) 104
알렉산더 와이트(Alexander Whyte) 229
알렉산더 콜빌(Alexander Colville) 59, 76, 218, 230
알렉산더 피어슨(Alexander Pierson) 187
알렉산더 헨더슨(Alexander Henderson) 19, 104, 118, 123, 125, 126, 127, 128, 132, 133
애도니람 바이필드(Adoniram Byfield) 113
앤드류 램(Andrew Lamb) 49, 50, 51, 75
앤드류 멜빌(Andrew Melville) 17, 24, 25, 26, 27, 28, 29, 30, 148, 240
앤드류 보나르(Andrew Bonar) 8, 30, 31, 33, 36, 37, 40, 43, 47, 50, 68, 80, 95, 138, 171, 172, 176, 178,

245, 246, 247, 248, 249
앤소니 버기스(Anthony Burgess) 116
앤크럼(Ancrum) 180
앨런 로건(Allan Logan) 139
얼스턴(Gordon of Earlston, young) 40, 65, 100, 230
얼스턴(Gordon of Earlston, old) 169
에드먼드 캘러미(Edmund Calamy) 117, 130
에라스투스(Erastus) 149, 151, 152, 254
에세니우스(Essenius) 137
엘리자베스 멜빌(Elizabeth Melville) 94, 174
엠워드(M' Ward) 31, 32, 50, 61, 137, 139, 217
오먼드(Ormonde) 194
오질비(D. Ogilvie) 139, 250
올리브 크롬웰(Oliver Cromwell) 14, 15, 119, 123, 163, 170, 177, 180, 194, 196, 198, 199, 205, 206, 207, 209, 210, 211, 212, 213, 214, 236, 240
왈터 롤리(Walter Raleigh) 179
워드로(Wodrow) 31, 32, 33, 50, 204, 250
워리스턴(Warriston) 115, 161, 162, 198, 201, 202, 203, 204, 206, 208, 210, 211, 212, 213, 214, 216

윌리엄 고든(William Gorden) 40, 83
윌리엄 구지(William Gouge) 120, 129
윌리엄 그린힐(William Greenhill) 116
윌리엄 글렌디닝(Willian Glendinning) 182
윌리엄 달글레이쉬(William Dalgleish) 47, 48, 84, 86, 87, 100, 177
윌리엄 드러먼드(William Drummond) 180
윌리엄 레이트(William Rait) 218
윌리엄 리그(William Rigg) 40
윌리엄 브리지(William Bridge) 116
윌리엄 윌슨(William Wilson) 139
윌리엄 카터(William Carter) 116
윌리엄 트위스(William Twisse) 116, 120, 136
윌리엄 풀러턴(William Fullarton) 49, 72, 75, 171, 172, 183
윌리엄 프린(William Prynne) 149, 153, 254
윌리엄 플레밍(William Fleming) 195
윌리엄 호그(William Hog) 35
유판 해밀턴(Euphan Hamilton) 13, 39, 68

ㅈ
재커리 보이드(Zachary Boyd) 103
제니 게디스(Jenny Geddes) 91

제레미아 버로우스(Jeremiah Burroughs) 158
제임스 6세(James VI) 17, 20, 26, 27, 28, 29, 34, 82, 159
제임스 거스리(James Guthrie) 176, 187, 189, 191, 201, 203, 207, 208, 209, 210, 211, 213, 215, 216, 219, 220
제임스 딕슨(James Dickson) 209
제임스 레이드(James Reid) 100
제임스 로슨(James Lawsone) 25
제임스 멜빌(james Melville) 174, 175
제임스 모팟(James Moffatt) 20
제임스 샤프(James Sharp) 214, 215, 216, 218, 240
제임스 심슨(James Simson) 212
제임스 애플렉(James Affleck) 101
제임스 우드(James Wood) 187, 217, 218
제임스 웨더번(James Wedderburn) 109
제임스 해밀턴(James Hamilton) 177
제프리(Jaffray) 206, 236
조셉 로버트슨(Joseph Robertson) 19
조셉 캐릴(Joseph Caryl) 116
조지 글레드스테인스(George Gledstanes) 29
조지 길레스피(George Gillespie) 58, 87, 88, 118, 187, 189
조지 멍크(George Monck) 207, 208, 209, 213, 214, 215, 216
조지 뷰캐넌(George Buchanan) 167
조지 폭스(George Fox) 140
조지 헤네이(George Hannay) 35
조지 헤이(George Hay) 25
존 고든(John Gordon, of Cardoness) 48, 63, 64, 65, 96, 169
존 고든(John Gordon, of Rusco) 48, 65, 169
존 굿윈(John Goodwin) 116, 117, 158
존 녹스(John Knox) 7, 18, 19, 20, 21, 22, 23, 24, 34, 46, 159, 239, 240
존 던(John Donne) 58, 180
존 던캔손(John Duncansone) 27
존 두리(John Durie) 25
존 라이트푸트(John Lightfoot) 127, 116, 117
존 루터포드(John Rutherford) 31
존 로우(John Row) 25, 161, 207
존 로크(John Locke) 165
존 리빙스턴(John Livingstone) 41, 49, 50, 58, 61, 103, 177, 187, 227, 228
존 맥스웰(John Maxwell) 74, 109, 112, 165, 253
존 밀턴(John Milton) 180
존 브라운(John Brown) 38, 183

존 셀던(John Seldon) 118
존 스콧(John Scott) 31
존 스튜어트(John Stuart) 88, 89, 113
존 애덤슨(John Adamson) 36, 139
존 애로스미스(John Arrowsmith) 116
존 월리스(John Wallis) 116, 117
존 웰쉬(John Welsh) 47
존 윈램(John Winram) 194
존 이워트(John Ewart) 72
존 커(John Kerr) 49
존 커리(John Currie) 139
존 케네디(John Kennedy) 108, 170, 231
존 크레이그(John Craige) 25
존 필립스(John Phillips) 116
존 해리스(John Harris) 116
존 해밀턴(John Hamilton) 39, 68
존 헤이(John Hay) 38
진 맥매스(Jean McMath) 14, 114
진 맥밀란(Jean Macmillan) 176
진 브라운(Jean Brown) 176, 183, 227

ㅊ

차터리스(Charteris) 206
찰스 1세(Charles I) 14, 17, 20, 59, 70, 73, 90, 99, 100, 105, 106, 108, 114, 115, 156, 160, 170, 171, 188, 190, 194, 212, 215, 233

찰스 헐리(Charles Herle) 120

ㅋ

카길(Cargill) 17
카메론(Cameron) 17
칼빈(Calvin) 20, 75, 88, 108, 112, 125, 131, 138, 140
캐루더스(Carruthers) 115
캐실리스의 백작(Earl of Cassillis) 118, 169
컬로스(Culross) 부인 93, 94, 174
켄머(Kenmure) 41, 48, 49, 50, 51, 52, 68, 69, 70, 73, 178, 225, 228
켄머(Kenmure) 부인 45, 48, 66, 68, 69, 71, 76, 81, 82, 84, 89, 102, 108, 172, 174, 227, 228, 229, 234
코넬리우스 버기스(Cornelius Burgess) 120, 126
코우퍼(Cowper) 49
코터렐(Cotterel) 207
크레이그홀(Craighall) 62, 169,
크레이그홀(Craighall) 부인 175
크로퍼드(Crawfurd) 37
크로포드(Crawford) 216
크로프트 딕킨슨(Croft Dickinson) 27
크리스천 해밀턴(Christian Hamilton) 82, 174
클라렌던(Clarendon) 115

킬콘쿠헤어(Kilconquhair) 176
킬콘쿠헤어(Kilconquhair) 부인 175
킴볼턴(Kimbolton) 116

ㅌ

터크니(Tuckney) 126
테일러 인스(Taylor Innes) 225
토마스 거테이커(Thomas Gataker) 116, 127
토마스 굿윈(Thomas Goodwin) 158
토마스 에드워즈(Thomas Edwards) 157
토마스 찰머스(Thomas Chalmers) 44, 45
토마스 카트라이트(Thomas Cartwright) 125
토마스 콜맨(Thomas Coleman) 116, 117, 118, 127, 130
토마스 템플(Thomas Temple) 127
토마스 풀러(Thomas Fuller) 181
토마스 홉스(Thomas Hobbes) 181
토마스 후커(Thomas Hooker) 148, 149, 213, 251
톰슨(Thomson) 32, 36, 44, 45, 60, 61, 69, 224,

ㅍ

패얼리(Fairly) 37
패트릭 길레스피(Patrick Gillespie 177, 187, 189, 191, 197, 201, 203, 204, 205, 207, 210
패트릭 팬터(Patrick Panter) 38
펜리(Penry) 235
풀러턴(Fullarton) 49, 72, 75, 171, 172, 183
풀러턴(Fullarton) 부인 90
프라이스(Price) 127
프란시스 베이컨(Francis Bacon) 180
피셔(Fisher) 239
피터 마샬(Peter Marshall) 29, 116, 117, 122, 126
피터 스터리(Peter Sterry) 116
피터보로(Peterborough) 136
필립 나이(Philip Nye) 116, 128, 158

ㅎ

하위(Howie) 40, 101, 102
해밀턴 공작 (Hamilton, Duke of) 100, 192
허버트 팔머(Herbert Palmer) 116, 120, 122, 127, 132
헨더슨(G.D. Henderson) 20, 104, 118, 122, 125, 126, 127, 128, 132, 133
헨리 거스리(Henry Guthrie) 103,

163
헨리 니콜스(Henry Nichols) 226, 237
헨리 몽고메리(Henry Montgomery)
　　　173
헨리 바턴(Henry Barton) 158
헨리에타 마리아(Henrietta Maria) 195

홀(Hall) 127
홀힐(Hallhill) 부인 175
화이트록(Whitelocke) 118
화이트포드(Whiteford) 112
휴 맥케일(Hugh McKail) 83, 176

옮긴이 송용자 씨는 서울대 영어영문학과를 졸업하였으며, 필리핀 C.C.C에서 언어 및 선교 훈련을 받고 현재 번역가로 활동하고 있습니다. 역서로는 『스펄전의 부흥 열망』, 『십자가, 승리의 복음 -스펄전의 이사야서 53장 강론』, 『회심을 위한 불같은 외침』, 『내게는 영원한 의가 있다』, 『아이들의 회심 이야기』 등이 있습니다.

교회사의 영적 거성 4
사무엘 루터포드

지은이/ 킹슬리 렌델
옮긴이/ 송용자

펴낸곳/ 지평서원
펴낸이/ 박명규

편집고문/ 노태진 목사
기획/ 지평선교원 (원장 박 은)

교정 · 교열/ 강정현, 한혜진
표지 디자인/ 남소연

펴낸날/ 2006년 11월 6일 초판
서울 강남구 역삼동 684-26 지평빌딩 135-916
☎ 538-9640,1 / Fax. 538-9642
등 록 / 1978. 3. 22. 제 1-129

값 10,000원
ISBN 89-86681-60-9-94230
ISBN 89-86681-48-X (세트)

메일 주소 gipyung@korea.com